Thomas Hoeren
Sebastian Neurauter

IPTV – Die wichtigsten Rechtsfragen aus Sicht der Anbieter

Arbeitsberichte zum Informations-, Telekommunikations- und Medienrecht

Herausgegeben von

Thomas Hoeren und Bernd Holznagel

Institut für Informations-, Telekommunikations- und Medienrecht (ITM)
der Westfälischen Wilhelms-Universität

Band 17

LIT

IPTV –
Die wichtigsten Rechtsfragen aus Sicht der Anbieter

von

Thomas Hoeren
Sebastian Neurauter

unter Mitarbeit von
Christoph Golla

LIT

Bibliografische Information der Deutschen Nationalbibliothek
Die Deutsche Nationalbibliothek verzeichnet diese Publikation in der Deutschen Nationalbibliografie; detaillierte bibliografische Daten sind im Internet über http://dnb.d-nb.de abrufbar.

ISBN 978-3-643-10646-9

Verlagskontakt:
Fresnostr. 2 D-48159 Münster
Tel. +49 (0) 2 51-620 320 Fax +49 (0) 2 51-922 60 99
e-Mail: lit@lit-verlag.de http://www.lit-verlag.de

Auslieferung:
Deutschland: LIT Verlag Fresnostr. 2, D-48159 Münster
Tel. +49 (0) 2 51-620 32 22, Fax +49 (0) 2 51-922 60 99, e-Mail: vertrieb@lit-verlag.de
Österreich: Medienlogistik Pichler-ÖBZ, e-Mail: mlo@medien-logistik.at
Schweiz: B + M Buch- und Medienvertrieb, e-Mail: order@buch-medien.ch

Inhaltsübersicht

Autoren:

Teil A: DSL-TV

Fragen 1-8: Thomas Hoeren / Sebastian Neurauter

Fragen 9-14: Sebastian Neurauter / Christoph Golla

Teil B: Web-TV

Sebastian Neurauter / Christoph Golla

Inhaltsverzeichnis

Kontakt:

Institut für Informations-, Telekommunikations- und Medienrecht (ITM), Zivilrechtliche Abteilung,

Prof. Dr. Thomas Hoeren

Leonardo-Campus 9

48149 Münster

hoeren@uni-muenster.de

www.uni-muenster.de/Jura.itm/hoeren/

Vorwort

DSL-Netze sind zum vierten Rundfunkübertragungsweg neben Breitbandkabel, Satellit und Terrestrik aufgestiegen. Die Umstellung der Medienlandschaft auf das trägerunabhängige Internetprotokoll ist in vollem Gange; die Telekom vermeldet – nach einigen Anlaufschwierigkeiten – mehr als eine Million DSL-TV-Kunden, Tendenz ansteigend. „IPTV“ (Internet Protocol Television) ist zu einem gebräuchlichen Schlagwort für den Umbruch in der Fernsehlandschaft geworden.

Fernsehen und Internet standen bereits seit Jahren im Mittelpunkt der Konvergenzentwicklung auf den Medienmärkten. Durch DSL-TV und vergleichbare Dienste ist ihre Verschmelzung in greifbare Nähe gerückt. Der Ausbau der leistungsstarken DSL-Netze ermöglicht eine breite Verfügbarkeit des Fernsehens der Zukunft, das vor allem durch Interaktivität und Flexibilität (On Demand) besticht.

Für die aktuellen und potenziellen DSL-TV-Anbieter stellen sich zahlreiche Rechtsfragen, einerseits im Hinblick auf die Urheber- und Markenrechte an den zu sendenden Inhalten, andererseits im Hinblick auf die rundfunkrechtliche Regulierung.

Welche Rechte müssen von den Sendeunternehmen oder Produktionsfirmen eingekauft werden? Kann der Anbieter die Einräumung der Rechte erzwingen? Sind die Tarife der Verwertungsgesellschaften angemessen?

In der wirtschaftlichen und rechtswissenschaftlichen Praxis hat sich gezeigt, dass diese und ähnliche verwertungsrechtliche Fragestellungen überaus kontrovers diskutiert werden können. Allein die Einräumung der Weitersenderechte an die Netzbetreiber ist mit derart vielen rechtlichen Streitpunkten verbunden, dass sich leider noch keine einvernehmliche Praxis der Rechtevergabe etablieren konnte, wie an den unzähligen Schiedsstellen- und Gerichtsverfahren zwischen Verwertungsgesellschaften, Sendeunternehmen und Netzbetreibern abzulesen ist. Die Streitigkeiten behindern die Entwicklung des DSL-TV-Marktes und bedürfen dringend der Aufklärung.

Auch in regulatorischer Hinsicht wirft das DSL-TV eine Reihe von Problemen auf, die darauf beruhen, dass der europäische und der deutsche Gesetzgeber nur schwer mit der technischen Entwicklung der Rundfunkübertragungswege schritthalten können.

Parallel zum DSL-TV stoßen internetbasierte Dienste für die Rundfunkübertragung (Web-TV) auf den Markt, allen voran der Dienst „Zattoo“. Die an keine physische Infrastruktur gebundenen, weltweit verfügbaren Web-TV-Dienste werfen ebenfalls zahlreiche Fragestellungen auf, wiederum in Hinblick auf die Verwertungsrechte und die Regulierung.

Dieses Buch versteht sich als Beitrag zu den umstrittensten Rechtsfragen des DSL-TV, des Web-TV und der wichtigsten Zusatzdienste, sowie als Leitfaden für die aktuellen und potenziellen Anbieter.

Münster, April 2010

A. DSL-TV – lineare Weiterleitung (Streaming) fremder Programme über geschlossene Netzwerke

Frage 1: Was ist unter DSL-TV und IPTV zu verstehen?

Antwort: DSL-TV ist das lineare Streaming von Fernsehprogrammen über ein geschlossenes DSL-Netz, in Abgrenzung zu On-Demand-Diensten und Web-TV.

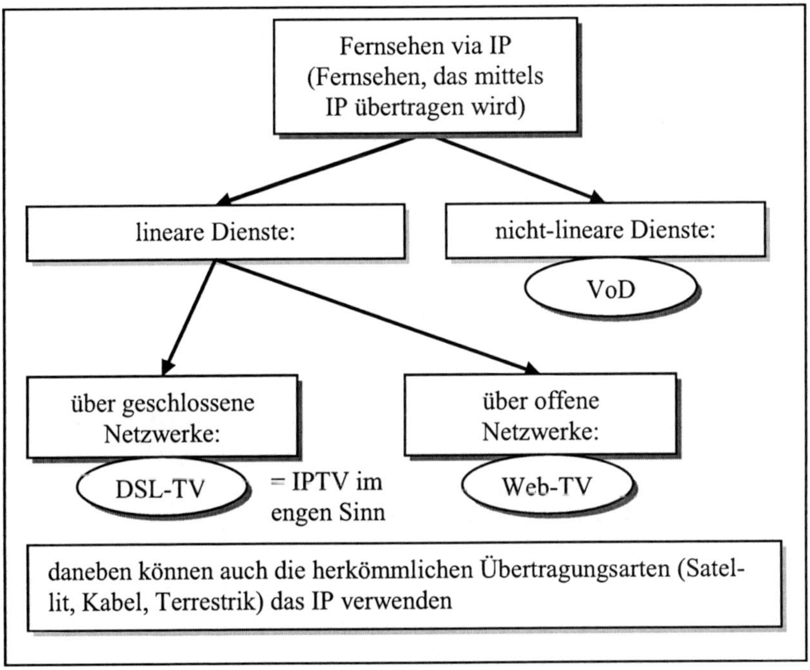

I. Der Begriff „DSL-TV“

Unter „DSL-TV“ soll im Folgenden das Multicast-Streaming von linearen Fernsehprogrammen in geschlossenen Netzwerken (also nicht dem Internet) verstanden werden. Streaming ist die Übertragung von Video-

und Audiodaten aus einem Computernetzwerk, bei der gleichzeitig die Daten beim Nutzer abgespielt werden.[1] Multicast-Streaming ist, als Unterart des Streamings, die zeitgleiche Signalübermittlung vom Sender (Streaming-Server) an eine bestimmte Gruppe von Netzteilnehmern (Streaming-Clients).[2] Den Gegensatz zum Multicast-Streaming bildet das Unicast-Streaming, bei dem der Sender im Wege einer Punkt-zu-Punkt-Verbindung nur an einen einzelnen Empfänger sendet. Letztere Technik wird für Video-On-Demand-Dienste verwendet. Vom traditionellen Broadcasting durch das Breitbandkabelnetz unterscheidet sich das Multicast-Streaming dadurch, dass nicht parallel sämtliche Programme durch den Teilnehmeranschluss zum Endnutzer geleitet werden, sondern nur dasjenige, das der Nutzer über den Rückkanal angefordert, also tatsächlich „eingeschaltet“ hat. Der Datenstrom wird erst in den Multicast-Routern für den Nutzer „abgezweigt“ und vervielfältigt. Durch die Einfachbelegung des DSL-Kabels auf dem letzten Teilstück zum Kunden entfällt beim Multicast-Streaming die für das Breitbandkabelnetz typische Frequenzknappheit beinahe vollständig.

DSL-TV ist also aus *technischer Perspektive* eine konkrete Unterart des Television over IP. *Funktional* betrachtet handelt es sich um die Übertragungstechnologie (oder die „Plattform“), auf deren Grundlage TK-Unternehmen oder Internet Service Provider die linearen Fernsehprogramme über ein von ihnen kontrolliertes oder angemietetes geschlossenes DSL-Netzwerk anbieten können. Aus *Nutzersicht* ist DSL-TV die Übertragung von Inhalten über IP auf das Endgerät Fernseher oder einen Screen (z.B. Computerbildschirm, Notebook) in einer fernsehkonformen Nutzungssituation, mit „lean back“-Rezeption (Konsum durch „Zurücklehnen“) und eventuell der Möglichkeit der Interaktion durch eine Fernbedienung.[3] Die größte Besonderheit des DSL-TV gegenüber den „herkömmlichen“ Rundfunkübertragungsarten (Satellit, Terrestrik, Breitbandkabel) ist die Rückkanalfähigkeit, die interaktive Dienste ermöglicht.

---

1 *Harte*, Introduction to IPTV, S. 38 f.; *Honsel*, Entfesselt fernsehen, Technology Review Nr. 9/06, S. 64, 69 f.

2 *Herrmann/Lausen*, Rundfunkrecht, § 2, Rn. 127; *Honsel*, Technology Review Nr. 9/06, S. 64, 66.

3 Vgl. *Holznagel/Ricke,* in: Klumpp/Kubicek/Roßnagel/Schulz, Informationelles Vertrauen für die Informationsgesellschaft, S. 267, 273.

Die TV-Signale werden beim DSL-TV nicht über das „offene Internet" versendet, sondern über geschlossene, leistungsstarke Netzwerke („walled garden") des jeweiligen DSL-TV-Anbieters.[4] Hierdurch kann der DSL-TV-Anbieter sicherstellen, dass alle Netz-Teilstücke über die für ein hochaufgelöstes und zuverlässiges Fernsehbild erforderliche Bandbreite verfügen und die Knotenpunkte Voraussetzungen wie die Fähigkeit zum Multicasting erfüllen. So wird ein „Quality of Service"-Level garantiert.

II. Der Begriff „IPTV"

Die seit 2004 im Zusammenhang mit Fernsehen und Internet kursierende Abkürzung „IPTV"[5] steht für „Internet Protocol Television" und wurde anfangs uneinheitlich für eine ganze Bandbreite von fernsehähnlichen Angeboten verwendet.[6] Insbesondere wurde „IPTV" nicht trennscharf vom seit Jahren praktizierten Web-TV (wie beispielsweise „Clips" auf privaten Homepages) abgegrenzt. Nach diesem sehr weiten Verständnis von IPTV würde der Begriff aber zu einem unscharfen Schlagwort, da eine unübersichtliche Vielzahl von Fernseh- oder fernsehartigen Angeboten via IP übermittelt werden. Selbst bei den „herkömmlichen" Fernsehübertragungsmethoden (Breitbandkabel, Satellit, Terrestrik) werden heute bereits phasenweise IP-adressierte Datenpakete zur Übermittlung verwendet.[7] Zwar hat sich bis heute keine anerkannte Definition von IPTV herausgebildet, jedoch ist zumindest die schlagwortartige Verwendung des Begriffs IPTV für alle Phänomene, bei denen sich Fernsehen und Internet berühren, weitgehend von der Bildfläche verschwunden. Stattdessen wird nunmehr zwischen IPTV und Web-TV, also zwischen geschlossenen und offenen Plattformen, unterschieden. Allerdings besteht noch Uneinigkeit darüber, ob der Begriff IPTV nur die Übertragung von herkömmlichen TV-Programmen über DSL-Netze bezeichnen soll (IPTV

---

4 *Kleinke*, AfP 2008, 460, 461; zur Technologie ausführlich *Flatau*, ZUM 2007, 1 ff.

5 Der Softwaregigant Microsoft kündigte am 31. März 2004 auf der Multimedia-Messe „Milia" in Cannes an, mit einer neuartigen TV-Plattform namens „IPTV" den Fernsehmarkt erobern zu wollen.

6 Ausf. *Holznagel/Ricke,* in: Klumpp/Kubicek/Roßnagel/Schulz, Informationelles Vertrauen für die Informationsgesellschaft, S. 267, 269-273.

7 *Ory*, K&R 2006, 303, 306.

im engeren Sinne) und folglich mit dem Begriff „DSL TV" gleichzusetzen wäre, oder ob er auch On-Demand-Dienste umfassen soll.[8]

Jedenfalls besteht weitgehend Einigkeit, dass sich IPTV durch eine den herkömmlichen TV-Übertragungstechnologien ebenbürtige Qualität, Sicherheit und Zuverlässigkeit auszeichnet, da die Programmsignale beim IPTV speziell aufbereitet und optimiert werden.[9] Dieser hohe Qualitätsstandard (Quality of Service) wird durch die besondere Netzarchitektur („walled garden") der IPTV-Anbieter gewährleistet.

Da folglich über den Inhalt der Begrifflichkeit „IPTV" (noch) Unklarheit besteht, wird er in dieser Publikation nicht isoliert verwendet, sondern bei Gebrauch jeweils erläutert, ob das lineare DSL-TV, Web-TV oder On-Demand-Dienste gemeint sind.

Frage 2: Welche Rechte werden für DSL-TV benötigt?

Antwort: Für die Weitersendung linearer Programme müssen Senderechte von den Sendeunternehmen als Leistungsschutzberechtigte und von den Inhabern der Rechte an den Inhalten (Produktionsfirmen) eingeholt werden. Alle diese Rechte liegen i.d.R. bei den Sendeunternehmen. Problematisch ist, dass die IP-basierte Übertragung in den Verträgen mit den Inhalteanbietern häufig ausgeschlossen ist.

I. Unterscheidung der Fallgestaltungen: Weitersendung fremder oder Veranstaltung eigener Programme

Netzbetreiber, die ihre Kunden mit Fernsehprogrammen versorgen wollen, können entweder fremde Programme (z.B. ARD, ZDF, Pro7) weiterleiten, oder eigene Programme (Kanäle) produzieren, die mit angekauften Inhalten oder Eigenproduktionen gefüllt werden können. Zwar haben die großen Netzbetreiber begonnen, Rechte an Inhalten einzukaufen, allen voran die Deutsche Telekom, die sich 2006 erstmals die Bundesligarechte

---

[8] So beispielsweise *Ehrhardt,* in: Wandtke/Bullinger, UrhR, §§ 20-20b, Rn. 11: „Das IPTV eröffnet zudem Videoportale (Video-On-Demand)[...]".

[9] *Flatau,* ZUM 2007, 1, 2; s. auch Tagungsbericht der ITU aus dem Jahr 2006, abrufbar unter: http://www.itu.int/itu-t/iptv/events/072006/gocs/mr/fgiptv-mr-001e.doc.

für die Internetübertragung gesichert hat.[10] Dennoch haben die Netzbetreiber bislang keine eigenen Kanäle aufgebaut, sondern beschränken sich noch auf die Weiterleitung fremder Programme. Der Begriff DSL-TV soll in den folgenden Kapiteln die Weitersendung fremder Programme bezeichnen. In Frage 14 wird gesondert auf die Veranstaltung eigener Programme eingegangen werden.

II. Weitersendung und Streaming als Eingriffe in das Senderecht

Die DSL-TV-Betreiber müssen die Senderechte der Urheber einholen. Das Streaming fällt unter das Senderecht gem. § 20 UrhG.[11] Zwar finden sich vereinzelt noch Autoren, die das Senderecht auf die „historischen Fälle" der Funksendung begrenzen und das Streaming daher ausklammern wollen.[12] Jedoch weisen die Begründungen dieser Ansicht auf eine unnötige Skepsis gegenüber neuen Übertragungstechniken hin: So meint *Dreier*, unter das Senderecht fielen nur „die Vorgänge der traditionellen, auf ein sequentielles Programm ausgerichteten und vor allem zeitgleichen Sendung; sämtliche zeitversetzten und in Teilen interaktive Nutzungshandlungen wären hingegen aus dem Senderecht ausgeklammert".[13] Das Streaming, wie es beim DSL-TV praktiziert wird, weist keine der hier als Ausschlussgründe aufgezählten Eigenschaften auf. Daher spräche nach *Dreiers* Ausführungen eigentlich nichts gegen die Einordnung als Sendung. Beispielsweise ist die Zeitversetzung beim DSL-TV nicht wesentlich größer als bei anderen Formen des Digitalfernsehens. Würde man auf jede Zeitversetzung achten, müsste man beispielsweise auch DVB-T, das aus technischen Gründen eine merkliche Verzögerung aufweist, aus dem Sendebegriff ausklammern.

---

[10] *Ory*, K&R 2006, 303.

[11] KG Berlin, Urt. v. 25.1.2010, 24 U 16/09, Rn. 18-20; LG Köln, ZUM 2005, 574, 575; *Kuper*, IPTV, S. 223, m.w.N.; *Poll*, GRUR 2007, 476, 480, m.w.N.; *Ory*, K&R 2006, 303, 304; *Kleinke*, AfP 2008, 460, 464; neuerdings beispielsweise auch *Ehrhardt*, in: Wandtke/Bullinger, UrhR, §§ 20-20b, Rn. 14; anders noch in der 2. Aufl. von 2006; auch die Schiedsstelle nach dem UrhWahrnG beim DPMA teilt diese Ansicht, vgl. Einigungsvorschlag v. 28.8.2006, Sch-Urh 9/06, und aktuell Einigungsvorschlag v. 22.2.2010, Sch-Urh 07/08, S. 18.

[12] So *Dreier*, in: Dreier/Schulze, UrhR, § 20, Rn. 16.

[13] *Dreier*, in: Dreier/Schulze, UrhR, § 20, Rn. 16.

Die nächste Frage ist, ob auch die bloße *Weiter*sendung das Recht aus § 20 UrhG berührt. In den 80er Jahren war zunächst umstritten, ob die zeitgleiche und unveränderte Weitersendung überhaupt einen Eingriff in das Senderecht darstellt, oder ob insofern eine Art „Erschöpfung" des Senderechts eintreten soll, so dass die Weitersendung keiner Lizenz bedürfte. Im Jahre 1980 hatte der BGH in seiner viel kritisierten Entscheidung „Kabelfernsehen I"[14] noch entschieden, dass die Kabelweiterleitung zumindest in Abschattungsgebieten das Senderecht nicht berühre. Auch heute noch bestreiten einige Autoren, dass durch die simultane Weitersendung das Senderecht berührt wird.[15] Jedoch hat der BGH mittlerweile selbst Bedenken an einer „Erschöpfung" des Senderechts geäußert. Schon in der Entscheidung „Kabelfernsehen II" aus dem Jahre 1987 revidierte er seine Beurteilung zum Weitersenderecht:

> „Die zeitgleiche, vollständige und unveränderte (Kabel-) Weiterübertragung der vom sendenden Ursprungsunternehmen ausgestrahlten Sendung an einen Empfängerkreis (mindestens) außerhalb des Versorgungsbereichs des Ursprungsunternehmens stellt einen Eingriff in das urheberrechtliche Senderecht dar".[16]

Der österreichische OGH hatte schon im Jahr 1974 die Kabelweiterleitung als Eingriff in das Senderecht gewertet.[17]

In der Tat erscheint eine Anwendung des Erschöpfungsgrundsatzes, der im europäischen und deutschen Recht nur für die Rechte der körperlichen Verwertung geregelt ist, auf das Senderecht unangebracht.[18] Spätestens seit Einführung von § 20b und § 87 Abs. 5 UrhG im Jahre 1998 sollte dieser Streit eigentlich beigelegt sein, da diese Vorschriften darauf hindeuten, dass der Gesetzgeber die simultane Weitersendung als Eingriff in das Senderecht betrachtet. § 20b UrhG ist als Ausübungsregelung für einen Teil des Senderechts (nämlich der Kabelweitersendung) anzuse-

---

14 BGH, GRUR 1981, 413.

15 *Gounalakis,* ZUM 2009, 447, 451 f.; eine Übersicht über die Argumentationsansätze mit dem Ziel der Freistellung der Weitersendung gibt *Kuper*, IPTV, S. 224-226.

16 BGH, NJW 1988, 1022.

17 OGH, GRUR-Int 1975, 68.

18 Vgl. *Dreier*, in: Dreier/Schulze, UrhR, § 20, Rn. 8.

hen.[19] Der zweite Halbsatz von § 87 Abs. 5 Satz 1 UrhG, nach dem die Pflicht der Sendeunternehmen zur Einräumung von Weitersenderechten auch für die den Sendeunternehmen „in Bezug auf die eigene Sendung eingeräumten oder übertragenen Senderechte" gilt, legt ebenfalls den Schluss nahe, dass die Weitersendung die Senderechte berührt.

III. Einholung der Rechte von den Werkurhebern und den Sendeunternehmen

Zur Weitersendung fremder Vollprogramme benötigen die DSL-Netzbetreiber erstens die Senderechte der Urheber der gesendeten Werke und zweitens eine Lizenz von den Sendeunternehmen bezüglich der Weitersendung ihrer Programme, da die Weitersendung einen Eingriff in das Leistungsschutzrecht der Sendeunternehmen darstellt.

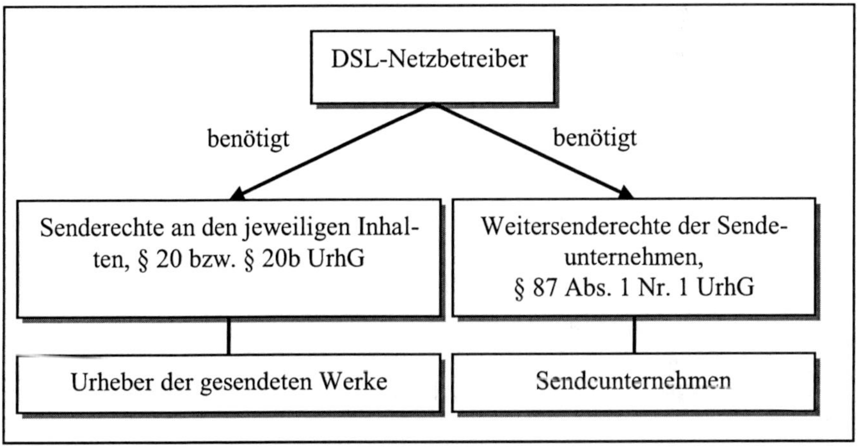

Von den Sendeunternehmen wird eine Lizenz benötigt, da die Weiterleitung einen Eingriff in das Weitersenderecht aus § 87 Abs. 1 Nr. 1, 1. Var. UrhG (Leistungsschutzrecht) darstellt. In den Genuss der Leistungsschutzrechte gelangen die Sendeunternehmen nur *mit* ihren Sendungen, nicht aber mit Abrufdiensten, da Schutzgegenstand von § 87 UrhG die „Funksendung" ist.[20] Demnach erwächst ein Schutzrecht bezüglich der linearen Streams, nicht aber der Abrufdienste (On-Demand-Dienste).

---

19 *Dreier*, in: Dreier/Schulze, UrhR, § 20, Rn. 2; *Kuper*, IPTV, S. 224.

20 *Dreier*, in: Dreier/Schulze, UrhR, § 87, Rn. 10.

Allerdings umfasst der Schutz *an* allen Funksendungen auch die öffentliche Zugänglichmachung, § 87 Abs. 1 Nr. 1, 2. Var. UrhG. Das Sendeunternehmen kann sich also auch gegen die unerlaubte öffentliche Zugänglichmachung seiner Funksendungen zur Wehr setzen. Das Leistungsschutzrecht der Sendeunternehmen aus § 87 UrhG besteht neben den Rechten an den gesendeten Inhalten und ist von diesen unabhängig.[21]

In der Praxis müssen die Netzbetreiber die Rechte an den einzelnen gesendeten Werken nicht gesondert einholen, da diese Rechte den Sendeunternehmen eingeräumt wurden. Die Sendeunternehmen erwerben den „Content" mitsamt allen erforderlichen Verwertungsrechten von den Produktionsfirmen. Die Netzbetreiber erwerben von den Sendeunternehmen, in der Regel über den Umweg einer Verwertungsgesellschaft, ein Gesamtpaket der (abgeleiteten) Einzelrechte an den Sendeinhalten sowie eine Lizenz bezüglich des (originären) Weitersenderechts der Sendeunternehmen selbst.

Die überwiegende Zahl der Sendeunternehmen hat ihre (originären) Leistungsschutzrechte und die (abgeleiteten) Rechte an den Sendungen freiwillig – § 20b Abs. 1 Satz 2 UrhG – in Verwertungsgesellschaften eingebracht. Die VG Media[22] nimmt die Rechte der wichtigsten Privatsender wahr,[23] die „Münchener Gruppe" um die GEMA und die VFF dagegen die Rechte der öffentlich-rechtlichen Sender[24]. Die Weitersenderechte können auf diesem Wege „im Paket" erworben werden. Daneben verlangen die Sendeunternehmen häufig, dass außerdem – neben den Verträgen mit den Verwertungsgesellschaften – sog. Kooperationsverträge abgeschlossen werden, die weitere Details bezüglich der DSL-basierten Übertragung zugunsten der Sendeunternehmen regeln. Die Unterzeichnung dieser Zusatzverträge ist für eine Weitersendung aber nicht erforderlich, und ist in der Praxis nicht von allen Netzbetreibern akzeptiert worden.

---

[21] *Dreier*, in: Dreier/Schulze, UrhR, § 87, Rn. 1.

[22] VG Media, Gesellschaft zur Verwertung der Urheber- und Leistungsschutzrechte von Medienunternehmen mbH.

[23] Siehe die Auflistung der Wahrnehmungsberechtigten in der Tarifbeschreibung der Weitersendungstarife (analog/digital), abrufbar unter: www.vgmedia.de.

[24] Siehe die Auflistung der Wahrnehmungsberechtigten in der Tarifbeschreibung zum „gemeinsamen Tarif", abrufbar unter: www.gema.de.

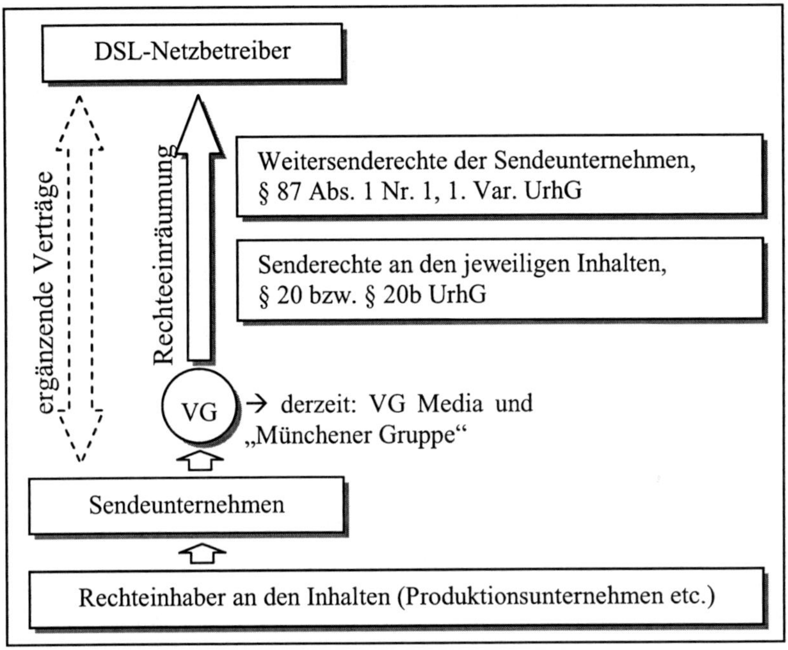

Bei der Wahrnehmung der Weitersenderechte der Privatsender ist eine aktuelle Entwicklung zu beachten: Die Mediengruppe RTL Deutschland hat in einer Presseerklärung vom 11.3.2010 angekündigt, dass die zugehörigen Privatsender die Weitersenderechte künftig selbst wahrnehmen wollen. RTL will sich zum Jahresende 2010 aus der VG Media zurückziehen. Damit verliert die VG Media aller Wahrscheinlichkeit nach zum 1.1.2011 die quotenstarken Programme RTL, Super RTL, Vox und ntv aus ihrem Rechte-Portfolio. Die Mediengruppe trage damit der wachsenden Bedeutung ihrer Urheber- und Leistungsschutzrechte für die immer vielfältigeren digitalen Programmverbreitungsplattformen im In- und Ausland Rechnung. Die neuen Verbreitungsarten, vom digitalen Kabelfernsehen bis zu DSL-TV und Mobile TV, werden von RTL mittlerweile als zu wichtig erachtet, um von einer Verwertungsgesellschaft wahrgenommen zu werden, auf die RTL nur eine mittelbare Kontrolle über die Gesellschaftsanteile ausübt. Die VG Media wird derzeit zu je 50 % von der RTL-Gruppe und der ProSiebenSat.1 Media AG gehalten.

Die Faustregel, nach der die Rechte der wichtigsten Privatsender bei der VG Media liegen, würde dann nicht mehr gelten. Die an der Weitersendung interessierten Unternehmen wären gezwungen, direkt mit den RTL-Sendern über eine Einräumung der Weitersenderechte zu verhandeln.

Mit den „vielfältigeren digitalen Programmverbreitungsplattformen" meint RTL sicherlich auch die DSL-Netze und das Internet. RTL will sich die vertragliche Flexibilität erhalten und mit den Weitersendern möglichst hohe Vergütungssätze aushandeln. Die ProSiebenSat.1 Media AG erklärte in einer Reaktion auf den Austritt von RTL, sie wolle ihre Rechte auch weiterhin von der VG Media wahrnehmen lassen. Dieses Treuebekenntnis der ProSiebenSat.1 Media AG war für den Fortbestand der VG Media überaus wichtig. Dennoch ist es gut möglich, dass andere Privatsendergruppen dem Beispiel von RTL folgen und in Zukunft ihre Rechte selbst wahrnehmen werden, um für die verschiedenen technischen Verbreitungsplattformen jeweils individuelle Vergütungstarife aushandeln zu können.

Ein Problem bei der Lizenzierung von DSL-TV kann darin liegen, dass die Inhaber der Rechte an den Sendeinhalten den Sendeunternehmen die Weitersenderechte möglicherweise nur unter der Bedingung eingeräumt haben, dass keine DSL- und/oder IP-basierte Übertragung stattfindet. Eben solche Klauseln haben zum Streit im Zattoo-Fall vor dem LG Hamburg[25] geführt (dazu im Teil Web-TV). Beim DSL-TV sind derlei Streitigkeiten bislang nicht bekannt geworden, sprich: Die Telekom und HanseNet sind als DSL-TV-Veranstalter von den Produktionsfirmen bzw. anderen Rechteinhabern nicht daran gehindert worden, die jeweiligen Inhalte über DSL-Netze weiterzusenden. Es kann davon ausgegangen werden, dass die Produktionsfirmen die DSL-TV-Übertragungen (anders als das Web-TV) dulden oder sich haben beteiligen lassen. Sollten in den Verträgen zwischen den Sendeunternehmen und Rechteinhabern allerdings tatsächlich die genannten Ausschlussklauseln in Bezug auf DSL- und IP-Übertragung existieren und sich die Rechteinhaber in Zukunft entschließen, auch gegen DSL-TV vorzugehen, drohen ähnliche Probleme wie im Zattoo-Streit. Dem kann auf lange Sicht nur dadurch vorgebeugt werden, dass die Sendeunternehmen die Verträge, durch die sie sich die Rechte einräumen lassen, in Zukunft DSL-TV-tauglich machen.

---

[25] LG Hamburg, ZUM 2009, 582, 583 – Zattoo.

Bei der Weitersendung der von der VG Media vertretenen Sender wird die Position der DSL-TV-Betreiber dadurch abgesichert, dass der relevante Tarif „Hörfunk und Fernsehen – digital“ unter Punkt II. 4. eine Freistellungsklausel enthält:

> „4. Mit Zahlung der Vergütung gem. Ziffer I. sind sämtliche urheber- und leistungsschutzrechtlichen Ansprüche der von der VG Media vertretenen Hörfunk- und Fernsehsendeunternehmen abgegolten. Die VG Media stellt die Lizenznehmer insoweit von urheberrechtlichen und leistungsschutzrechtlichen Ansprüchen Dritter frei. Nicht umfasst sind hiervon Vergütungsansprüche anderer Verwertungsgesellschaften, insbesondere aus § 20b UrhG“.

Wenn der DSL-TV-Betreiber einen wirksamen Vertrag mit der VG Media über die Kabelweitersendung abgeschlossen hat, dann müsste die VG Media hiernach den Betreiber freistellen, wenn sich die Rechteinhaber wegen ihrer Ansprüche aus §§ 20, 20b UrhG direkt an den Betreiber wenden. Freistellung kann in diesem Zusammenhang aber nur bedeuten, dass die VG Media mögliche Kosten (v.a. Schadensersatz) ausgleicht. Dagegen kann die Freistellungsklausel die Rechteinhaber nicht daran hindern, den Betreiber auf Unterlassung der Weitersendung in Anspruch zu nehmen, wenn Rechtsverletzungen drohen, beispielsweise weil die Produktionsfirma im Vertrag mit dem Sendeunternehmen ausdrücklich jede IP-basierte Übertragung ausgeschlossen hat (vgl. Zattoo-Entscheidung des LG Hamburg). Die Freistellungsklausel zwischen der VG Media und dem Netzbetreiber kann im Außenverhältnis zum Rechteinhaber keine Wirkung entfalten. Daher bleibt es dabei, dass die Verträge zwischen Rechteinhabern und Sendeunternehmen in Zukunft das DSL-TV berücksichtigen sollten.

Im „Gemeinsamen Tarif“ der GEMA gibt es keine vergleichbare Freistellungsklausel. Allerdings enthalten die Gesamtverträge mit der GEMA (beispielsweise der ANGA-Gesamtvertrag) bisweilen ähnliche Klauseln.

In den ergänzenden Verträgen (häufig „Kooperationsverträge“ genannt), deren Unterzeichnung die Sendeunternehmen von den weitersendenden Unternehmen verlangen, befinden sich zumeist zahlreiche zusätzliche Vorgaben für die Weitersendung. Häufig ist die Verwendung von PCs, Mobiltelefonen und ähnlichen Geräten als Endgeräte für den Fernsehempfang ausgeschlossen. Ferner werden Überblendungen – z.B. durch Laufschriften oder Splitscreen – verboten. Üblich ist auch das Verbot,

Set-Top-Boxen mit Peer-to-Peer-Funktion zu verwenden. Darüber verpflichten die Verträge die Netzbetreiber häufig zum Einkauf von Programminformationen von EPGs oder zum Einkauf von Markenrechten der Sendeunternehmen für die Werbung und Information (dazu ausf. Frage 8). Andere Verträge stellen die Nutzung dieser Informationen und Rechte frei, sind also günstiger für die Netzbetreiber. Wie oben bereits erwähnt, sind die von den Sendeunternehmen oktroyierten Zusatzverträge aber für eine rechtmäßige Weitersendung nicht erforderlich und haben sich in der Praxis auch nicht durchgesetzt, da die Netzbetreiber sich mit Recht auf den Standpunkt stellen, mit der Einhaltung der von den *Verwertungsgesellschaften* gestellten Bedingungen ihre Schuldigkeit getan zu haben.

IV. DSL-TV als eigenständige Nutzungsart gem. § 31 Abs. 1 UrhG

Urhebervertragsrechtlich ist die Frage interessant, ob das Recht zur Veranstaltung von DSL-TV als eigenständige Nutzungsart gem. § 31 Abs. 1 UrhG eingeräumt werden kann. Nur in diesem Fall wäre eine dingliche Abspaltung des Rechts zur DSL-TV-Veranstaltung von den Verwertungsrechten möglich, andernfalls hätte die inhaltliche Beschränkung nur schuldrechtliche (vertragsrechtliche) Wirkung. Wichtigste Folge einer dinglichen Rechtseinräumung ist, dass der Rechteinhaber ein gegen jedermann wirkendes Recht (absolutes Recht) erhält. Beispielsweise könnte der Inhaber eines dinglichen Nutzungsrechts gegen den Verletzer vorgehen, auch wenn er zu diesem keine vertragliche Beziehung hat.[26]

Zwar sind die Möglichkeiten der Formulierung vertraglicher Gebote und Verbote unbeschränkt, die Nutzungsarten gem. § 31 Abs. 1 UrhG können *mit Wirkung gegenüber Dritten* (absolut, dinglich) aber nicht beliebig aufgespalten werden. Abspaltbar sind nur solche Nutzungsarten, die nach der Verkehrsauffassung hinreichend klar abgrenzbar sind und die einheitlich und selbstständig erscheinen.[27] Maßgeblich ist also die Erscheinungsform nach außen,[28] nach der es sich um wirtschaftlich-technisch abgrenzbare Nutzungsformen handeln muss[29]. Die Aufspaltung darf nicht zu

---

26 *Nordemann*, in: Nordemann/Fromm, UrhR, § 31, Rn. 11.
27 BGH, GRUR 1992, 310, 311 – Taschenbuch-Lizenz.
28 BGH, GRUR 1992, 310, 311 – Taschenbuch-Lizenz.
29 *Schricker*, in: Schricker, UrhR, Vor §§ 28 ff., Rn. 52 sowie § 31, Rn. 8.

unübersichtlichen oder unklaren Rechtsverhältnissen führen, in denen die Feststellung der Rechtsinhaberschaft oder der Umfang der Berechtigung nur schwierig festzustellen ist.[30]

Es stellt sich bereits die Frage, inwieweit das Senderecht *überhaupt* dinglich aufgespalten werden kann, beispielsweise in Kabel- und Satellitenverbreitung. *Kuper*[31] und *Nordemann*[32] verweisen auf zwei BGH-Urteile[33], in denen diese Frage verneint würde. In diesen Urteilen entschied der BGH jedoch lediglich, dass es sich bei der Satellitenausstrahlung nicht um eine *neue* Nutzungsart i.S.v. § 31 Abs. 4 UrhG a.F. handelt, während er von der dinglichen Abspaltbarkeit offenbar ausgeht.[34] Jedenfalls sieht der Gesetzgeber seit Einführung von §§ 20a, 20b UrhG das Kabelweitersendungsrecht als abspaltbares Recht an.[35]

DSL-TV stellt sich momentan insofern für die Nutzer, Rechteinhaber und Netzbetreiber als eigenständige und vom herkömmlichen Kabelfernsehen unterscheidbare Nutzungsform dar, als dass sich alle Beteiligten über die technische Besonderheit der Übertragung im Klaren sind und es eigenständige Angebote am Endnutzermarkt gibt.[36] Auf die Abspaltbarkeit deutet auch die Vertragspraxis zwischen Rechteinhabern und Netzbetreibern hin, in der DSL-TV eigenständig lizenziert wird.

Problematisch ist jedoch, dass die technischen Eigenheiten der verschiedenen Formen der kabelgebundenen Sendung (Breitbandkabel, DSL-Übertragung, theoretisch auch Übertragung über das Stromnetz usw.) im Zuge der Konvergenz immer mehr verwischen. Schon seit Jahren werden auch in den konventionellen TV-Übertragungswegen in bestimmten

---

30 *Nordemann*, in: Fromm/Nordemann, UrhR, § 31, Rn. 11.

31 *Kuper*, IPTV, S. 240.

32 *Nordemann*, in: Fromm/Nordemann, UrhR, § 31, Rn. 77.

33 BGH, NJW 1997, 320, 322 – Klimbim; BGH, NJW 2001, 2402, 2405 – Zweitausstrahlung einer zu DDR-Zeiten geschaffenen Sendung.

34 *Schricker*, in: Schricker, UrhR, § 31, Rn. 8; *Poll*, GRUR 2007, 476, 482; für eine dingliche Abspaltbarkeit auch OLG Koblenz, AfP 1988, 39 und OLG Hamburg, ZUM 1989, 471, 472.

35 *Nordemann*, in: Fromm/Nordemann, UrhR, § 31, Rn. 77.

36 So auch *Poll*, GRUR 2007, 476, 482; *Nordemann*, in: Fromm/Nordemann, UrhR, § 31, Rn. 78; anders aber *Manegold*, in: Wandtke/Bullinger, UrhR, Vor §§ 88 ff., Rn. 46.

Übertragungsabschnitten IP-adressierte Datenpakete verwendet.[37] Für die Zukunft ist eine vermehrte Umstellung auf die paketbasierte Übertragungsweise zu erwarten. Gravierende Folge dieser Umstellung wäre, dass die Signale theoretisch über mehrere Medien hintereinander geleitet werden könnten (beispielsweise Breitbandnetz, DSL-Netz, Stromnetz). In diesem Szenario gäbe es gar keine separaten „Netze" mehr. Daher wird es zunehmend schwer fallen, das DSL-TV von anderen Formen der Kabelweitersendung abzugrenzen.[38] Auch die verwendeten Endgeräte sind kein taugliches Differenzierungskriterium zwischen DSL-TV und herkömmlichem TV,[39] da bereits seit vielen Jahren an Computern per Fernsehkarte das herkömmliche Fernsehsignal, und umgekehrt DSL-TV am Endgerät Fernseher empfangen werden kann. DSL-TV zeichnet sich gerade durch die vergleichbare Qualität wie bei der Breitbandkabelsendung aus.

Die Konvergenz der Netze und der Endgeräte führt also letztlich zu dem Schluss, dass DSL-TV nicht als selbstständige Nutzungsform abspaltbar sein sollte. Um Klarheit zu schaffen, sollte dies schon heute gelten.[40] Dinglich betrachtet ist das Recht, DSL-TV zu veranstalten, daher Bestandteil des Kabelweitersenderechts.

Nebenbei sei angemerkt, dass die Verwendung des Internetprotokolls isoliert betrachtet erst recht kein taugliches Kriterium ist, um eigenständige urheberrechtliche Nutzungsarten abzugrenzen,[41] da hierdurch eine noch viel größere Anzahl von Diensten erfasst würde und jegliche Homogenität und Trennschärfe der Nutzungsrechte verloren ginge.

Abspaltbar ist hingegen das Recht zur Veranstaltung von Web-TV (s.u. Frage 3 zu Web-TV).

---

[37] *Ory*, K&R 2006, 303, 306.

[38] So auch *Nordemann*, in: Fromm/Nordemann, UrhR, § 31, Rn. 78 und ausführlich *Ory*, K&R 2006, 303, 304 f.

[39] *Ory*, K&R 2006, 303, 306.

[40] So auch *Ory*, K&R 2006, 303, 305.

[41] *Ory*, K&R 2006, 303, 306.

V. Auslegung von bestehenden Verträgen über die Kabelweitersendung

Bei älteren Verträgen, in denen das Recht zur Kabelweitersendung eingeräumt wird, ohne dass auf DSL-TV eingegangen wird, stellt sich die Frage, ob diese Nutzungsform erfasst sein soll. Grundsätzlich gilt: alte Verträge sind restriktiv auszulegen.[42] Nach dem Auslegungsgrundsatz in § 31 Abs. 5 UrhG ist im Zweifel anzunehmen, dass der Urheber ein Nutzungsrecht nur in demjenigen Umfang einräumen wollte, den der Vertragszweck unbedingt erfordert.[43] Beispielsweise hat das LG München im Jahr 2000 anhand dieses Grundsatzes geurteilt, dass die Einstellung von Videos in das Internet zum Abruf zu beliebigen Zeitpunkten (On Demand) einer besonderen Berechtigung bedürfe, die durch die pauschale Rechtsübertragung auf ein Sendeunternehmen nicht erteilt worden sei.[44]

Verträge über die Kabelweitersendung erfassen – nach hier vertretener Auffassung – rein begrifflich auch das DSL-TV. Daher ist zu differenzieren: Wenn bislang in einem Vertrag mit einem *Breitbandkabelnetzbetreiber* die Erlaubnis zur *analogen* Weitersendung erteilt wurde, kann darin nicht auch die Erlaubnis zur Weitersendung über DSL-Netze gesehen werden. Die Lizenzgeber werden vielmehr davon ausgegangen sein, dass die Kabelnetzbetreiber ihre Breitbandkabelnetze für die Übertragung nutzen. Anders stellt sich die Sachlage dar, wenn es um bestehende Verträge zwischen Rechteinhabern und *DSL-Netzbetreibern* geht: In diesen Fällen spricht die Interessenlage dafür, anzunehmen, dass mit Kabelweitersendung zumindest auch die Übertragung über DSL-Netze gemeint sein sollte. Anderenfalls wären die Verträge für die DSL-Netzbetreiber praktisch wertlos; dies war für die Rechteinhaber vor Vertragsschluss erkennbar.

Für die Zukunft empfiehlt sich dringend, die Frage, welche Formen der Kabelweitersendung lizenziert werden sollen, ausdrücklich im Vertrag zu regeln. Da es zunehmend schwerer werden wird, einzelne „Netze" abzugrenzen (s.o.), werden zukünftige Verträge über die „Kabelweitersendung" eher so auszulegen sein, dass sämtliche Technologien (auch DSL)

---

[42] *Poll*, GRUR 2007, 476, 482; vgl. auch *Kleinke*, AfP 2008, 460, 465 f.

[43] Statt vieler: *Schricker*, in: Schricker, UrhR, § 31, Rn. 41.

[44] LG München, NJW-RR 2000, 1148, 1149.

erfasst sind. Dann wäre ein Gleichlauf von Vertragsauslegung und Interpretation von § 20b UrhG erreicht, d.h. der Begriff „Kabelweitersendung“ würde in beiden Bereichen gleich verstanden. Allerdings steht es den Parteien frei, die Nutzungsformen vertraglich (ohne dingliche Wirkung) detaillierter zu regeln und beispielsweise zwischen den herkömmlichen TV-Übertragungsarten, DSL-TV und Web-TV zu trennen.

Wie wichtig genaue vertragliche Regelungen über die Weitersendung sind, zeigt der öffentlich gewordene Streit zwischen der Deutschen Fußball Liga (DFL), der Deutschen Telekom und dem Kabelnetzbetreiber Unity Media und dessen Tochter Arena über die Rechte zur Bundesliga-Live-Übertragung im Internet.[45] Die Telekom hatte sich 2006 erstmals Rechte für die Live-Übertragung der Bundesliga im Internet gesichert. Nach den Vertragsschlüssen beschwerte sich die Telekom, die Rechte für die Internetübertragung seien doppelt vergeben worden, da Unity Media bzw. Arena ähnliche Rechte erhalten hätten, und behauptete schließlich, laut den Verträgen die Signale auch über Satellit oder Kabel weiterleiten zu dürfen. Schließlich einigten sich die Beteiligten dahingehend, dass die Telekom die erworbenen Rechte ausschließlich für die Übertragung über die Highspeed-Netze ihrer Festnetzsparte nutzen werde, nicht aber über Kabel und Satellit, und dass im Gegenzug Arena keine IP-basierte Übertragung durchführen solle.[46] Offenbar haben es die Parteien versäumt, klarzustellen, dass die Telekom (mit ihrem damaligen Vertragspartner Premiere) lediglich DSL-TV und/oder Internet-TV veranstalten dürfe, während die herkömmliche Kabelweitersendung Unity Media überlassen werden soll. Vermutlich bezog sich die streitige Vereinbarung auf die „IP-Übertragung“ und war daher äußerst unklar. Mittlerweile strahlt die Telekom einen eigenen Fußballkanal „Liga Total“ über DSL-TV (also über ihr eigenes Hochleistungsnetz) aus, den sie gemeinsam mit der Constantin Medien AG produziert.

---

45 Dazu *Ory*, K&R 2006, 303 m.w.N.

46 *Ory*, K&R 2006, 303.

Frage 3: Ist DSL-TV eine „Kabelweitersendung" im Sinne von § 20b UrhG?

Antwort: Ja, denn die beim DSL-TV verwendeten geschlossenen DSL-Netzwerke sind Kabelnetze im Sinne der Vorschrift. Die DSL-Übertragung der Fernsehsignale ist ein funktionales Äquivalent zur Breitbandkabelübertragung.

I. Relevanz der Einordnung als Kabelweitersendung und Zweck von § 20b UrhG

Das in § 20b UrhG definierte Recht der Kabelweitersendung ist eine Ausprägung des Senderechts aus § 20 UrhG und bereits von § 20 UrhG erfasst und geschützt.[47] § 20b UrhG gestaltet das Recht zur Kabelweitersendung als eigenständiges Verwertungsrecht aus.[48] Der eigentliche Regelungsgehalt des § 20b UrhG liegt in der Anordnung, dass das Kabelweitersenderecht ausschließlich durch Verwertungsgesellschaften geltend gemacht werden kann (§ 20b Satz 1 UrhG). § 20b UrhG trifft eine nähere Bestimmung zur Ausübung eines bestimmten Teils des Senderechts, nämlich des Weitersenderechts.

Die Regelung geht zurück auf eine verbindliche Vorgabe in Art. 9 RL 93/83/EWG[49]. Der europäische Gesetzgeber wollte es den Kabelnetzbetreibern hierdurch ermöglichen, die für die Weitersendung erforderlichen Rechte aus „einer Hand" zu erwerben, anstatt viele Einzelverträge mit den Rechteinhabern der jeweiligen Sendeinhalte abschließen zu müssen, was das reibungslose Funktionieren der Weiterverbreitung gefährdet hätte.[50] Der Weiterverbreitung von Rundfunksendungen wird eine überragende politische, wirtschaftliche, soziale, kulturelle und rechtliche Be-

---

47 *Dustmann*, in: Fromm/Nordemann, UrhR, § 20b, Rn. 1.

48 *Dustmann*, in: Fromm/Nordemann, UrhR, § 20b, Rn. 1; *Dreier*, in: Dreier/Schulze, UrhR, § 20b, Rn. 1; *Ehrhardt*, in: Wandtke/Bullinger, UrhR, § 20-20b, Rn. 19; **a.A.** *Dreyer*, in: Dreyer/Meckel/Kotthoff, UrhR, Vor §§ 20 ff., Rn. 1 sowie § 20b, Rn. 1.

49 Richtlinie 93/83/EWG des Rates vom 27. September 1993 zur Koordinierung bestimmter urheber- und leistungsschutzrechtlicher Vorschriften betreffend Satellitenrundfunk und Kabelweiterverbreitung.

50 Erwägungsgründe 27, 28 RL 93/83/EWG.

deutung zugemessen.[51] Von der Verwertungsgesellschaftspflicht sind wiederum Rechte ausgenommen, die Sendeunternehmen (beispielsweise die RTL-Gruppe oder die ProSiebenSat.1 Media AG) in Bezug auf ihre Sendungen geltend machen (§ 20b Satz 2 UrhG). Auch diese Ausnahme zugunsten von Sendeunternehmen hat der europäische Gesetzgeber in Art. 10 RL 93/83/EWG verbindlich vorgeschrieben. Offenbar ging er – ohne dies in den Erwägungsgründen der RL ausdrücklich zu erwähnen – davon aus, dass die Sendeunternehmen das Geschäftsmodell der Kabelnetzbetreiber nicht in gleicher Weise gefährden würden wie die Inhaber der Rechte an einzelnen Sendeinhalten.[52] Dies leuchtet insofern ein, als dass es schon zahlenmäßig wesentlich weniger Sendeunternehmen als Einzelrechtsinhaber gibt, und außerdem die Sendeunternehmen ein großes Interesse an der Weitersendung in Kabelnetzen haben.

Jedoch unterliegen die Sendeunternehmen in Bezug auf ihre originären Weitersenderechte sowie auf die ihnen eingeräumten Senderechte einem Kontrahierungszwang aus § 87 Abs. 5 UrhG:

> „Sendeunternehmen und Kabelunternehmen sind gegenseitig verpflichtet, einen Vertrag über die Kabelweitersendung im Sinne des § 20b Abs. 1 Satz 1 zu angemessenen Bedingungen abzuschließen, sofern nicht ein die Ablehnung des Vertragsabschlusses sachlich rechtfertigender Grund besteht; […]“

Die Vorschrift geht zurück auf Art. 12 Abs. 1 RL 93/83/EWG. Dort hat der europäische Gesetzgeber dem nationalen Gesetzgeber vorgeschrieben, dafür zu sorgen, dass die an der Kabelweitersendung Beteiligten (also die Sendeunternehmen, die einschlägigen Verwertungsgesellschaften und die Kabelnetzbetreiber) Vertragsverhandlungen über die Kabelverbreitung nach Treu und Glauben aufnehmen.[53] Da § 87 Abs. 5 UrhG eine Kabelweitersendung gem. § 20b UrhG voraussetzt, erlangt die Definition dieses Begriffs hier mittelbare Bedeutung.

---

[51] Erwägungsgrund 3 RL 93/83/EWG.

[52] So die amtl. Begr. der BReg zu § 20b Abs. 1 Satz 2 UrhG, BT-Drs.13/4796, S. 8.

[53] Siehe dazu Erwägungsgründe 30 und 31 RL 93/83/EWG.

II. Gesetzliche Vorgaben für die Definition der Kabelweitersendung i.S.v. § 20b UrhG

Nach der Legaldefinition in § 20b UrhG ist das Recht der Kabelweitersendung das

> „Recht, ein gesendetes Werk im Rahmen eines zeitgleich, unverändert und vollständig weiterübertragenen Programms durch Kabelsysteme oder Mikrowellensysteme weiterzusenden".

Die Vorschriften § 20a und § 20b UrhG gehen zurück auf RL 93/83/EWG v. 27.9.1993. In Art. 1 Abs. 3 der RL wird die „Kabelweiterverbreitung" definiert als

> „die zeitgleiche, unveränderte und vollständige Weiterverbreitung einer drahtlosen oder drahtgebundenen, erdgebundenen oder durch Satellit übermittelten Erstsendung von Fernseh- oder Hörfunkprogrammen, die zum öffentlichen Empfang bestimmt sind, aus einem anderen Mitgliedstaat durch Kabel- oder Mikrowellensysteme".

Nach der amtlichen Begründung der Bundesregierung zu § 20b UrhG liegt eine Kabelweitersendung vor, wenn

> „ein Werk, das in einer für eine Öffentlichkeit bestimmten Sendung terrestrisch, drahtgebunden oder über Satellit ausgestrahlt wird, zeitgleich, unverändert und vollständig in ein Kabelnetz eingespeist wird".[54]

§ 20b Abs. 1 Satz 1 und § 87 Abs. 5 UrhG unterscheiden nicht zwischen inländischen und grenzüberschreitenden Weitersendungen, so dass auch eine innerstaatliche Kabelweitersendung erfasst wird, und ebenso die Weitersendung von Erstsendungen aus Nicht-EU-Staaten. Die Vorschriften gehen insofern über die Richtlinienvorgabe hinaus. Dies ist zweckmäßig, da weder die Ungleichbehandlung von grenzüberschreitenden und innerstaatlichen Kabelweitersendungen, noch die Differenzierung nach dem Ursprungsland (EU/Nicht-EU) sachlich begründet wäre.[55]

---

[54] BT-Drs.13/4796, S. 13.

[55] BT-Drs.13/4796, S. 9.

III. Meinungsstand zur Einordnung von DSL-TV unter § 20b UrhG

1. Gerichts- und Schiedsstellenentscheidungen

Soweit ersichtlich, haben die Gerichte die Frage, ob DSL-TV eine Kabelweitersendung i.S.v. § 20b und § 87 Abs. 5 UrhG darstellt, bislang nicht beantwortet.

Die thematisch am nächsten liegende Entscheidung stammt vom LG Hamburg und datiert auf den 8. April 2009.[56] Die Landesrichter urteilten, dass es sich beim Internetdienst „Zattoo“, bei dem Fernsehprogramme über die Internetseite des Dienstes oder eine entsprechende Software zeitgleich mit der Ausstrahlung empfangbar gemacht werden, um keine Kabelweitersendung handle.[57] Zur Begründung verweisen sie auf die Entstehungsgeschichte des deutschen § 20b UrhG und seiner europäischen Vorgabe (RL 93/83/EWG). In beiden Gesetzgebungsverfahren sei nur die Regelung der Weitersendung über die Breitbandkabelnetze als klassisches Verbreitungsmedium für Fernsehsignale beabsichtigt gewesen.[58] Die Hamburger Richter hatten in der Zattoo-Entscheidung nicht über DSL-TV (IPTV im engen Sinne) zu entscheiden, da es sich bei Zattoo um einen von Netzstrukturen unabhängigen Dienst handelt, der über das „offene“ Internet verbreitet wird. Daher ist das Urteil für die Frage, ob DSL-TV unter § 20b UrhG fällt, ohne Aussagekraft.

Das OLG Hamm schneidet das Thema Kabelweitersendung über das DSL-Netz – ohne es ausdrücklich aufzuklären – in seinem Urteil zu Verteileranlagen in Hotelzimmern[59] an, wo es die Aktivlegitimation der klagenden Verwertungsgesellschaft erörtert. Das OLG stellt fest, dass einige private Sender wie RTL (selbst) Einzelverträge mit Netzbetreibern über die Einspeisung in DSL-Netze abgeschlossen hätten.[60] Dies stünde aber der Aktivlegitimation der klagenden Verwertungsgesellschaft nicht entgegen; sie könne sich auf das Recht zur Kabelweitersendung aus § 87 Abs. 1 UrhG berufen. Durch die genannten Einzelvereinbarungen würden

---

56 LG Hamburg, ZUM 2009, 582 – Weitersendung von Fernsehsendungen über das Internetprotokoll (Zattoo).

57 LG Hamburg, ZUM 2009, 582, 585.

58 LG Hamburg, ZUM 2009, 582, 585 f.

59 OLG Hamm, GRUR-RR 2007, 379 = ZUM 2007, 918 = K&R 2008, 54.

60 OLG Hamm, ZUM 2007, 918, 921.

den DSL-Betreibern keine „proprietären“ Weitersenderechte eingeräumt.[61]

Das OLG Stuttgart deutete in seinem Cybersky-Urteil an, dass das Live-streaming von Pay-TV-Programmen wohl eine Weitersendung i.S.v. §§ 20, 20a UrhG darstelle, ohne jedoch diese Frage zu entscheiden, und ohne § 20b UrhG zu nennen.[62]

Das LG Köln hatte 2005 über die Rechtmäßigkeit des Betreibens sog. Online-TV-Recorder zu entscheiden und stellte in diesem Zusammenhang fest, dass das Recht zur Kabelweitersendung aus § 20b UrhG betroffen sei.[63] Für die Frage, wie DSL-TV einzuordnen ist, hilft diese (im Übrigen zweifelhafte) Feststellung nicht weiter, da es bei Online-Video-Recordern gerade nicht um das Live-Streaming von Fernsehprogrammen geht.

Klarer hat sich die Schiedsstelle nach dem UrhWahrnG beim DPMA geäußert. Ihrer Ansicht nach nimmt die Deutsche Telekom bei ihrem IPTV-Angebot, bei dem es sich um DSL-TV nach der hier verwendeten Definition handelt, eine Kabelweitersendung gem. § 20b UrhG vor.[64]

2. Literatur

In der Literatur wird die Frage, ob DSL-TV eine Kabelweitersendung i.S.v. § 20b UrhG darstellt, unterschiedlich beantwortet.

In den neueren Beiträgen wird die zeitgleiche, unveränderte Weiterleitung von Sendungen Dritter „über das Internet“ ganz überwiegend als Kabelweitersendung eingeordnet.[65] Bei der Übermittlung über das Internet handle es sich um nichts anderes als um die Weiterleitung über ein Kabelnetz (nämlich das DSL-Netz).[66] *Gounalakis* verweist darauf, dass § 20b UrhG schon aus verfassungsrechtlichen Gründen (Verbot der Ein-

61 OLG Hamm, ZUM 2007, 918, 921.

62 OLG Stuttgart, GRUR-RR 2006, 148, 149 f.

63 LG Köln, ZUM 2005, 574 = MMR 2006, 57.

64 Einigungsvorschlag v. 22.2.2010, Sch-Urh 07/08, S. 16, 17 ff.

65 *Gounalakis*, ZUM 2009, 447, 452; *Weber*, ZUM 2009, 460, 461; s. auch den Tagungsbericht von *Fischer*, ZUM 2009, 465, 467 f.; *Kuper*, IPTV, S. 228; *Poll*, GRUR 2007, 476, 481.

66 *Gounalakis*, ZUM 2009, 447, 452.

zelfallregelung, Art. 19 Abs. 1 Satz 1 GG) generell-abstrakt ausgelegt werden müsse und nicht auf einen technischen Sachverhalt eingegrenzt werden dürfe.[67] *Gounalakis* und *Weber* legen § 20b UrhG technologieneutral aus und ordnen sowohl das DSL-TV über geschlossene Netzwerke (Telekom Entertain etc.), als auch die Übermittlung über das Internet als Kabelweitersendung ein.[68]

Lediglich *Dustmann* will „IP-TV" nicht als Kabelweitersendung i.S.v. § 20b UrhG betrachten.[69] „IP-TV" betreibt nach seiner Ansicht, wer „ein Rundfunkprogramm per Datenstreaming zeitgleich über das Internet [...] senden möchte". Es wird nicht deutlich, ob *Dustmann* das (oben definierte) DSL-TV meint, wie es beispielsweise HanseNet und die Deutsche Telekom anbieten, und das gerade nicht über das „offene Internet", sondern über geschlossene Netzwerke verbreitet wird. Auch die von *Dustmann* aufgeführten Argumente helfen in Bezug auf die Einordnung von DSL-TV nicht weiter. Zum einen sei das Internet kein Kabelsystem; zum anderen habe der europäische Richtliniengeber 1993 wohl kaum die Verbreitung von TV-Signalen über das Internet vorhergesehen und habe diese Verbreitungsart erst recht keiner kollektiven Verwertung unterwerfen wollen.[70] Am ersten Argument ist zwar richtig, dass der für das Funktionieren des Internet erforderliche Datenverkehr nicht nur über Kabel, sondern auch über Funk stattfindet; jedoch geht es beim DSL-TV nach der hier maßgeblichen Definition (so wie es in Deutschland zuerst von HanseNet, dann von weiteren Anbietern praktiziert wurde) gerade nicht um eine Internetübertragung, sondern um eine Übertragung in geschlossenen Netzwerken. Das zweite Argument verfängt aus dem gleichen Grunde nicht: Da es nicht um die Internetverbreitung geht, wäre stattdessen die Frage zu stellen, ob der europäische Gesetzgeber die Verbreitung von Fernsehsignalen über geschlossene Netzwerke mittels Internetprotokoll in den Anwendungsbereich der Richtlinie einbeziehen wollte.

Ehrhardt geht in der Kommentierung zu §§ 20, 20a, 20b UrhG zwar detailliert und terminologisch korrekt unter dem Oberbegriff „IPTV" auf das Streaming von linearen Fernsehprogrammen und auf Abrufdienste

---

67 *Gounalakis,* ZUM 2009, 447, 452.

68 *Gounalakis*, ZUM 2009, 447, 452; *Weber*, ZUM 2009, 460, 462.

69 *Dustmann*, in: Fromm/Nordemann, UrhR, § 20b, Rn. 1.

70 *Dustmann*, in: Fromm/Nordemann, UrhR, § 20b, Rn. 1.

ein, und ordnet IPTV insofern als „Sendung“ ein, als es sich dabei um die lineare öffentliche Wiedergabe gesendeter Programme mit festem Sendeschema handelt.[71] Jedoch ordnet er letztere Übertragungsweise, also das DSL-TV, nicht - zumindest nicht ausdrücklich – als Kabelweitersendung i.S.v. § 20b UrhG ein.

Laut *v. Ungern-Sternberg* fallen Sendungen im Internet unter § 20 UrhG, soweit per Streaming ein laufendes Programm in Echtzeit an eine Öffentlichkeit übertragen wird;[72] auf den Begriff der Kabelweitersendung i.S.v. § 20b UrhG geht er in diesem Zusammenhang aber nicht ein.

3. Anmerkung der Kommission im Bericht zur Anwendung der Richtlinie 93/83/EWG

Die EU-Kommission diskutierte in ihrem Bericht[73] vom 26.07.2002 zur Anwendung der Richtlinie 93/83/EWG die „Zukunft der Richtlinie im neuen Medienkontext“[74]. Die Kommission hielt es für zweckmäßiger, auf die Weiterverbreitung von Fernsehsignalen über das Internet statt der Fernsehrichtlinie (RL 93/83/EWG) die E-Commerce-RL[75] und die InfoSoc-RL[76] anzuwenden.[77] Der Verweis auf diese beiden Richtlinien ist für die Aufklärung der deutschen Rechtslage von geringem praktischem Nutzen. In der InfoSoc-RL wurde das Recht der öffentlichen Wiedergabe als übergeordnetes, umfassendes unkörperliches Verwertungsecht eingeführt (Art. 3 der RL). Als Ausfluss dieses Rechts ist das Senderecht anerkannt, das in Deutschland in § 20 UrhG geregelt ist. Das Recht zur Kabelweitersendung ist wiederum Ausfluss des Senderechts, so dass es sich beim deutschen § 20b UrhG um eine Vorschrift handelt, die sowohl unter die InfoSoc-RL fällt, als auch unter die RL 93/83/EWG. Von größerer Klarheit ist allerdings die Aussage der Kommission, den Grundsatz der

---

71 *Ehrhardt,* in: Wandtke/Bullinger, UrhR, §§ 20-20b, Rn. 11.

72 *V. Ungern-Sternberg,* in: Schricker, UrhR, Vor §§ 20 ff., Rn. 7 sowie § 20, Rn. 45 f.

73 KOM (2002) 430.

74 S. 14-16.

75 2000/31/EG, E-Commerce Richtlinie.

76 2001/29/EG, Richtlinie zur Harmonisierung bestimmter Aspekte des Urheberrechts und der verwandten Schutzrechte in der Informationsgesellschaft.

77 Bericht, S. 16.

obligatorischen kollektiven Verwertung vorerst weder auf die Satellitenverbreitung, noch auf die Internetverbreitung anwenden zu wollen.[78] Für die Satellitensendung führt die Kommission an, dass eine obligatorische kollektive Verwertung nicht sachgerecht sei, da die Weiterverbreitung über Satellit räumlich unbegrenzt sei, während die Kabelweiterverbreitung eine relativ begrenzte geografische Reichweite habe.[79] Die Freiheit der Rechteinhaber würde durch die Einführung der Kollektivverwertung für die Weiterverbreitung über Satellit und Internet erheblich eingeschränkt, da sie keine Möglichkeit mehr hätten, sich der betreffenden Weiterverbreitung zu widersetzen.[80]

Im Lichte der heutigen technischen Entwicklung sprechen diese Aussagen der Kommission nicht mehr gegen eine Anwendung der Richtlinie 93/83/EWG auf DSL-TV. Die Kommission verweist ausdrücklich auf das damalige „Stadium" der genannten Verbreitungsarten.[81] Das heutige DSL-TV war der Kommission im Jahre 2002 noch unbekannt, da schon die geringen Bandbreiten der damaligen DSL-Netze eine Übermittlung von Fernsehsignalen in der Qualität einer Satelliten- oder Breitbandkabelübertragung verhinderten. Die Kommission konnte nur eine vage Vorstellung von den Möglichkeiten der Internetübertragung von Rundfunk haben und berücksichtigte aller Wahrscheinlichkeit nach nur die Übertragung über das offene Internet, die – jedenfalls damals – in der Tat einen deutlichen qualitativen Unterschied zur Breitbandkabelübertragung ausmachte. Ferner besteht beim DSL-TV die von der Kommission geforderte territoriale Beschränkung der Verbreitung, da die Verbreitung an die leistungsstarken Netze des Anbieters gebunden ist (geschlossenes Netzwerk).

4. Praxis der Verwertungsgesellschaften

Auch in der Praxis der Verwertungsgesellschaften hat sich offenbar die Ansicht durchgesetzt, dass DSL-TV als Kabelweitersendung i.S.v. § 20b UrhG zu betrachten ist.

---

78 Bericht, S. 16.
79 Bericht, S. 16.
80 Bericht, S. 16.
81 Bericht, S. 16.

Die Rechte der Sendeunternehmen in Bezug auf die Kabelweitersendung werden im Wesentlichen von zwei Gruppen von Verwertungsgesellschaften wahrgenommen. Die VG Media nimmt (unter anderem) die Weitersendungsrechte der großen privaten deutschen Sendeunternehmen wahr.[82] Auf der anderen Seite beansprucht die sog. „Münchener Gruppe“, bestehend aus den Verwertungsgesellschaften AGICOA-Deutschland, GEMA, GÜFA, GVL, VFF, VGF, VG Bild-Kunst und der VG Wort, die Wahrnehmung der Rechte der öffentlich-rechtlichen Sendeunternehmen.[83] Letztendlich liegen die Weitersenderechte der öffentlich-rechtlichen Rundfunkanstalten bei der VFF.[84]

Für die Weitersendung der *Privatsender* gilt Folgendes: Die VG Media bietet einen einheitlichen Tarif für die digitale Kabelweitersendung. Die genaue Bezeichnung lautet: „Tarif VG Media – Hörfunk und Fernsehen – digital – Für die digitale Weitersendung von terrestrisch oder satellitär eingespeisten und weiterverbreiteten Hörfunk- und Fernsehprogrammen in Kabelnetzen und Gemeinschaftsantennenanlagen (Kabelweitersendung)“.[85] Die VG Media will auch die simultane Weitersendung der Rundfunksignale über DSL-Netze unter diesen Tarif fassen. Ihrer Ansicht nach handelt es sich beim DSL-TV um eine Kabelweitersendung i.S.v. § 20b UrhG.

Für die Weitersendung der *öffentlich-rechtlichen Rundfunksender* gilt Folgendes: Die Verwertungsgesellschaften AGICOA-Deutschland, GEMA, GÜFA, GVL, VFF, VGF, VG Bild-Kunst und die VG Wort haben mit Wirkung zum 1.1.2007 einen „Gemeinsamen Tarif für die Weitersendung von Hörfunk- und Fernsehprogrammen in Kabelnetzen (Kabelweitersendung)“[86] eingeführt. Im Gegensatz zur Tarifbeschreibung der VG Media beantwortet diese Tarifbeschreibung die Frage, ob DSL-TV erfasst ist, mit folgender Erklärung in „Anlage 2 zum Gemeinsamen Tarif Kabelweitersendung, Klarstellung zur Definition der Kabelweitersendung“:

---

[82] Siehe dazu die Auflistung der Wahrnehmungsberechtigten auf der Website der VG Media, abrufbar unter: www.vgmedia.de.

[83] Lagebericht 2007 der VFF, S. 2, abrufbar unter: www.vffvg.de.

[84] Vgl. auch *Erhardt*, in: Wandtke/Bullinger, UrhR, § 87, Rn. 17.

[85] Siehe auf der Website der VG Media, abrufbar unter: www.vgmedia.de, unter „Tarife“.

[86] Abrufbar unter: www.gema.de/musiknutzer/senden/kabel/.

„Die weitergesendeten Hörfunk- und Fernsehprogramme […] werden gegenüber der Primärausstrahlung vollständig, zeitgleich und unverändert in das Kabelnetz analog und/oder digital (*auch unter Verwendung des Internet Protokolls*) eingespeist, so dass sie am Teilnehmeranschluss störungsfrei empfangen und gesehen/gehört werden können."

Hieraus ergibt sich, dass die beteiligten Verwertungsgesellschaften DSL-TV als Kabelweitersendung i.S.v. § 20b UrhG betrachten.

IV. Eigene Lösung

Zur Beantwortung der Frage, ob DSL-TV eine Kabelweitersendung i.S.v. § 20b UrhG ist, wird im Folgenden die Legaldefinition (s.o.) der Kabelweitersendung in ihre Tatbestandsmerkmale aufgeschlüsselt und jeweils geprüft, ob DSL-TV diese Merkmale erfüllt.

1. Gesendetes Werk (Erstsendung)

Erste Voraussetzung der Kabelweitersendung i.S.v. § 20b UrhG ist die Erstsendung eines Werkes, an welche die Weitersendung anknüpfen kann.[87] Erstgesendet ist ein Werk, wenn es durch elektromagnetische Wellen der Öffentlichkeit zugänglich gemacht wurde.[88] Beim hier in Frage stehenden Geschäftsmodell DSL-TV besteht die Erstsendung in der erstmaligen (originären) Aussendung der Fernsehsignale durch die Fernsehsender.

2. Weitersendung im Rahmen eines Programms

Die Erstsendung müsste „im Rahmen eines […] Programms" weitergesendet worden sein. Beim DSL-TV werden die ursprünglich von den Fernsehsendern ausgesendeten TV-Signale *weitergesendet*.

Die Weitersendung müsste im Rahmen eines „*Programms*" geschehen. Diese zusätzliche Voraussetzung des § 20b UrhG ist im Wortlaut (s.o.) des zugrunde liegenden Art. 1 Abs. 3 RL 93/83/EWG nicht vorgesehen,

---

[87] *Dreier,* in: Dreier/Schulze, UrhR, § 20b, Rn. 6; *Dustmann,* in: Fromm/Nordemann, UrhR, § 20b, Rn. 10; *Weisser/Höppener*, ZUM 2003, 597, 600.

[88] *Weisser/Höppener*, ZUM 2003, 597, 600.

jedoch offenbaren die Erwägungsgründe 3 und 5 der RL, dass es dem europäischen Gesetzgeber um die Förderung der Verbreitung von „Rundfunksendungen" und „Programmen" geht, nicht um die Förderung der Verbreitung einzelner Werke mit bestimmten Übertragungstechniken.[89] Der Begriff „Programm" wird weder gesetzlich noch in der Gesetzesbegründung zu § 20b UrhG definiert oder erläutert. Folge der Voraussetzung „Programm" ist, dass die Weitersendung einzelner Werke nicht von § 20b UrhG erfasst wird, also keine Kabelweitersendung darstellt.[90] Vielmehr erfordert der rundfunkrechtlich geprägte Begriff des „Programms" ein Mindestmaß an publizistischer Gestaltung, die auch im Rahmen des Rundfunkbegriffs des Art. 5 GG maßgeblich ist.[91] An das Merkmal „Programm" in § 20b UrhG sind keine hohen Anforderungen zu stellen. Die Literatur versteht darunter überwiegend ein „gestaltetes Mischprogramm"[92] (anders nur *Dreyer*[93], der jede Mischsendung unabhängig von ihrer Zusammensetzung als Programm gelten lassen will, also im Ergebnis nur eine Weitersendung von Werken verlangt). Die Weitersendung der herkömmlichen Fernsehprogramme via DSL-TV erfüllt diese Voraussetzung zweifellos. Etwas anderes könnte nur dann gelten, wenn im Rahmen der DSL-Übertragung lediglich einzelne Sendungen oder die Fernsehprogramme in anderer Weise bruchstückhaft oder neu sortiert übertragen würden. In letzterem Falle wäre die publizistische Relevanz, also die „Gestaltung" der so übermittelten Inhalte, näher zu untersuchen.

3. Zeitgleich

Eine *zeitversetzte* Weitersendung der Fernsehprogramme wäre urheberrechtlich keine Kabelweitersendung i.S.v. § 20b UrhG, sondern eine erneute, originäre Sendung i.S.v. § 20 UrhG.[94] Beim DSL-TV werden die Rundfunkprogramme zeitgleich über das DSL-Netz weitergesendet;

---

89 *V. Ungern-Sternberg,* in: Schricker, UrhR, § 20b, Rn. 10.

90 *Dreier,* in: Dreier/Schulze, UrhR, § 20b, Rn. 7; *Dustmann,* in: Fromm/Nordemann, UrhR, § 20b, Rn. 11.

91 *Weisser/Höppener*, ZUM 2003, 597, 600, m.w.N.

92 *Dreier,* in: Dreier/Schulze, UrhR, § 20b, Rn. 7; *v. Ungern-Sternberg,* in: Schricker, UrhR, § 20b, Rn. 10.

93 In Dreyer/Kotthoff/Meckel, UrhR, § 20b, Rn. 5.

94 *Dreier,* in: Dreier/Schulze, UrhR, § 20b, Rn. 8.

eventuelle Abweichungen im Millisekundenbereich sind irrelevant. Hingegen stellen Abrufdienste jeglicher Art, die zusätzlich zum DSL-TV (als Gesamtpaket „IPTV" im weiten Sinne) angeboten werden könnten, keine zeitgleiche Weitersendung i.S.v. § 20b UrhG dar. Für diese Dienste greift die Vorschrift nicht ein.

4. Vollständig

Durch die Voraussetzung der „*vollständigen*" Übertragung wird sichergestellt, dass nicht durch Auslassungen eine Veränderung der Programmaussage erfolgt.[95] Unvollständig ist die Weitersendung, wenn die Erstsendung verkürzt wird.[96] Wann eine Verkürzung anzunehmen ist, muss nach dem Zweck von § 20b UrhG beurteilt werden. Die Vorschrift schützt allein die technische Einspeisung eines laufenden Programms in ein Kabelnetz.[97] Umgekehrt ist also von einer Verkürzung auszugehen, wenn der Weitersendende durch die Zusammenstellung der Programmfragmente selbst programmgestaltend tätig wird.[98] Die Zusammenstellung eines eigenen Programms, insbesondere in Form eines Zusammenschneidens der „Highlights" der Ursprungsprogramme (sog. Rosinenprogramm), ist von § 20b UrhG nicht geschützt.[99] Dagegen kann sich auf § 20b UrhG berufen, wer ein Programm zumindest über mehrere Stunden konstant weiterleitet.[100] Irrelevant für die Einordnung sind geringfügige Qualitätsverluste, die durch eine Codierung der Videosignale in ein anderes Format (z.B. MPEG2 in MPEG4) entstehen können.

Beim DSL-TV werden die Programme vollständig weitergeleitet.

5. Unverändert

Die Weitersendung beim DSL-TV müsste auch *unverändert* erfolgen. Zu fragen ist, ob der Begriff „unverändert" hier nur auf den Inhalt der Sendung (das „was" der Übertragung) oder auch auf die Technik der Übertragung (also das „wie" der Übertragung) zu beziehen ist. Im letzteren

---

95 *Weisser/Höppener*, ZUM 2003, 597, 602.
96 Begr. der BReg zu § 20b UrhG, BT-Drs.13/4796, S. 13.
97 *Dustmann*, in: Fromm/Nordemann, UrhR, § 20b, Rn. 12.
98 *Dreier,* in: Dreier/Schulze, UrhR, § 20b, Rn. 8.
99 *Dreier,* in: Dreier/Schulze, UrhR, § 20b, Rn. 8.
100 *Dreier,* in: Dreier/Schulze, UrhR, § 20b, Rn. 8.

Fall könnte DSL-TV eventuell aus dem Weitersendungsbegriff herausfallen, wenn beispielsweise die durch Satellit empfangene, zur Weitersendung bestimmte Sendung in ein bestimmtes Datenformat umgewandelt wird. Für die DSL-Versendung bietet sich beispielsweise die Umwandlung des Videosignals in ein hoch komprimiertes Signal wie MPEG2 oder MPEG4 an.

Aus der Systematik des § 20b UrhG ergibt sich, dass der Begriff „verändert" allein auf den Inhalt, nicht auf die Übertragungstechnik bezogen werden sollte, denn die Begriffe „zeitgleich" und „vollständig" sind ebenfalls nur inhaltsbezogen zu verstehen.[101] Ferner führt die Bundesregierung in der Gesetzesbegründung zu § 20b UrhG aus, die Vorschrift gelte nicht für solche Kabelzweitsendungen, die auf zeitlich versetzten, *inhaltlich* veränderten oder verkürzten Erstsendungen beruhen.[102]

Auch der Zweck des § 20b UrhG legt eine ausschließlich inhaltsbezogene Auslegung des Begriffs „unverändert" nahe. Zweck des § 20b UrhG ist, den Vorgaben der RL 93/83/EG folgend, die Erleichterung der Weiterverbreitung von Rundfunkprogrammen, welche als eines der wichtigsten Mittel zur Förderung politischer, wirtschaftlicher, sozialer, kultureller und rechtlicher Ziele erachtet wird.[103] Erreicht werden soll im Endeffekt also eine breite Versorgung der Bevölkerung. Hierzu sollen günstige Voraussetzungen für die spezielle Übertragungsmethode der Kabelweiterverbreitung geschaffen werden. Vor diesem Hintergrund sollte den technischen Feinheiten der Übertragungstechnik beim Merkmal der „Veränderung" keine besondere Rolle zukommen, solange die Sendung inhaltlich unverändert weitervermittelt wird. Technologische Grenze des Rechts der Kabelweitersendung in § 20b UrhG ist vielmehr das Tatbestandsmerkmal „durch Kabelsysteme oder Mikrowellensysteme" (dazu unten). *Weisser/Höppener* weisen zutreffend darauf hin, dass der Begriff der Kabelweitersendung den Wechsel des Übertragungsmediums praktisch voraussetzt und es daher niemals eine unveränderte Weitersendung gäbe, wenn man technische Maßnahmen bezüglich des Programmsignals, die keinen Einfluss auf die gesendeten Inhalte haben, als „Veränderung"

---

[101] *Weisser/Höppener*, ZUM 2003, 597, 602.

[102] Begr. der BReg zu § 20b UrhG, BT-Drs.13/4796, S. 13.

[103] Erwägungsgrund 3 RL 93/83/EWG.

i.S.v. § 20b UrhG auffassen würde.[104] Auch Erwägungsgrund 16 zur RL 93/83/EWG ändert nichts an diesem Ergebnis.[105] Danach soll den Mitgliedstaaten die Einschränkung des Kontrahierungszwangs hinsichtlich bestimmter Übertragungstechniken erlaubt sein. Von dieser – in den Erwägungsgründen ohnehin unverbindlichen – Möglichkeit hat der deutsche Gesetzgeber keinen Gebrauch gemacht. Im Gegenteil: Dass der europäische Gesetzgeber offenbar von einer Mehrzahl möglicher Übertragungstechniken ausgeht, spricht dafür, die IP-basierte DSL-Übertragung als „unveränderte" Weitersendung zu erfassen. Der europäische Gesetzgeber dürfte bei Richtlinienerlass im Jahre 1993 bereits die digitale Fernsehtechnik vorausgesehen haben, so dass es abwegig erscheint, die technische Überleitung analoger in digitale Signale als „Veränderung" i.S.v. Art. 1 Abs. 3 RL 93/83/EWG einzustufen;[106] denn dann wäre § 20b UrhG auf diese wichtige Übertragungsmethode nicht anwendbar. Dies legt nahe, auch andere Formen der Signalübermittlung – hier: die IP-basierte Methode – unter § 20b UrhG zu fassen.

Folglich ändern technische Umwandlungen der weitergesendeten Signale in andere Videoformate oder Codierungen, wie beispielsweise vom MPEG2- in das MPEG4-Format, nichts an der Einordnung des Weitersendevorgangs als Kabelweitersendung i.S.v. § 20b UrhG. Ebenso irrelevant ist es, ob der Endnutzer die Fernsehsignale über einen PC- oder Laptopbildschirm abspielen kann, oder ob er zusätzlich oder ausschließlich an seinen Fernseher eine Set-Top-Box anschließen kann, welche die übermittelten Signale für das Endgerät Fernseher aufbereitet.

6. Durch Kabelsysteme oder Mikrowellensysteme

Der Begriff der Kabelweitersendung i.S.v. § 20b UrhG erfordert eine bestimmte technische Übertragungsweise, nämlich die Übertragung per Kabelsysteme oder Mikrowellensysteme. Diese beiden Übertragungsarten stehen in Abgrenzung zum Satellitenfunk, der in § 20a UrhG geregelt ist, sowie zur terrestrischen Übertragung. Mikrowellensysteme sind in Deutschland nicht gebräuchlich und wurden vom deutschen Gesetzgeber

[104] *Weisser/Höppener*, ZUM 2003, 597, 603.
[105] *Weisser/Höppener*, ZUM 2003, 597, Fn. 65.
[106] *Weisser/Höppener*, ZUM 2003, 597, 603.

lediglich der vollständigen Richtlinienumsetzung wegen mit aufgenommen.[107]

Zu fragen ist, ob die für die DSL-Übertragung verwendeten Vorrichtungen (Übertragungsmedien) „Kabelsysteme" i.S.v. § 20b UrhG sind. Die Gesetzesbegründung der Bundesregierung gibt auf die Reichweite des Begriffs keine Hinweise. Zwar hatte der Bundesgesetzgeber (Erlass von § 20b UrhG im Jahre 1998), ebenso wie der europäische Gesetzgeber (Richtlinienerlass im Jahre 1993), primär das Breitbandkabelnetz vor Augen, welches zum damaligen Zeitpunkt das beinahe einzige relevante Kabelmedium für die Fernsehübertragung darstellte.[108] Der Ausbau von Glasfasernetzen und die Aufrüstung der Kupferkabel-Telefonnetze zu breitbandigen Hochleistungsnetzen, welche die für ein Fernsehsignal erforderliche Bandbreite erreichen, waren damals noch nicht abzusehen.

Dennoch besteht kein Grund, Glasfasernetze oder DSL-Netze vom Begriff der „Kabelnetze" i.S.v. § 20b UrhG auszunehmen.[109] Die zur DSL-Übertragung verwendeten Kabel (also hauptsächlich die Glasfaserkabel und die Kupferkabel) sind nach allgemeinem Sprachgebrauch „Kabelsysteme". § 20b UrhG soll die Versorgung der Bürger mit Rundfunkangeboten verbessern, indem es den Kabelunternehmen erleichtert wird, die erforderlichen Rechte für die Weiterverbreitung zu erwerben.[110] In Anbetracht dieser Zielsetzung kann es nicht auf die technische Feinheit ankommen, ob die kabelgebundene Verbreitung nun über Breitbandkabel-TV-Netze, Glasfasernetze oder die ursprünglich für Telefonie vorgesehenen Kupferkabelnetze erfolgt. Die DSL-Netze bilden im Falle des DSL-TV, also bei der Übertragung im geschlossenen Netz, ein technisches Äquivalent zu den Breitbandkabelnetzen. In einer Netzindustrie, die immer unabhängiger von bestimmten Materialien und Technologien wird, ist diese Äquivalenz maßgeblich für die rechtliche Beurteilung. Der exakte technische Sachverhalt „Breitbandkabel" (Kupfer-Koaxialkabeltechnik), der im Zeitpunkt der Gesetzgebung die gängige Signalübermittlungstechnik war, ist mit gutem Grund weder in der Richt-

---

107 Begr. der BReg zu § 20b UrhG, BT-Drs.13/4796, S. 12.

108 Vgl. LG Hamburg, ZUM 2009, 582, 585.

109 So auch *Weisser/Höppener*, ZUM 2003, 597, 601.

110 Erwägungsgründe 3, 27, 28 RL 93/83/EWG; Begr. der BReg zu § 20b UrhG, BT-Drs.13/4796, S. 1, 7.

linie, noch in § 20b UrhG beschrieben. Denn Gegenstand der Regelung sollte vielmehr das stationäre, regional begrenzte Kabelnetz sein, über das Fernsehsignale in befriedigender Qualität an Millionen von Haushalten übertragen werden können. Damals fiel darunter nur das Kupferkabelnetz, heute erfüllen aber auch die schnellen DSL-Netze die Anforderungen. Sie sind regional begrenzt, auf bestimmte Übertragungswege festgelegt und damit das technische Äquivalent der Breitbandkabelnetze.

Für eine technologieneutrale Auslegung von § 20b UrhG spricht auch die Begründung der Bundesregierung zur Änderung von § 87 Abs. 5 UrhG im Jahre 2006 („Zweiter Korb“). Es war im Zuge des Gesetzgebungsprozesses von den Kabelunternehmen gefordert worden, eine Regelung einzufügen, wonach eine auf bestimmte Übertragungstechniken beschränkte Rechtseinräumung im Rahmen von § 87 Abs. 5 UrhG (Kontrahierungszwang, dazu ausf. Frage 5) unzulässig sein soll.[111] Eine solche Regelung ist nach Ansicht der Bundesregierung aber nicht erforderlich, da § 87 Abs. 5 UrhG *technologieneutral* sei, und daher (z.B.) analoge genauso wie digitale Übertragungstechniken erfasse.[112] Somit verbiete sich schon nach gegebener Rechtslage eine nur auf bestimmte Übertragungstechniken beschränkte Rechtseinräumung. Da § 87 Abs. 5 UrhG an § 20b UrhG anknüpft, ist aus dieser Argumentation zu schließen, dass § 20b UrhG technologieneutral auszulegen ist.

Die Ansicht *Dustmanns*, das Internet sei kein Kabelsystem i.S.v. § 20b UrhG[113], mag zutreffen, ist aber – wie oben bereits erläutert – für die Frage, ob DSL-TV unter § 20b UrhG zu fassen ist, irrelevant, da hier die Übertragung über geschlossene Netzwerke stattfindet und gerade nicht über das offene Internet.

7. Ergebnis: DSL-TV fällt unter § 20b UrhG

Da somit sämtliche Tatbestandselemente des § 20b UrhG beim DSL-TV vorliegen, ist DSL-TV als Kabelweitersendung im Sinne dieser Vorschrift zu betrachten. Zu betonen ist nochmals, dass dies nur für den oben als DSL-TV beschriebenen Sachverhalt gilt, also für das Multicast-

---

[111] BT-Drs. 16/1828, S. 32.
[112] BT-Drs. 16/1828, S. 32.
[113] *Dustmann*, in: Fromm/Nordemann, UrhR, § 20b, Rn. 13.

Streaming von linearen Fernsehprogrammen in geschlossenen Netzwerken (nicht im offenen Internet). On-Demand-Dienste sind von der Vorschrift nicht erfasst, da die Weitersendung hier nicht „zeitgleich“ erfolgt.

Daraus folgt, dass § 87 Abs. 5 UrhG einschlägig ist. Die Sendeunternehmen und die DSL-TV-Betreiber sind also gegenseitig verpflichtet, Verträge über die zeitgleiche, unveränderte und vollständige Weitersendung via DSL zu angemessenen Bedingungen abzuschließen, sofern nicht die Verweigerung sachlich gerechtfertigt werden kann (dazu ausführlich die nächsten Teile).

Frage 4: Fällt DSL-TV auch dann unter § 20b UrhG, wenn das Angebot mit einem bestimmten Anschluss gekoppelt ist, die Übertragung aber über das offene Internet erfolgt (sog. Kombinationsmodell)?

Antwort: Die Anbindung an einen physischen Netzanschluss spricht dafür, die Übertragung in diesen Geschäftsmodellen trotz der Nutzung offener Netzstrukturen als Kabelweitersendung einzuordnen. Die Übertragung stellt ein funktionales Äquivalent zur Breitbandkabelübertragung dar. Sofern der Dienst aber von den Anschlüssen entkoppelt ist, handelt es sich um einen reinen Web-TV-Dienst.

Die DSL-Netzbetreiber wollen ihren Kunden die Rundfunksignale möglicherweise nicht nur über ihr geschlossenes DSL-Netz anbieten, sondern möchten eventuell aus technischen oder anderen Gründen bei der Versendung der Signale offene Netzstrukturen verwenden. Die Signale würden also über das offene Internet versendet, der Zugriff auf den Dienst wäre aber nur Kunden möglich, die einen Anschluss bei dem Netzbetreiber haben. Hier werden die Fernsehsignale nicht über ein geschlossenes Netzwerk („walled garden“), sondern *von einem TK-Unternehmen über seine Anschlüsse* über das offene Internet übermittelt. Die Fernsehsignale wären über eine Internetapplikation abrufbar, möglicherweise gekoppelt an eine Abfrage von Nutzerdaten oder andere Kontrollmechanismen. Man kann hier von einem Kombinationsmodell sprechen, das zwar offene Netzstrukturen nutzt, aber an den physischen Anschluss gebunden ist.

Die oben angestellten Überlegungen zur Einordnung von DSL-TV als Kabelweitersendung i.S.v. § 20b UrhG können teilweise auch auf diese technische Variante übertragen werden. Hauptargument für die Einordnung dieses Kombinationsmodells als Kabelweitersendung ist, dass die Gesetzesvorgaben (also § 20b UrhG und die RL 93/83/EWG) technologieneutral auszulegen sind.[114] Die Vorschriften sollen den Rechteerwerb für die Kabelunternehmen, bzw. hier die DSL-Unternehmen, erleichtern (grundsätzliche Verwertungsgesellschafts-Pflicht). Dies sollte auch für die Unternehmen gelten, die das Fernsehen *über ihre Anschlüsse* via Internet übertragen. Es ist nur ein technisches Detail, ob zwischen den eigenen Netzanschlusspunkten der Netzbetreiber ausschließlich geschlossene, oder auch offene Netzstrukturen zur Übermittlung verwendet werden. Voraussetzung ist, dass die Übertragung zeitgleich und vollständig erfolgt, dass also keine „Videokonserven" zum Abruf (On Demand) angeboten werden.

Die Auslegung der Vorschrift § 20b UrhG wird in den Zeiten der Konvergenz und Austauschbarkeit der Rundfunkübertragungswege zunehmend schwieriger. Das Internet kann bei entsprechender technischer Realisierung ein vollwertiger Rundfunkübertragungsweg sein. Allerdings knüpft der Begriff der „Kabelweitersendung" unmissverständlich an eine bestimmte Übertragungsweise an, nämlich die kabelgebundene Übertragung. Das Internet ist aber kein Kabelnetz, sondern ein logisches Netz, das sich ausschließlich durch die Verwendung des IP als Adressierungsmethode definiert, nicht aber durch eine bestimmte physische Infrastruktur (dazu auch Frage 2 zu Web-TV). Weder der europäische, noch der deutsche Gesetzgeber haben aufgeklärt, was genau sie unter einem „Kabelsystem" verstanden sehen wollen. Den Ausschlag müssen also Sinn und Zweck der Regelung geben.

Maßgeblich muss (wie bei der Weitersendung über geschlossene Netze, siehe den vorangehenden Teil) sein, ob das verwendete Übertragungsmedium ein funktionales Äquivalent zum Breitbandkabelnetz darstellt. Dies ist bei den Kombinationsmodellen zu bejahen. Bei der Weiterleitung von Fernsehsignalen durch ein TK-Unternehmen *über seine Anschlüsse* findet auch im Falle der streckenweisen Übertragung über das offene Internet eine kabelgebundene Weiterleitung zumindest in jenen Übertragungsabschnitten statt, die von diesem TK-Unternehmen kontrolliert werden. Dieser wichtigste Teil der Übertragung ist demnach nichts anderes als eine Weitersendung über das Medium Kabel, auch wenn das Signal zwi-

---

[114] Vgl. *Gounalakis*, ZUM 2009, 447, 452; *Weber*, ZUM 2009, 460, 462.

schenzeitlich über das – unkontrollierte – offene Internet zirkuliert, welches an kein bestimmtes physisches Übertragungsmedium gebunden ist. Dieser zwischenzeitliche Wechsel der physischen Übertragungsmedien ist aber auch bei anderen Übertragungsarten gängig und technisch notwendig, ohne dass er an der Einordnung in die verschiedenen Übertragungskategorien (Satellit, Terrestrik etc.) etwas ändern würde.

Web-TV-Dienste wie „Zattoo“ werden nicht von TK-Unternehmen angeboten und sind nicht mit einem Netzzugang gekoppelt. In Kombinationsmodellen hingegen bieten die Netzbetreiber die Fernsehsignale über Internetapplikationen, aber gekoppelt mit ihren Netzanschlüssen an. Hier ist die Übertragung an das Medium gebunden, nämlich an das DSL-Netz des bestimmten DSL-Betreibers. Darüber hinaus wird der Verbreitungsgrad der Signale durch Zugangsbeschränkungen wie die automatische technische Überprüfung des Zugangs über das Betreibernetz oder durch Passworteingaben begrenzt. § 20b UrhG muss Anwendung finden.

Dagegen sollten reine Web-TV-Dienste, die nicht wenigstens an einen bestimmten physischen – nämlich kabelgebundenen – Internetanschluss gebunden sind, auch dann nicht als Kabelweitersendung angesehen werden, wenn sie von einem TK-Anbieter erbracht werden. Wenn beispielsweise ein TK-Anbieter entkoppelt von einem Internetanschluss einen bloßen Web-TV-Dienst auf einer Website anbietet, die von jedem Internetzugang aus erreichbar ist, so unterscheidet den TK-Anbieter nichts von anderen Web-TV-Anbietern. In diesem Fall sollte – wie unten in Frage 2 zum Web-TV dargelegt – die Vorschrift § 20b UrhG nicht angewendet werden.

Welche Konstellation vorliegt, muss im Einzelfall genau untersucht werden. Die Tendenz der Anbieter dürfte eher dahin gehen, die TV-Angebote von bestimmten Netzanschlüssen unabhängig zu machen, damit sie an beliebigen Orten zugänglich sind. Auf diese Weise kann es ein TK-Anbieter seinen Kunden beispielsweise ermöglichen, auch im Urlaub auf die Fernsehprogramme zuzugreifen, indem ein unkörperlicher, übertragungsmedienunabhängiger Web-TV-Dienst (beispielsweise auf einer Website mit Passwortabfrage) zur Verfügung gestellt wird. Dann handelt es sich nicht um kombinierte DSL-TV-Modelle, sondern um „reines“ Web-TV. In solchen Fällen sprechen die besseren Argumente gegen eine Qualifizierung als Kabelweitersendung (dazu ausf. Frage 2 zu Web-TV). Da mit dem fortschreitenden Ausbau der weltweiten Internetübertragungswege die Bandbreiten konstant steigen, werden Angebote in offenen Netzen immer leichter realisierbar.

Frage 5: Müssen die Sendeunternehmen den Netzbetreibern die Rechte zur Weitersendung einräumen? (§ 87 Abs. 5 UrhG)

Antwort: Sofern sie die Rechte selbst wahrnehmen, unterliegen die Sendeunternehmen dem Kontrahierungszwang aus § 87 Abs. 5 UrhG und müssen die Rechte zu angemessenen Bedingungen einräumen.

I. Unterscheidung der Fallgestaltungen: Einzel- und Kollektivwahrnehmung

Die Freistellung von der Verwertungsgesellschaftspflicht in § 20b Abs. 1 Satz 2 UrhG hindert die Sendeunternehmen nicht daran, zur Sicherung einer angemessenen Vergütung die Rechte dennoch – freiwillig – in eine Verwertungsgesellschaft einzubringen.[115] Somit ergeben sich für den Erwerb der Weitersendungsrechte zwei Fallkonstellationen: Sofern die Weitersenderechte in Verwertungsgesellschaften eingebracht wurden, können die Verwertungsgesellschaften gem. § 11 Abs. 1 UrhWahrnG auf Vertragsschluss in Anspruch genommen werden; die einzelnen Sendeunternehmen unterliegen hingegen dem Kontrahierungszwang gem. § 87 Abs. 5 Satz 1 UrhG.

Die größten öffentlich-rechtlichen und privaten Fernsehsender haben ihre Rechte in Verwertungsgesellschaften eingebracht. Die VG Media nimmt die Rechte der wichtigsten Privatsender wahr,[116] die „Münchener Gruppe" um die GEMA und die VFF dagegen die Rechte der öffentlich-

[115] Erwägungsgrund 29 RL 93/83/EWG; Begründung der BReg zu § 20b UrhG, BT-Drs.13/4796, S. 8.

[116] Siehe die Auflistung der Wahrnehmungsberechtigten in der Tarifbeschreibung der Weitersendungstarife (analog/digital), abrufbar unter: www.vgmedia.de.

rechtlichen Sender[117]. Daneben gibt es mehrere Fernsehsender, die ihre Rechte nicht in Verwertungsgesellschaften eingebracht haben.[118]

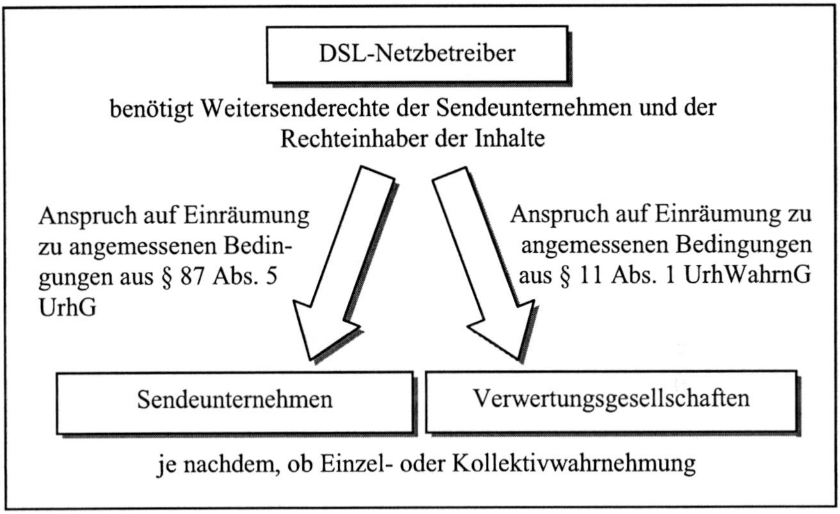

In der Vergangenheit haben in der Praxis zumeist trilaterale Verhandlungen zwischen den Kabelnetzbetreibern, den Sendeunternehmen und den zuständigen Verwertungsgesellschaften stattgefunden. Die Möglichkeit der Hinzuziehung der Verwertungsgesellschaften ist in § 87 Abs. 5 Satz 2 UrhG nun ausdrücklich normiert.

Jedoch wäre es für die Netzbetreiber aufwendig und daher nachteilig, mit jedem Sendeunternehmen einzeln einen Vergütungssatz auszuhandeln. Die Sendeunternehmen, deren Weitersenderechte von der VG Media und der „Münchener Gruppe“ wahrgenommen werden, erreichen zusammen eine Zuschauerquote von über 80 %.[119] Folglich dürfte für die an der

117 Siehe die Auflistung der Wahrnehmungsberechtigten in der Tarifbeschreibung zum „gemeinsamen Tarif“, abrufbar unter: www.gema.de.

118 Einigungsvorschlag v. 1.12.2008, Sch-Urh 77/07.

119 Siehe Übersicht zu Zuschauerquoten in 2007, abrufbar unter: www.vprt.de.

Weitersendung interessierten Unternehmen § 11 UrhWahrnG neben § 87 Abs. 5 UrhG eine interessante Vorschrift sein.

§ 87 Abs. 5 UrhG gewinnt durch den wahrscheinlichen Austritt von RTL aus der VG Media (dazu ausf. oben in Frage 2.) und die möglichen folgenden Austritte anderer Sendergruppen eine größere Bedeutung. Zwar belässt diese Vorschrift den Sendeunternehmen die Freiheit, ihre Rechte selbst wahrzunehmen, jedoch diktiert sie verbindlich das Ergebnis der Verhandlungen mit den an der Weitersendung interessierten Unternehmen: Die Weitersendung muss zu „angemessenen Bedingungen" eingeräumt werden.

II. Kontrahierungszwang aus § 87 Abs. 5 UrhG

1. Entstehungsgeschichte und Zweck von § 87 Abs. 5 UrhG

Die Vorschrift wurde durch das Vierte Gesetz zur Änderung des UrhG mit Wirkung zum 1.6.1998 in § 87 UrhG eingefügt, damals noch als Abs. 4. § 87 Abs. 5 UrhG lautet:

> „Sendeunternehmen und Kabelunternehmen sind gegenseitig verpflichtet, einen Vertrag über die Kabelweitersendung im Sinne des § 20b Abs. 1 Satz 1 zu angemessenen Bedingungen abzuschließen, sofern nicht ein die Ablehnung des Vertragsabschlusses sachlich rechtfertigender Grund besteht; […]"

Die Vorschrift geht zurück auf Art. 12 Abs. 1 RL 93/83/EWG (Verhinderung des Mißbrauchs von Verhandlungspositionen):

> „(1) Die Mitgliedstaaten sorgen durch entsprechende zivil- oder verwaltungsrechtliche Vorschriften dafür, daß die Beteiligten Verhandlungen über die Erlaubnis der Kabelweiterverbreitung nach Treu und Glauben aufnehmen und diese Verhandlungen nicht ohne triftigen Grund be- oder verhindern. […]"

„Beteiligte" im Sinne der Richtlinienvorgabe sind die Verwertungsgesellschaften, Sendeunternehmen und Kabelunternehmen. Da die Verwertungsgesellschaften in Deutschland bereits gem. § 11 UrhWahrnG einem Abschlusszwang unterliegen, musste die Vorgabe insofern nicht umgesetzt werden, so dass die Verwertungsgesellschaften von § 87 Abs. 5 (ehemals Abs. 4) UrhG nicht erfasst sind.

Dagegen musste der deutsche Gesetzgeber eine Verpflichtung der Sendeunternehmen zu Vertragsverhandlungen über die Kabelweitersendung vorsehen, da die Sendeunternehmen nach Art. 10 der RL und (in Umsetzung dieser Vorgabe) nach § 20b Abs. 1 Satz 2 UrhG nicht der (ansonsten angeordneten) Verwertungsgesellschaftspflicht der Kabelweitersenderechte unterworfen wurden.

Ohne die Verpflichtung zu Vertragsverhandlungen könnten die Sendeunternehmen die Kabelweitersendung, welche vom europäischen Gesetzgeber als wirtschaftlich und kulturell überaus wünschenswert erachtet wird,[120] blockieren.

2. Kontrahierungszwang

§ 87 Abs. 5 UrhG unterwirft sowohl die Sendeunternehmen, als auch die Kabelunternehmen (also beide Seiten) einem zivilrechtlichen Kontrahierungszwang in Bezug auf die Kabelweitersendung.[121] Die Vertragsfreiheit der Sendeunternehmen und der Kabelunternehmen wird damit eingeschränkt. Die Sendeunternehmen hatten bei der Beratung des Entwurfs des 4. UrhÄndG eingewandt, der Kontrahierungszwang sei mit dem Grundsatz der Vertragsfreiheit aus Art. 9 RL 93/83/EWG[122] nicht vereinbar und gehe über das zur Umsetzung von Art. 12 der RL Erforderliche hinaus.[123] Eine besondere Umsetzung des Art. 12 der RL sei überhaupt nicht erforderlich, da zur Verwirklichung bereits allgemeine zivilrechtliche Hilfsmittel, nämlich die Grundsätze von Treu und Glauben und das

---

120 Erwägungsgrund 3 RL 93/83/EWG.

121 OLG Dresden, GRUR 2003, 601, 603; *Dreier*, in: Dreier/Schulze, UrhR, § 87, Rn. 26; *Ehrhardt*, in: Wandtke/Bullinger, UrhR, § 87, Rn. 26; *Kotthoff*, in: Dreyer/Kotthoff/Meckel, UrhR, § 87, Rn. 8; *v. Ungern-Sternberg*, in: Schricker, UrhR, § 87, Rn. 48; *Gounalakis*, NJW 1999, 545, 547; *Boddien*, in: Fromm/Nordemann, UrhR, § 87, Rn. 44; *Hillig*, in: Möhring/Nicolini, UrhR, § 87, Rn. 56.

122 Art. 9 Abs. 1 der RL lautet: „Die Mitgliedstaaten sorgen dafür, daß das Recht der Urheberrechtsinhaber und der Inhaber verwandter Schutzrechte, einem Kabelunternehmen die Erlaubnis zur Kabelweiterverbreitung zu erteilen oder zu verweigern, nur durch Verwertungsgesellschaften geltend gemacht werden kann."

123 Begründung der BReg zu § 20b UrhG, BT-Drs.13/4796, S. 15; so auch *Gounalakis*, NJW 1999, 545, 547.

Verbot der sittenwidrigen Schädigung, sowie § 26 Abs. 2 GWB, ausreichten.[124] Die Bundesregierung bewertete diese Ansicht der Sendeunternehmen zwar ausdrücklich als „nicht unvertretbar“,[125] ist ihr im weiteren Gesetzgebungsverfahren jedoch nicht gefolgt und hat stattdessen den Kontrahierungszwang eingeführt. Das Vorbringen der Sendeunternehmen ist tatsächlich nicht aus der Luft gegriffen, denn Art. 12 Abs. 1 der RL (Wortlaut oben) sieht lediglich eine Pflicht zur fairen Verhandlung, aber keine Abschlusspflicht vor.[126] Jedoch dürfte bereits aus der Vorgabe aus Art. 12 Abs. 1 RL praktisch die Notwendigkeit eines Kontrahierungszwanges folgen. Wenn nämlich die Sendeunternehmen die Verhandlungen „nicht ohne triftigen Grund be- oder verhindern“ dürfen, dann werden sie in den seltensten Fällen um einen Vertragsschluss herumkommen. Insofern setzt § 87 Abs. 5 UrhG die Vorgabe in nicht zu beanstandender Weise um: Die Sendeunternehmen unterliegen nur dann einem Kontrahierungszwang, wenn nicht der Vertragsschluss „aus sachlichen Gründen“ abgelehnt werden kann. Man wird dem Gesetzgeber einen Beurteilungsspielraum in Bezug auf die Mittel zur Umsetzung des Richtlinienzwecks (Gewährleistung der Möglichkeit zur Kabelweitersendung, um letztendlich zu einer breiten Versorgung der Bevölkerung mit Rundfunkprogrammen zu gelangen) zubilligen müssen.

Dem Umstand, dass die Richtlinie einen Kontrahierungszwang nicht ausdrücklich gefordert hatte, ist dadurch Rechnung zu tragen, dass der Ausschlussgrund des „sachlich rechtfertigenden Grundes“ jeweils eingehend geprüft wird (dazu nachfolgend).

Mit dem sog. „Zweiten Korb“[127] hat der Gesetzgeber mit Wirkung zum 1.1.2008 in § 87 Abs. 5 Satz 2 UrhG für beide Parteien (Sende- und Kabelunternehmen) die Möglichkeit eingeführt, die für die Kabelweitersenderechte zuständigen Verwertungsgesellschaften in den Vertragsschluss mit einzubeziehen. Zweck dieser Vorschrift ist es, dass für das Kabelunternehmen transparent und kalkulierbar wird, welche Vergütungen es für

---

[124] Begründung der BReg zu § 20b UrhG, BT-Drs.13/4796, S. 15; so auch *Gounalakis*, NJW 1999, 545, 547.

[125] Begründung der BReg zu § 20b UrhG, BT-Drs.13/4796, S. 15.

[126] *Gounalakis*, NJW 1999, 545, 547.

[127] Zweites Gesetz zur Regelung des Urheberrechts in der Informationsgesellschaft v. 26.10.2007, BGBl. I, S. 2513.

die Kabelweiterleitung insgesamt zu leisten hat.[128] Bei einem dreiseitigen Vertragsschluss sind alle an der Kabelweitersendung berechtigten Parteien einbezogen, so dass die Frage umfassend geklärt werden kann.

3. Ausschluss des Kontrahierungszwanges: „sachlich rechtfertigender Grund“

Der Kontrahierungszwang aus § 87 Abs. 5 Satz 1 UrhG besteht nicht, wenn „ein die Ablehnung des Vertragsschlusses sachlich rechtfertigender Grund besteht“. Diese Formulierung ist im Zusammenhang mit der Vorgabe aus Art. 12 Abs. 1 RL 93/83/EWG zu lesen, nach der die Beteiligten die Verhandlungen „nach Treu und Glauben aufnehmen [müssen] und diese Verhandlungen nicht ohne triftigen Grund be- oder verhindern [dürfen]“. Ein sachlich rechtfertigender Grund kann tatsächlicher oder rechtlicher Natur sein.[129] Die Gesetzesbegründung nennt beispielhaft entgegenstehende medienrechtliche Vorschriften der Länder.[130] In der Literatur werden ferner folgende Gründe genannt: das Sendeunternehmen hat das betreffende Weiterleitungsrecht gar nicht;[131] Nichteingehen auf ernsthafte Angebote ohne Angabe von Gründen;[132] gänzlich überhöhte Preisforderungen.[133]

Das Recht zur Verweigerung des Vertragsschlusses besteht nur ausnahmsweise, denn das Gesetz geht für den Regelfall vom Fehlen des Ablehnungsgrundes aus.[134] Der Zweck des Kontrahierungszwanges (Förderung der Weiterverbreitung) spricht dafür, die Ausschlussklausel eng auszulegen.[135] Will das Sendeunternehmen sich gegen den Vertragsschluss insgesamt wenden, muss es einen Grund vorbringen, der die Ablehnung *jeglichen* Vertragsschlusses rechtfertigt. Das Fordern einer unangemessenen Bedingung durch den Vertragsgegner erlaubt dagegen nur

---

128 Begründung der BReg zu § 87 Abs. 5 Satz 2, BT-Drs. 16/1828, S. 32.

129 Begründung der BReg zu § 87 Abs. 5 (ehemals Abs. 4), BT-Drs. 13/4796, S. 15; *Dreier*, in: Dreier/Schulze, UrhR, § 87, Rn. 27; *Hillig*, in: Möhring/Nicolini, UrhR, § 87, Rn. 54.

130 BT-Drs.13/4796, S. 15.

131 *Dreier*, in: Dreier/Schulze, UrhR, § 87, Rn. 27.

132 *Ehrhardt*, in: Wandtke/Bullinger, UrhR, § 87, Rn. 27.

133 *Ehrhardt*, in: Wandtke/Bullinger, UrhR, § 87, Rn. 27.

134 *Weisser/Höppener*, ZUM 2003, 597, 603 f.

135 *Weisser/Höppener*, ZUM 2003, 597, 604.

die Ablehnung des *konkreten* Angebots, nicht aber die Verweigerung jeden Vertragsschlusses.[136] Die Ablehnungsgründe müssen also nach objektiver Beurteilung derart bedeutend sein, dass sie einen Vertragsschluss schlechthin ausschließen und einer Verhandlungslösung nicht zugänglich sind.[137] Als solche Gründe kommen vor allem Tatsachen infrage, die Zweifel an der Vertragstreue des zukünftigen Vertragspartners begründen.[138]

Für den Fall der hier gewünschten Übertragung der Rundfunksignale über DSL-Netze ist also konkret zu fragen, ob diese Übertragungsart für die Sendeunternehmen Nachteile oder Einschränkungen ergibt, die *jeglichen* Vertragsschluss in Bezug auf diese Übertragungsart objektiv unzumutbar erscheinen lassen. Dies ist beim DSL-TV ersichtlich nicht der Fall.

4. Rechtsfolgen (Inhalt) des Kontrahierungszwanges

Sofern keine sachliche Rechtfertigung für eine Ablehnung vorliegt, sind das Sendeunternehmen und der (potenzielle) DSL-TV-Betreiber gem. § 87 Abs. 5 Satz 1 UrhG gegenseitig verpflichtet, entsprechende Verträge über die Kabelweiterleitung via DSL abzuschließen. Die Vorschrift begründet auf Seiten beider Parteien einen zivilrechtlichen Anspruch gegen die andere Partei auf Abschluss eines Vertrages über die Kabelweiterleitung (hier: via DSL) zu angemessenen Bedingungen.[139] Umgekehrt wird aber auch nicht *mehr* als ein Anspruch *auf Vertragsschluss* gegeben: § 87 Abs. 5 UrhG begründet kein unmittelbares Recht auf die Inanspruchnahme der Weitersendungsrechte, die in dem zu schließenden Vertrag erst einzuräumen wären.[140] Mit anderen Worten: Bevor der Vertrag zwischen Sendeunternehmen und DSL-TV-Betreiber abgeschlossen (ggf.: erzwun-

---

[136] *Weisser/Höppener*, ZUM 2003, 597, 604.

[137] *Weisser/Höppener*, ZUM 2003, 597, 604.

[138] *Weisser/Höppener*, ZUM 2003, 597, 605.

[139] OLG Dresden, GRUR 2003, 601, 2. Leitsatz; die Entscheidung betraf allerdings die Weiterleitung im Breitbandkabelnetz, nicht im DSL-Netz; *Boddien*, in: Fromm/Nordemann, UrhR, § 87, Rn. 44.

[140] OLG Dresden, GRUR 2003, 601, 2. Leitsatz; *Boddien*, in: Fromm/Nordemann, UrhR, § 87, Rn. 45; *Dreier*, in: Dreier/Schulze, UrhR, § 87, Rn. 26.

gen) worden ist, darf der DSL-TV-Betreiber mit der Ausstrahlung des DSL-TV nicht beginnen.

Dennoch ist umstritten, ob eine Weitersendung vor Vertragsschluss unter Umständen erlaubt sein kann. Insbesondere eine Entscheidung des LG Leipzig zur Kabelweitersendung,[141] sowie die Implikationen der Orange-Book-Entscheidung des BGH[142] deuten in die Richtung, dass der DSL-Netzbetreiber in dem Falle, in dem das Sendeunternehmen die Rechteeinräumung ohne sachliche Rechtfertigung verweigert, dennoch unter bestimmten Bedingungen mit der Weitersendung beginnen dürfte. Eine solche Erlaubnis zur Sendung vor Vertragsschluss wäre rechtssystematisch bedenklich – sie wird in Frage 6 ausführlich diskutiert.

5. Prozessuale Durchsetzung des Anspruchs auf Vertragsschluss aus § 87 Abs. 5 UrhG

Der potenzielle DSL-TV-Betreiber kann seinen Anspruch aus § 87 Abs. 5 UrhG gegen das Sendeunternehmen auf Abschluss eines die Kabelweitersendung regelnden Vertrags zu angemessenen Bedingungen nicht direkt im Klagewege geltend machen, sondern muss zunächst die Schiedsstelle beim Deutschen Patent- und Markenamt (DPMA) anrufen, §§ 16 Abs. 1, 14 Abs. 1 Nr. 2 UrhWahrnG. Gemäß § 14 Abs. 1 Nr. 2 UrhWahrnG gehören zu den schiedsstellenpflichtigen Streitfällen auch solche, „an denen ein Sendeunternehmen und ein Kabelunternehmen beteiligt sind, wenn sie die Verpflichtung zum Abschluß eines Vertrages über die Kabelweitersendung betreffen.“ Die Vorschrift nimmt direkten Bezug auf § 87 Abs. 5 UrhG. Zweck der Vorschaltung des Schiedsstellenverfahrens ist die Nutzbarmachung der Sachkunde der Mitglieder der Schiedsstelle und die Entlastung der Gerichte.[143]

Die Schiedsstelle ist gem. § 14 Abs. 2 i.V.m. § 18 Abs. 1 UrhWahrnG beim DPMA in München gebildet. Das Verfahren richtet sich nach § 15 UrhWahrnG i.V.m. der Urheberrechtsschiedsstellenverordnung. Die

[141] LG Leipzig, Urt. v. 27.7.2001 - 02 HK O 9527/00 und 02 HK O 9495/00, jeweils S. 7.

[142] BGH, GRUR 2009, 694.

[143] Amtl. Begr., BT-Drs.10/837, S. 24; BGH, NJW 2001, 228, 230 = GRUR 2000, 872; OLG Dresden, GRUR 2003, 601, 602; *Schulze*, in: Dreier/Schulze, UrhR, § 16 UrhWahrnG, Rn. 1.

Schiedsstelle wirkt zunächst auf eine gütliche Streitbeilegung hin, § 14 Abs. 6 UrhWahrnG. Kommt diese nicht zustande, endet das Verfahren mit einem Einigungsvorschlag, §§ 14a-14c UrhWahrnG. Diesen Vorschlag macht die Schiedsstelle innerhalb eines Jahres nach Anrufung, § 14a Abs. 2 Satz 1 UrhWahrnG. Der Einigungsvorschlag bezüglich der Kabelweitersendung gilt als angenommen und eine entsprechende Vereinbarung als zustande gekommen, wenn nicht innerhalb von *drei Monaten* nach Zustellung des Vorschlags ein schriftlicher Widerspruch bei der Schiedsstelle eingeht, § 14a Abs. 3 Satz 1 i.V.m. Satz 2 UrhWahrnG.

Für Streitfälle um die Kabelweitersendung ist der Verweis in § 14d UrhWahrnG zu beachten, der zu einer Anwendbarkeit von § 14c UrhWahrnG führt. Nach § 14c Abs. 1 UrhWahrnG enthält der Einigungsvorschlag den Inhalt des Gesamtvertrages, bzw. bei der Kabelweitersendung den Inhalt des Vertrages über die Kabelweitersendung. Nach § 14c Abs. 2 UrhWahrnG kann die Schiedsstelle auf Antrag eines Beteiligten einen Vorschlag für eine einstweilige Regelung machen.

Aus dem angenommenen Einigungsvorschlag kann die Zwangsvollstreckung betrieben werden, § 14a Abs. 4 UrhWahrnG.

Nach Abschluss des Schiedsstellenverfahrens kann die Streitigkeit vor Gericht gebracht werden (Umkehrschluss aus § 16 Abs. 1 UrhWahrnG). Für die hier relevante Streitigkeit um die Verpflichtung zur Einräumung der Kabelweitersenderechte ist gem. § 16 Abs. 4 Satz 1 UrhWahrnG im ersten Rechtszug das OLG München ausschließlich zuständig. Das OLG setzt, ähnlich wie zuvor die Schiedsstelle, den Inhalt des Kabelweitersendevertrags zu angemessenen Bedingungen fest, § 16 Abs. 4 Satz 3 UrhWahrnG. Die Festsetzung ersetzt die Einigung der Beteiligten, § 16 Abs. 4 Satz 4 UrhWahrnG; es entsteht dadurch ein die Parteien bindendes Schuldverhältnis.[144]

III. Kontrahierungszwang aus § 11 UrhWahrnG

Jede Verwertungsgesellschaft ist gem. § 11 Abs. 1 WahrnG verpflichtet, „auf Grund der von ihr wahrgenommenen Rechte jedermann auf Verlangen zu angemessenen Bedingungen Nutzungsrechte einzuräumen". Die-

---

[144] BGH, ZUM 2001, 983, 986; *Schulze*, in: Dreier/Schulze, UrhR, § 17 UrhWahrnG, Rn. 31.

ser Abschlusszwang ist notwendige Folge der Monopolstellung der Verwertungsgesellschaften.[145] Wenn die Sendeunternehmen ihre Weitersenderechte freiwillig in Verwertungsgesellschaften eingebracht haben, so haben die an der Weitersendung interessierten Unternehmen gegen die jeweiligen Verwertungsgesellschaften Ansprüche auf Einräumung der Rechte. Wie bereits erwähnt, haben die großen Privatsender ihre Rechte in die VG Media eingebracht, während die sog. „Münchener Gruppe" die Rechte der öffentlich-rechtlichen Sendeanstalten wahrnimmt (wobei die Schiedsstelle in der Entscheidung am 1.12.2008 die dort geltend gemachten Zuständigkeiten der GEMA verneint hat, s.o.).[146] § 11 Abs. 1 UrhWahrnG gibt gegen die jeweilige Verwertungsgesellschaft einen einklagbaren Anspruch auf Einräumung der Rechte. Auch gegenüber den Verwertungsgesellschaften muss sich das interessierte Unternehmen zunächst um die Einräumung der Rechte bemühen, bevor es tatsächlich mit der Nutzung beginnen darf. § 11 Abs. 1 UrhWahrnG gibt, ebenso wenig wie § 87 Abs. 5 UrhG, unmittelbar eine Nutzungserlaubnis.[147]

Der wichtige prozessuale Unterschied zwischen den beiden Kontrahierungszwängen liegt in § 11 Abs. 2 UrhWahrnG:

> „Kommt eine Einigung über die Höhe der Vergütung für die Einräumung der Nutzungsrechte nicht zustande, so gelten die Nutzungsrechte als eingeräumt, wenn die Vergütung in Höhe des vom Nutzer anerkannten Betrages an die Verwertungsgesellschaft gezahlt und in Höhe der darüber hinausgehenden Forderung der Verwertungsgesellschaft unter Vorbehalt an die Verwertungsgesellschaft gezahlt oder zu ihren Gunsten hinterlegt worden ist."

---

145 *Schulze*, in: Dreier/Schulze, UrhR, § 11 UrhWahrnG, Rn. 1, mit Verweis auf die amtl. Begr.

146 Siehe die Auflistungen der Wahrnehmungsberechtigten in den Tarifbeschreibungen der GEMA („gemeinsamer Tarif") und der VG Media.

147 BGH, GRUR 2002, 248, 252.

Zweck dieser Einräumungs-Fiktion ist, zu verhindern, dass die Verwertungsgesellschaft sich durch Hinauszögern der Rechtseinräumung ihrem Abschlusszwang faktisch entzieht.[148]

Für die Erlangung der Rechte für die Weitersendung der Privatsender von der VG Media und der Rechte für die Weitersendung der öffentlich-rechtlichen Sender von der „Münchener Gruppe" kann dieses prozessuale Mittel erwogen werden, wenn schnell mit der Weitersendung begonnen werden soll.

Frage 6: Haben die Sendeunternehmen Unterlassungsansprüche gegen die Netzbetreiber, die ohne Einräumung der Rechte schon mit der Weitersendung beginnen?

Antwort: Die Netzbetreiber werden gegen den Unterlassungsanspruch einwenden, dass ein Anspruch auf Einräumung der Rechte besteht. Der BGH hat mit seiner Orange-Book-Entscheidung einer solchen Argumentation den Weg geebnet. Sie begegnet jedoch erheblichen rechtssystematischen und teleologischen Bedenken.

I. Unterlassungsanspruch des Sendeunternehmens bei Weiterleitung vor Vertragsschluss und möglicher Zwangslizenzeinwand

Da der (potenzielle) DSL-TV-Betreiber vor Vertragsschluss mit dem Sendeunternehmen noch kein Recht zur Ausübung der Weitersendungsrechte aus § 20b Abs. 1 UrhG hat, also aus urheberrechtlicher Perspektive noch nicht weitersenden darf, hat das Sendeunternehmen gegen das Kabelunternehmen (hier: den DSL-TV-Betreiber) grundsätzlich einen Anspruch auf Unterlassung der Kabelweitersendung (hier: via DSL) aus §§ 97 Abs. 1, 87 Abs. 1 Nr. 1, Abs. 5, 20, 20b Abs. 1 Satz 2 UrhG, wenn bereits vor Vertragsschluss mit der Weitersendung begonnen wird.[149]

[148] BGH, GRUR 2000, 872, 874, mit Verweis auf die Begr. zu § 11 UrhWahrnG, BT-Drs. IV/271, S. 17 = UFITA 46 (1966) S. 271.

[149] So das OLG Dresden für den Fall der Kabelweiterleitung über das Breitbandkabelnetz, GRUR 2003, 601, 602 f.

Jedoch hat der Netzbetreiber gegen das Sendeunternehmen einen Anspruch auf Rechtseinräumung gem. § 87 Abs. 5 UrhG, so dass es treuwidrig erscheint, wenn das Sendeunternehmen, das eigentlich die Weitersendung erlauben müsste, gegen diese vorgehen könnte. Daher ist zu überlegen, ob dem Unterlassungsanspruch des Sendeunternehmens der Einwand der unzulässigen Rechtsausübung aus § 242 BGB – in Form des sog. Zwangslizenzeinwandes – entgegengehalten werden kann. Dieser Einwand kann nur bestehen, wenn das Sendeunternehmen ein angemessenes Angebot des an der Weitersendung interessierten Unternehmens ohne sachliche Rechtfertigung abgelehnt hatte.

Das LG Leipzig hat in einem Urteil zu § 87 Abs. 5 UrhG entschieden, ein Kabelunternehmen könne einem Unterlassungsanspruch des Sendeunternehmens, das zu einem Vertragsschluss verpflichtet wäre, den Einwand aus § 242 entgegenhalten.[150] Einschlägig sei die Fallgruppe des „dolo agit qui petit quod statim redditurus est“ (es handelt treuwidrig, wer etwas fordert, was er alsbald zurückgewähren müsste), denn die vom Sendeunternehmen geforderte Leistung (das Unterlassen der Weitersendung) müsse aufgrund des Kontrahierungszwanges aus § 87 Abs. 5 (dato noch Abs. 4) UrhG alsbald zurückgewährt werden. In dem Fall ging es um einen Anspruch der Sendeunternehmen ProSieben und Kabel 1 gegen den Kabelnetzbetreiber PrimaCom auf Unterlassung der digitalen Verbreitung der Programme durch das Kabelnetz. Der Ansicht des LG Leipzig schließen sich auch *Weisser/Höppener* an.[151] Nach ihrer Ansicht entsteht der Anspruch auf die vertragliche Leistung, also hier das Recht zur Weitersendung, bereits in dem Moment, in dem das aus § 87 Abs. 5 UrhG berechtigte Kabelunternehmen ein den materiellen Vorgaben genügendes (also ein „angemessenes“) und annahmefähiges Angebot zugehen lässt.[152] Zwar erscheint die Begründung mit der Rechtsfigur des „dolo agit“ etwas umständlich, jedoch entspricht das Ergebnis des LG Leipzig und von *Weisser/Höppener* in der Tat dem Gerechtigkeitsgefühl.

Das OLG Dresden urteilte anders und widersprach in seinem Berufungsurteil dem LG Leipzig in äußerst knapper Form: Der Einwand der unzu-

150 LG Leipzig, Urt. v. 27.7.2001, 02 HK O 9527/00 und 02 HK O 9495/00, jeweils S. 7.

151 *Weisser/Höppener*, ZUM 2003, 597, 610.

152 *Weisser/Höppener*, ZUM 2003, 597, 609.

lässigen Rechtsausübung könne nicht erhoben werden, da das auf Unterlassung klagende Sendeunternehmen nicht verpflichtet sei, die geforderte Leistung (Unterlassung der Kabelweitersendung) alsbald zurückzugewähren.[153] *Flechsig* stimmt dem OLG Dresden zu.[154]

1. Systematische und teleologische Bedenken gegen den Zwangslizenzeinwand

Die rechtssystematischen Bedenken des OLG Dresden sind nicht von der Hand zu weisen, auch wenn das OLG eine ausführliche Begründung vermissen lässt. Zunächst einmal hätte es näher gelegen, im Rahmen von § 242 BGB auf die Fallgruppe der unredlichen Vereitelung einer fremden Rechtsposition einzugehen; diese Fallgruppe erscheint für die gegebene Konstellation plausibler als die Fallgruppe des „dolo agit". So ist anerkannt, dass der Vorwurf rechtsmissbräuchlichen Verhaltens i.S.v. § 242 BGB daran anknüpfen kann, dass das Entstehen einer günstigen Rechtsposition der Gegenpartei verhindert wurde.[155] Man könnte argumentieren, das Sendeunternehmen verhalte sich treuwidrig, wenn es einerseits den Vertragsschluss über die Weitersendung ohne Rechtfertigung verweigere, andererseits aber die Weitersendung untersagen wolle.

Jedoch würde das methodische Modell des Kontrahierungszwanges im Urheberrecht, das der Gesetzgeber in §§ 42 Abs. 4, 42a Abs. 1, 87 Abs. 5 UrhG und § 11 Abs. 1 UrhWahrnG anstatt einer gesetzlichen Lizenz gewählt hat, hinfällig, wenn es demjenigen, der (nur) ein Recht *auf Vertragsschluss* hat, nicht untersagt werden könnte, die einzuräumenden Rechte bereits vor Vertragsschluss auszuüben. Das UrhG bietet mit den urheberrechtlichen Schranken einerseits und den urheberrechtlichen Kontrahierungszwängen andererseits zwei unterschiedliche Konzepte zur Ermöglichung einer gewünschten Nutzung von Urheberrechten.[156] Die urheberrechtlichen Schranken (§§ 44a-60 UrhG) gewähren das Recht zur

153 OLG Dresden, GRUR 2003, 601, 603; darauf verweisend KG Berlin, Urt. v. 25.1.2010, 24 U 16/09, Rn. 17: ohne erforderliche Rechteeinräumung sei die Weitersendung nicht erlaubt.

154 *Flechsig*, in: Loewenheim, Handbuch des Urheberrechts, § 41 Rn. 61.

155 *Looschelders/Olzen*, in: Staudinger, BGB, § 242, Rn. 246; *Roth*, in: MüKoBGB, § 242, Rn. 248.

156 Vgl. OLG Dresden, GRUR 2003, 601, 603.

Ausübung der beschriebenen Tätigkeiten und mithin zur Nutzung bestimmter Urheberrechte unmittelbar und von Gesetzes wegen, ohne dass eine weitere Absprache zwischen Rechteinhaber und Nutzer erforderlich wäre (gesetzliche Lizenz). Als Ausgleich gewährt der Gesetzgeber dem Rechteinhaber in den meisten dieser Fälle einen Anspruch auf „angemessene Vergütung", der sich ebenfalls unmittelbar aus dem Gesetz ergibt (z.B. §§ 45a Abs. 2, 46 Abs. 4, 52 Abs. 2 Satz 2, 52a Abs. 4 UrhG). In den §§ 42 Abs. 4, 42a Abs. 1, 87 Abs. 5 UrhG und § 11 Abs. 1 UrhWahrnG gewährt der Gesetzgeber hingegen lediglich Ansprüche auf Rechtseinräumung *durch Vertrag* zu „angemessenen Bedingungen",[157] und gerade *keine* gesetzliche Lizenz. Der Gesetzgeber will in diesen Fällen die Zuständigkeit zur Regelung der jeweiligen Nutzung weitgehend bei den Parteien belassen und greift daher weniger intensiv in den Grundsatz der Vertragsfreiheit ein.

Auch beim Kontrahierungszwang der Verwertungsgesellschaften aus § 11 Abs. 1 UrhWahrnG ist anerkannt, dass keine automatische Rechtseinräumung erfolgt, so dass eine Nutzung vor Rechtseinräumung durch die jeweilige Verwertungsgesellschaft nicht erlaubt ist.[158] Anders als der Kontrahierungszwang der einzelnen Sendeunternehmen aus § 87 Abs. 5 Satz 1 UrhG wird derjenige der Verwertungsgesellschaften aus § 11 Abs. 1 UrhWahrnG durch eine Fiktion der Rechtseinräumung ergänzt, § 11 Abs. 2 UrhWahrnG (dazu bereits oben). Danach gelten die Rechte unter bestimmten Voraussetzungen als eingeräumt, wenn die potenziellen Nutzer sich mit den Verwertungsgesellschaften nicht über die Vergütung einigen konnten. Bei Einführung von § 87 Abs. 5 UrhG hat der Gesetzgeber auf eine entsprechende Regelung (Fiktion) zulasten der einzelnen Sendeunternehmen verzichtet. Man darf unterstellen, dass dieser Verzicht gewollt geschah. § 11 Abs. 2 UrhWahrnG soll verhindern, dass sich die Verwertungsgesellschaft, die meist für ihren Tätigkeitsbereich eine Monopolstellung besitzt, durch Hinauszögern der Rechtseinräumung und durch Fordern unangemessener Vergütungen dem Abschlusszwang, dem sie gem. § 11 Abs. 1 UrhWahrnG unterliegt, tatsächlich entzieht.[159] Eine

---

[157] Vgl. *Weisser/Höppener*, ZUM 2003, 597, 606.

[158] BGH, GRUR 2002, 248, 252.

[159] BGH, GRUR 2000, 872, 874, mit Verweis auf die Begründung zu § 11 UrhWahrnG, BT-Drs.IV/271, S. 17 = UFITA 46 (1966), S. 271.

solche Monopolstellung kommt einem einzelnen Sendeunternehmen nicht zu. Auch der systematische Vergleich zu § 11 UrhWahrnG spricht also dafür, dem an der Weitersendung interessierten Unternehmen die Weitersendung nicht vor der vertraglichen Rechtseinräumung zu erlauben.

Denn in diesem Fall hätte der Kontrahierungszwang praktisch die Wirkung einer gesetzlichen Lizenz, was in Anbetracht der klaren Unterscheidung im Gesetz nicht gewollt sein kann. Denn im Falle einer gesetzlichen Lizenz greift der Gesetzgeber stärker in die Vertragsfreiheit ein als durch die Anordnung eines Kontrahierungszwanges. Mit der gleichen Begründung lehnte der BGH im Urteil zur „Spiegel CD-ROM“[160] den Einwand der Zwangslizenz ab. Das Magazin „Der Spiegel“ hatte bestimmte Fotos in einer CD-ROM-Ausgabe veröffentlicht, ohne eine entsprechende Lizenz einzuholen. Die Lizenz hätte der Spiegel aber vom Rechteinhaber nach Treu und Glauben verlangen können.[161] Dennoch könne dem Unterlassungsanspruch der Rechtsinhaber nicht mit dem Einwand der unzulässigen Rechtsausübung begegnet werden:[162]

> „Bestünde ein Anspruch auf Zustimmung, so handelte es sich dabei der Sache nach um eine Zwangslizenz. Stünde dem Bekl. der Einwand der unzulässigen Rechtsausübung zur Seite, liefe das auf eine gesetzliche Lizenz hinaus, die im Gesetz streng von den Fällen der Zwangslizenz getrennt ist und die den Urheber in eine deutlich ungünstigere Position versetzt, weil er seinen Vergütungsanspruch nach erfolgter Nutzung seines Werkes geltend machen muss, statt – wie im Falle der Zwangslizenz – die Erteilung der Zustimmung von der Zahlung der geschuldeten Vergütung abhängig machen zu können.“[163]

Der BGH verweist zur Untermauerung auf § 11 UrhWahrnG, in dem die Inanspruchnahme der geforderten Rechte trotz Nichteinräumung der Li-

[160] BGH, GRUR 2002, 248 – Nutzungsrechte an Fotos für CD-ROM-Ausgabe.
[161] BGH, GRUR 2002, 248, 252.
[162] BGH, GRUR 2002, 248, 252.
[163] BGH, GRUR 2002, 248, 252.

zenz besonders geregelt sei.[164] Der Argumentation des BGH im Spiegel-CD-ROM-Urteil ist zuzustimmen.

Die Gesetzessystematik spricht auch im Fall der Lizenz aus § 87 Abs. 5 UrhG gegen die Gewährung des Zwangslizenzeinwandes im Unterlassungsprozess, da die austarierte Systematik des UrhG und des UrhWahrnG von gesetzlichen Lizenzen und Zwangslizenzen empfindlich gestört, ja zerstört würde. Durch den Ausschluss des Unterlassungsanspruchs würde dem Kabelunternehmen eine Art Selbsthilferecht eingeräumt.[165] Selbsthilferechte stellen eine Durchbrechung des staatlichen Rechtsdurchsetzungsmonopols dar und werden in den Zivilgesetzen in nur wenigen Fällen gewährt. Im BGB enthalten Selbsthilferechte die §§ 229 bis 231 (gewaltsame Durchsetzung oder Sicherung eigener Ansprüche), §§ 561 Abs. 1, 581 Abs. 2, 704 (Selbsthilferecht von Vermietern, Verpächtern und Gastwirten), §§ 859, 860 (Selbsthilfe des Besitzers und Besitzdieners), § 910 (Selbsthilfe im Nachbarrecht) und § 962 (Selbsthilfe des Eigentümers eines Bienenschwarms).[166] Dem Urheberrecht sind Selbsthilferechte fremd, mit der Ausnahme der Möglichkeit der Herbeiführung der Lizenzierungsfiktion im Falle der Rechtewahrnehmung durch Verwertungsgesellschaften, § 11 Abs. 2 UrhWahrnG (dazu vorangehend). So hat beispielsweise das BVerfG entschieden, dass § 54g UrhG n.F. (Kontrollbesuch bei Betreibern von Ablichtungsgeräten) kein Selbsthilferecht des Urhebers auf Betretung der dort beschriebenen Betriebs- und Geschäftsräume gebe[167] und dass § 95b UrhG (Durchsetzung von Schrankenbestimmungen im Falle technischer Schutzmaßnahmen) kein Selbsthilferecht für den Nutzungsberechtigten zur eigenmächtigen Umgehung der technischen Maßnahmen einräume[168].

[164] BGH, GRUR 2002, 248, 252.

[165] OLG Düsseldorf, InstGE 168, Rn. 57.

[166] *Grothe*, in: MüKo BGB, 5. Aufl. 2006, § 229, Rn. 1.

[167] Siehe etwa BVerfG, ZUM 2008, 682, 683.

[168] BVerfG, MMR 2005, 751, 752; *Spindler,* GRUR 2002, 105, 117; *Reinbothe,* GRUR Int. 2001, 733, 742; *Ernst,* CR 2004, 39, 41.

2. Auswirkungen der Orange-Book-Entscheidung des BGH

Nach der wegweisenden Orange-Book-Entscheidung[169] des BGH aus 2009 besteht für die Netzbetreiber dennoch Hoffnung, dass die Gerichte in einem von den Sendeunternehmen betriebenen Unterlassungsprozess den Einwand der Zwangslizenz gelten lassen würden. Im Orange-Book-Urteil hat der BGH seine Rechtsprechung zu Zwangslizenzen grundlegend neu ausgerichtet, indem er erstmals den Zwangslizenzeinwand gegen den Unterlassungsanspruch zuließ. Die Inhaberin eines Patents über optische Datenträger (sog. Orange-Book-Standard) klagte gegen einen CD-Hersteller auf Unterlassung der Herstellung und des Vertriebs von CD-ROMs unter Benutzung des fraglichen patentierten Verfahrens. Der CD-Hersteller berief sich dagegen auf eine kartellrechtliche Zwangslizenz, die bezüglich des Herstellungsverfahrens erteilt werden müsse.

Der BGH hat den Einwand der unzulässigen Rechtsausübung gem. § 242 BGB deshalb zugelassen, weil ein kartellrechtlicher Kontrahierungszwang bestand:

> „Diskriminiert ein marktbeherrschendes Unternehmen mit der Weigerung, einen ihm angebotenen Patentlizenzvertrag abzuschließen, das um die Lizenz nachsuchende Unternehmen […], stellt auch die Durchsetzung des patentrechtlichen Unterlassungsanspruchs einen Missbrauch der marktbeherrschenden Stellung dar. […] Ein kartellrechtlich verbotenes Verhalten darf jedoch nicht von den staatlichen Gerichten angeordnet werden.“[170]

Zu beachten ist, dass der BGH strenge Anforderungen an das Angebot stellt, welches vom an der Lizenz interessierten Unternehmen an den Rechtsinhaber abgegeben worden sein muss: Das Angebot muss unbedingt und angemessen sein, so dass die Ablehnung eine Diskriminierung darstellen würde, und es müssen diejenigen Verpflichtungen eingehalten werden, die der abzuschließende Lizenzvertrag an die Benutzung des lizenzierten Gegenstands knüpft.[171] Mit der letztgenannten Anforderung meint der BGH vor allem, dass der Lizenzsuchende bereits für die Lizenz

---

[169] BGH, GRUR 2009, 694.
[170] BGH, GRUR 2009, 694, 696.
[171] BGH, GRUR 2009, 694, 696.

zahlen oder den Betrag hinterlegen (§ 372 S. 1 BGB) muss.[172] Ebenso, wie sich der Rechteinhaber behandeln lassen muss, als habe er die geschuldete Lizenz erteilt, muss sich auch der Lizenzsuchende so verhalten, als sei ihm die Lizenz eingeräumt worden.[173]

Diese höchstrichterliche Anerkennung des Zwangslizenz-Einwandes im Orange-Book-Fall wirft die Frage auf, ob die Spiegel-Entscheidung überholt ist – dort verwarf der BGH den Einwand noch. Für die Zukunft sind mehrere Entwicklungen denkbar: Entweder der Zwangslizenzeinwand wird nun rechtsgebietsübergreifend angewandt – in diesem Fall hätte das Orange-Book-Urteil eine wahre Fanal-Wirkung; oder aber der Einwand wird nur in patentrechtlichen Streitigkeiten zugelassen. Hierfür besteht allerdings kein sachlicher Grund.

Die dritte Möglichkeit besteht darin, den Einwand nur im Falle einer kartellrechtlichen Zwangslizenz zuzulassen. Doch auch diese Lösung vermag nicht einzuleuchten. Zwar hat der Verstoß gegen die sanktionsbewehrten und im öffentlichen Interesse liegenden kartellrechtlichen Vorschriften eine andere Qualität als die bloße Nichtgewährung einer (bloß) urheberrechtlich geschuldeten Lizenz. Das Kartellrecht ist Teil des Wirtschaftsordnungsrechts und dient als solches primär dem übergeordneten, öffentlichen, nicht-individuellen Interesse des freien Wettbewerbs, der zu gesamtwirtschaftlichem Wohlstand führen soll. Die im Orange-Book-Fall einschlägige Vorschrift des § 20 GWB wird, obgleich es im Kartellrecht starke Tendenzen zum „private enforcement" gibt, ganz vordergründig vom Bundeskartellamt, also einer staatlichen Instanz durchgesetzt. An die Nichtbeachtung der kartellrechtlichen Ge- und Verbote sind in §§ 32 ff. GWB zahlreiche Sanktionen geknüpft. Dennoch geht es hier wie dort um die Weigerung eines Unternehmens bzw. einer Person, einem anderen jene Lizenz zu gewähren, die ihm aufgrund einer gesetzlichen Vorschrift zusteht.

Die vierte Möglichkeit bestünde darin, den Zwangslizenzeinwand aus rechtssystematischen Gründen nur in Fällen der rein urheberrechtlichen Zwangslizenz zu verweigern, da die Gesetzgeber der urheberrechtlichen Regeln mit § 11 Abs. 2 UrhWahrnG für den Bereich der urheberrechtli-

[172] BGH, GRUR 2009, 694, 697.
[173] BGH, GRUR 2009, 694, 697.

chen Lizenzen eine eng gefasste Ausnahmeregelung geschaffen haben. Diese Lösung würde die Gefahr bergen, systematische Erwägungen über sachgerechte Ergebnisse zu stellen.

Im Kern lässt sich die Problematik auf die einfache Frage reduzieren, in welchem Ausmaß die in ihrem Grundgedanken zweifellos zweckmäßige Regelung aus § 11 Abs. 2 UrhWahrnG auf andere Zwangslizenzen analoge Anwendung finden soll. Wie *Hötte* in seiner Anmerkung zu Orange-Book darlegt, sollte sich diese Frage nach den Eigenarten der jeweils in Frage stehenden Zwangslizenzen, sprich: nach der jeweiligen Anspruchsgrundlage richten.[174] Das Selbsthilferecht aus § 11 Abs. 2 UrhWahrnG knüpft (ausschließlich) an die Zwangslizenz aus § 11 Abs. 1 UrhWahrnG an, die denkbar einfache Voraussetzungen hat: Danach sind Verwertungsgesellschaften verpflichtet, die von ihnen wahrgenommen Rechte jedem Interessenten zu angemessenen Bedingungen einzuräumen. Die Frage nach dem „Ob" der Pflicht zur Rechtsgewährung wird sich bei diesem einfachen Anspruch nur in Ausnahmefällen stellen. Die problematische Frage liegt vielmehr in dem „Wie", also den Umständen der Rechtsgewährung, konkret: nach den angemessenen Bedingungen (Vergütungshöhe). Bei der kartellrechtlichen Zwangslizenz gestaltet sich die Frage, ob überhaupt ein Lizenzierungsanspruch besteht, um ein Vielfaches problematischer.[175] Die kartellrechtliche Zwangslizenz ist von den Umständen des Einzelfalls abhängig und unterliegt hohen Voraussetzungen.[176] Daher ist es nicht nachvollziehbar, dass der BGH ausgerechnet im Falle der kartellrechtlichen Zwangslizenz die Kehrtwende pro Zwangslizenzeinwand vollzieht. Nach diesem Urteil droht die Aushöhlung von Schutzrechten durch die vorschnelle Inanspruchnahme von Ausschließlichkeitsrechten, auf deren Lizenzierung möglicherweise gar kein Anspruch bestand.[177]

Mit Blick auf das Präzedenzurteil Orange-Book dürfen die Netzbetreiber für den konkreten Fall der Lizenz aus § 87 Abs. 5 UrhG mit einer Erstrecht-Argumentation auf den Zwangslizenzeinwand beharren, da die Tatbestandsvoraussetzungen der Vorschrift vergleichbar einfach struktu-

---

174 *Hötte*, Anm. zu BGH Orange-Book, MMR 2009, 686, 690.
175 *Hötte*, Anm. zu BGH Orange-Book, MMR 2009, 686, 690.
176 Grundlegend dazu BGHZ 160, 67, 76 – Standard-Spundfass.
177 *Hötte*, Anm. zu BGH Orange-Book, MMR 2009, 686, 690.

riert sind wie in § 11 Abs. 1 UrhWahrnG, und wesentlich einfacher als bei der kartellrechtlichen Zwangslizenz. Bezüglich des „Ob" der Zwangslizenz werden im Falle des § 87 Abs. 5 UrhG nur in Ausnahmefällen Unklarheiten bestehen. Die Struktur des Anspruchs ist simpel, so dass keine Aushöhlung des Kabelweitersenderechts droht. Auch dürften keine vernünftigen Zweifel daran bestehen, dass es sich bei DSL-TV um eine Kabelweitersendung handelt (oben, Frage 3). Die Unklarheiten bezüglich der Reichweite des Begriffs der Kabelweitersendung ließen sich überdies durch eine gesetzliche Klarstellung oder ein höchstrichterliches Urteil leicht beseitigen. Komplizierte Einzelfallerwägungen sind nicht erforderlich. Schwieriger ist hingegen zu beurteilen, wie hoch die angemessene Vergütung ausfällt (also das „Wie" der Gewährung, nicht das „Ob"), die der Netzbetreiber dem einzelnen Sendeunternehmen hinterlegen sollte. Hier müssen, wenn möglich, Vergleichswerte von anderen Einzellizenzierungen herangezogen werden. Die Beträge für die Weitersendungsrechte-Pakete, die von der VG Media und bei der GEMA erworben werden können, können nur dann Anhaltspunkt sein, wenn der „Wert" des jeweiligen Einzelsenders aus dem Gesamtpaket herausgerechnet wird. Bei dieser Berechnung könnte man von dem Anteil ausgehen, den der Einzelsender von der Verwertungsgesellschaft erhält, oder direkt von seiner Einschaltquote.

Mit der Gewährung des Zwangslizenzeinwandes wird den Zweckmäßigkeitserwägungen der Vorzug vor den gesetzessystematischen Bedenken gegeben. Es ist wünschenswert und rechtsökonomisch, dass der Unterlassungsprozess *im einfach gelagerten Fall des § 87 Abs. 5 UrhG* den gleichen Ausgang nehmen würde wie der Prozess über die Lizenzerteilung: Entweder, der Lizenzinhaber, oder der um die Lizenz Ersuchende befindet sich im Recht. Im Falle von DSL-TV wäre der Lizenz-Ersuchende im Recht. Insofern hat der BGH im Orange-Book-Urteil das richtige Exempel am falschen Fall (kartellrechtliche Zwangslizenz) statuiert.

II. Prozessuale Geltendmachung des Unterlassungsanspruchs des Sendeunternehmens

Obgleich nach den Vorgaben des BGH im Fall Orange-Book (sofern man ihnen zustimmt) viel dafür spricht, im Falle der Kabelweitersendung durch die DSL-TV-Betreiber den Zwangslizenzeinwand zuzulassen und daher einen Unterlassungsanspruch gegen die Weitersendung scheitern zu lassen, müssen die Netzbetreiber im Falle der frühen Weitersendung mit

Unterlassungsklagen und Anträgen auf einstweilige Verfügungen rechnen. Es ergeben sich hierbei die folgenden prozessualen Besonderheiten.

Das Sendeunternehmen kann in dem Fall, in dem der DSL-TV-Betreiber bereits vor Vertragsschluss mit der Weitersendung der TV-Signale via DSL beginnt, auf Unterlassung klagen, ohne zuvor die Schiedsstelle i.S.v. § 14 UrhWahrnG anrufen zu müssen.[178] Wie eben dargelegt, würde ein Instanzgericht in der Gefolgschaft des Orange-Book-Urteils des BGH die Klage möglicherweise aufgrund des Zwangslizenzeinwandes gem. § 242 BGB scheitern lassen. Dennoch sollen die Prozessbesonderheiten kurz dargelegt werden.

Nach §§ 16 Abs. 1, 14 Abs. 1 Nr. 2 UrhWahrnG kann die Streitigkeit um die Verpflichtung zum Abschluss eines Vertrags über die Kabelweitersendung erst dann im Klagewege geltend gemacht werden, nachdem zuvor die Schiedsstelle angerufen wurde (s.o.). Diese Vorschriften greifen für den Fall der Geltendmachung des Unterlassungsanspruchs des Sendeunternehmens aber nicht ein.[179] Das OLG Dresden begründet dies in seinem hier bereits zitierten Urteil zu § 87 Abs. 5 UrhG ausführlich. Der Argumentation des OLG ist zuzustimmen. §§ 16, 14 Abs. 1 Nr. 2 UrhWahrnG sind weder dem Wortlaut, noch dem Zweck nach anwendbar.[180] Sie betreffen Streitigkeiten über die Verpflichtung zum Vertragsschluss, nicht Streitigkeiten über das unerlaubte Weitersenden ohne Vertragsschluss.[181] Zweck des § 16 UrhWahrnG ist, durch das obligatorische Vorschalten eines Schiedsstellenverfahrens die Sachkunde dieser Schiedsstelle nutzbar zu machen und die (weniger sachkundigen) Richter zu entlasten.[182] Im Hinblick auf den Kontrahierungszwang aus § 87 Abs. 5 UrhG kommen diese Erwägungen nur zum Tragen, soweit es um die Angemessenheit der Vertragsbedingungen oder um die Frage geht, ob die Ableh-

[178] OLG Dresden, GRUR 2003, 601, 602; *v. Ungern-Sternberg*, in: Schricker, UrhR, § 87, Rn. 57.

[179] OLG Dresden, GRUR 2003, 601, 602.

[180] OLG Dresden, GRUR 2003, 601, 602.

[181] OLG Dresden, GRUR 2003, 601, 602.

[182] Amtliche Begründung, BT-Drs.10/837, S. 24; BGH, NJW 2001, 228, 230 = GRUR 2000, 872; OLG Dresden, GRUR 2003, 601, 602; *Schulze*, in: Dreier/Schulze, UrhG, § 16 UrhWahrnG, Rn. 1.

nung sachlich gerechtfertigt ist.[183] Für die Frage, *ob* vor Vertragsschluss eine Weitersendung erlaubt ist, bedarf es keiner besonderen Sachkunde.[184]

Bevor ein Sendeunternehmen die Unterlassungsklage bei Gericht einreicht, wird es den DSL-TV-Betreiber zunächst abmahnen, § 97a Abs. 1 UrhG. Zwar ist die Abmahnung keine Prozessvoraussetzung,[185] jedoch liefe das Sendeunternehmen bei einer Klage ohne vorherige Abmahnung Gefahr, gem. § 93 ZPO die Kosten des Rechtsstreits allein zu tragen.[186] Ist die Abmahnung berechtigt, sollte das unerlaubt weitersendende Unternehmen eine mit einer Vertragsstrafe bewehrte Unterlassungserklärung abgeben, da durch diese der Unterlassungsanspruch befriedigt und eine Wiederholungsgefahr abgewendet wird,[187] so dass weitere Klagen zunächst unbegründet wären. Das unerlaubt weitersendende Unternehmen muss dem Sendeunternehmen die für die berechtigte Abmahnung erforderlichen Kosten ersetzen, § 95a Abs. 1 Satz 2 UrhG. Die Regelung zur „Deckelung" der Abmahnkosten auf 100 € gem. § 95a UrhG dürfte auf die Fälle der unerlaubten Kabelweitersendung nicht anwendbar sein, da es sich dabei weder um einfach gelagerte Fälle, noch um unerhebliche Rechtsverletzungen handelt.

Das Sendeunternehmen kann den Unterlassungsanspruch außerdem im Wege der einstweiligen Verfügung gem. §§ 935, 940 ZPO geltend machen. Wenn der DSL-TV-Betreiber ohne Vertragsschluss die Signale weitersendet, wird es dem Sendeunternehmen gelingen, den Verfügungsanspruch und den Verfügungsgrund glaubhaft zu machen (§ 936 i.V.m. § 920 Abs. 2 ZPO). Verfügungsanspruch ist der Unterlassungsanspruch aus § 97 Abs. 1 UrhG. Der Verfügungsgrund (die Gefährdung der eigenen Rechte, hier: der Weitersenderechte) ist vom Sendeunternehmen positiv nachzuweisen, da die wettbewerbsrechtliche Erleichterung für einstweilige Verfügungen aus § 12 Abs. 2 UWG für Urheberrechtsverletzungen nicht, auch nicht analog, gilt.[188] Dies wird dem Sendeunterneh-

---

[183] OLG Dresden, GRUR 2003, 601, 602.
[184] OLG Dresden, GRUR 2003, 601, 602.
[185] *Dreier*, in: Dreier/Schulze, UrhR, § 97a, Rn. 4.
[186] *Dreier*, in: Dreier/Schulze, UrhR, § 97a, Rn. 3.
[187] *Dreier*, in: Dreier/Schulze, UrhR, § 97a, Rn. 9.
[188] *Nordemann*, in: Fromm/Nordemann, UrhR, § 97, Rn. 199, m.w.N.

men aber nicht schwer fallen, da die unerlaubte Weitersendung durch den DSL-TV-Betreiber eine permanente Verletzung der Weitersenderechte darstellt. Aufgrund von § 16 Abs. 3 UrhWahrnG muss das Sendeunternehmen vor Stellung des Antrags auf Anordnung einer einstweiligen Verfügung *nicht* zunächst die Schiedsstelle anrufen.

Frage 7: Wie hoch ist die in § 87 UrhG vorgesehene „angemessene" Vergütung beim DSL-TV?

Antwort: Für die Weitersendung beim DSL-TV sollte die gleiche Vergütung verlangt werden wie für die Weitersendung über digitales Kabelfernsehen. Die angemessenen Vergütungssätze für die Kabelweitersendung sind heillos umstritten. Als angemessen können Tarife i.H.v. 3 % für die öffentlich-rechtlichen Sender, und 1 % für die Weitersendung der Privatsender betrachtet werden.

Die spezielle Fragestellung nach der angemessenen Vergütung für die Einräumung der Rechte für die Veranstaltung von DSL-TV baut auf die allgemeine, übergreifende Fragestellung nach der angemessenen Vergütung für *Kabelweitersenderechte* auf. Letztere Frage war und ist Gegenstand heftiger Diskussionen.[189] Von einem Konsens sind Wirtschafts- und Rechtspraxis weit entfernt. Im Folgenden wird zunächst die frühere Vertragspraxis bei den Kabelweitersenderechten (I.) dargestellt, anschließend die derzeitige Vertragspraxis (II.) und schließlich eine eigene Beurteilung vorgenommen (III.).

I. Frühere Vertragspraxis hinsichtlich der Kabelweitersenderechte

Die Einräumung der Kabelweitersenderechte wurde in Deutschland in Gesamtverträgen und Einzelvereinbarungen zwischen Rechteinhabern und Kabelnetzbetreibern geregelt, seitdem sich in der Literatur und Rechtsprechung zum Urheberrecht die Ansicht durchgesetzt hat, dass die

---

[189] Siehe etwa (jeweils umfassend): *Gounalakis/Mand*, Kabelweiterleitung und urheberrechtliche Vergütung; *Kruczek*, Die Bewertung der Kabelweitersenderechte der Sendeunternehmen in Deutschland und den USA; *Spindler*, MMR Beilage 2003, Heft 2, S. 1; *Pfennig,* ZUM 2008, 363.

Kabelweitersendung eine urheberrechtsrelevante und damit schützenswerte Verwertungshandlung darstellt (dazu oben Frage 2).

Die Einräumung der Weitersenderechte war bis vor wenigen Jahren in unterschiedlichen Vertragswerken geregelt, je nachdem, ob sie die Weitersendung von terrestrisch empfangbaren Programmen oder Satellitenprogrammen betraf.[190]

1. Kabelglobalverträge mit der Deutschen Telekom (terrestrische Programme)

1987 schloss die Deutsche Bundespost als Monopolunternehmen in Bezug auf die Fernsehkabelnetze den ersten Kabelglobalvertrag mit den Rechteinhabern (Verwertungsgesellschaften und die AGICOA als Vertreterin der Filmproduzenten und der öffentlich-rechtlichen Sendeunternehmen).[191]

Am 21.11.1991 wurde ein zweiter Kabelglobalvertrag geschlossen, wobei an Stelle der Deutschen Bundespost die ausgegliederte Telekommunikationssparte „Deutsche Telekom" Vertragspartner wurde. Vertragspartner auf der anderen Seite waren die in- und ausländischen Sendeunternehmen, deren terrestrische Fernseh- und Hörfunkprogramme die Telekom in ihre Kabelnetze einspeiste, die Verwertungsgesellschaften GEMA, VG Wort, GVL und VG Bild-Kunst und die Filmverwertungsgesellschaften. Der Kabelglobalvertrag galt bis zum 31.12.2002.

Darin räumten die Rechteinhaber der Deutschen Telekom die Befugnis ein, in ihren Breitbandverteilnetzen die Fernseh- und Hörfunkprogramme der am Vertrag beteiligten Sendeunternehmen zeitgleich, vollständig und unverändert weiter zu übertragen. Die Rechtseinräumung erstreckte sich *nur auf terrestrisch gesendete Programme*, soweit sie am Ort des Breitbandverteilnetzes drahtlos empfangbar waren. Satellitenprogramme waren dagegen nicht Vertragsgegenstand. Nur wenn diese Programme auch terrestrisch ausgestrahlt wurden und die terrestrischen Signale eingespeist wurden, wurde die Weiterübertragung vom Vertrag erfasst.

---

190 *Spindler*, MMR Beilage 2003, Heft 2, S. 1, 2.

191 *Pfennig,* ZUM 2008, 363.

Für die Einräumung des Kabelweitersenderechts zahlte die Telekom den Rechteinhabern eine Vergütung von 4 % der monatlichen Kabelanschluss-Entgelte. Diese Vergütung wurde im Verhältnis 85:15 zwischen den Fernseh- und Hörfunkprogrammen aufgeteilt. Von der Fernsehvergütung erhielten 41 % die in- und ausländischen Fernseh-Sendeunternehmen, 24 % die Verwertungsgesellschaften GEMA, VG Wort, GVL und VG Bild-Kunst und 35 % die Filmverwertungsgesellschaften. Die Hörfunkvergütung teilten sich in- und ausländische Hörfunksendeunternehmen und Verwertungsgesellschaften (GEMA, VG Wort und GVL) jeweils hälftig.

Die Rechtekategorien waren in den Zusatzvereinbarungen der Rechteinhaber zum Kabelglobalvertrag beschrieben. Die GEMA war von den Rechteinhabern als gemeinsame Inkassostelle benannt. Die Inkassostelle hatte die von der Deutschen Telekom gezahlte Vergütung entgegenzunehmen und nach einem von den Rechteinhabern in einer Zusatzvereinbarung bestimmten Verteilungsschlüssel auf diese aufzuteilen. Die Fernsehsendeunternehmen teilten den auf sie entfallenden 41 %-igen Vergütungsanteil im Verhältnis 10 (Inland) zu 90 (Ausland) auf der Grundlage der jährlichen Kabelanschlussstatistiken der Telekom reichweitenabhängig auf.

Die Filmverwertungsgesellschaften teilten den auf sie entfallenden 35 %-igen Vergütungsanteil wie folgt auf: 22,72 % gingen an VGF, GWFF und VG Bild-Kunst für die von ihnen vertretenen Rechtsinhaber an deutschen Filmen, 68,16 % an die AGICOA für die von ihr vertretenen Rechtsinhaber an ausländischen Filmen, 4 % an die VG Bild-Kunst für nicht an Produzenten abgetretene Filmurheberrechte an deutschen und ausländischen Filmen und deutschen Fernsehauftragsproduktionen, 5 % an die VFF für alle Auftragsproduktionen aus Deutschland und 0,12 % an GÜFA für die von ihr vertretenen deutschen Filme.

An dem 24 %-igen Vergütungsanteil der anderen Verwertungsgesellschaften war die GEMA zu 67,72 %, die VG Wort zu 21,28 %, die GVL zu 9 % und die VG Bild-Kunst zu 2 % beteiligt.

2. Verträge über die Einspeisung von Satellitenprogrammen

Für die Einspeisung von Satellitenprogrammen wurden zwischen einzelnen Sendeunternehmen und den Kabelunternehmen, ohne Beteiligung von Verwertungsgesellschaften, sog. Einspeisungsverträge abgeschlossen. Sie wurden in den 80er Jahren von der Rechtsvorgängerin der Deutschen Telekom AG, der Deutschen Bundespost, für die Einspeisung der über Fernmeldesatelliten herangeführten Programme in die Netze der Kabelpilotprojekte entwickelt. Damals wurde urheberrechtlich noch zwischen der Übertragung durch Fernmeldesatelliten und Direktsatelliten unterschieden.[192] Dieser Unterschied wurde erst 1993 mit Erlass der Satelliten- und Kabel-Richtlinie (Art. 1 Abs. 1) aufgegeben.

Vertragsgegenstand war die Einspeisung von eigenen Programmen der Sendeunternehmen durch die Deutsche Telekom in ihr Breitbandverteilnetz. Vorgeschaltet war jeweils die durch Satellit ausgestrahlte Erstsendung des Sendeunternehmens.

Vertragspartner der Einspeisungsverträge waren jeweils die Deutsche Telekom und das erstsendende Sendeunternehmen, dessen Satellitenprogramm in die Kabelnetze der Deutschen Telekom eingespeist werden sollte. Die Telekom machte die Einspeisung der Programme davon abhängig, dass das Sendeunternehmen die Kabelweitersenderechte der an seinem Programm beteiligten Urheber- und Leistungsschutzberechtigten auf eigene Kosten erwarb, sein Programm der Deutschen Telekom unentgeltlich zur Kabelweiterverbreitung zur Verfügung stellte, ihr gegenüber den Erwerb der Kabelweitersenderechte gewährleistete und sie von allen urheberrechtlichen Ansprüchen Dritter freistellte.

Das bedeutet, dass die Kabelweitersenderechte von den Sendeunternehmen auf eigene Kosten von den Verwertungsgesellschaften, Filmrechteinhabern und anderen Urheber- und Leistungsschutzberechtigten erworben werden mussten und sie von der Telekom keinerlei Vergütung für die Kabelweitersendung erhielten. Die Kabelweiterverbreitung wurde vielmehr allein von der Telekom gegenüber ihren Kabelkunden vermarktet, ohne dass das Sendeunternehmen an den dadurch erzielten Einnahmen beteiligt wurde.

---

192 Vgl. dazu *Hillig,* in: Fuhr/Rudolf/Wasserburg, Recht der neuen Medien, S. 415 ff.

3. Fünf-Prozent-Tarif der Verwertungsgesellschaften aus dem Jahre 1997 (terrestrische Programme)

Am 14.2.1997 hatten die Verwertungsgesellschaften nach Abstimmung mit den an den Telekom-Verträgen beteiligten Sendeunternehmen einen gemeinsamen Tarif für die Weitersendung von terrestrisch verbreiteten, ortsüblich empfangbaren Hörfunk- und Fernsehprogrammen in privaten Kabelnetzen und Gemeinschaftsantennenanlagen veröffentlicht.[193] Danach sollte die Vergütung für alle Rechtsinhaber 5 % der vom Betreiber für die Weitersendung von Hörfunk- und Fernsehprogrammen in privaten Kabelnetzen und Gemeinschaftsantennenanlagen eingenommenen Entgelte (exklusive Mehrwertsteuer) betragen. Mit der Vergütung war die Weitersendung von bis zu sechs Fernsehprogrammen abgegolten. Für die Weitersendung jedes weiteren Fernsehprogramms sollte sich die Vergütung um 15 % erhöhen. Soweit der Betreiber nachweislich keine terrestrisch empfangbaren Hörfunkprogramme weitersendete, ermäßigte sich die zu zahlende Vergütung um 15 %. Zu den abrechnungsfähigen Entgelten zählten nicht Einnahmen aus solchen Vertragsbeziehungen, in denen keinerlei terrestrische Programme geliefert werden. Zu den Entgelten zählten weiterhin nicht die auf den technischen Erstanschluss bezogenen Anteile des Entgelts, die während der Geltung des Vertrages auf 30 % pauschaliert wurden, ebenso nicht die auf sonstige Dienstleistungen entfallenden Kosten, die mit 10 % pauschaliert wurden.

Die Vereinbarung aus dem Jahre 1997 entsprach also weitgehend den Konditionen des späteren ANGA-Vertrages (dazu nachfolgend). Sie hat in der Praxis keine große Bedeutung erlangt.

4. ANGA-Verträge

Neben dem Kabelglobalvertrag existierte der sog. ANGA-Vertrag, ein Gesamtvertrag vom 14.7. und 12.8.1999 über die Weitersendung ortsüblich terrestrisch empfangbarer Hörfunk- und Fernsehprogramme in privaten Kabelnetzen und Gemeinschaftsantennenanlagen. Seine Geltung war bis Ende 2002 befristet. Vertragspartner waren die in- und ausländischen Sendeunternehmen, die terrestrische Fernseh- und Hörfunkprogramme ausstrahlen, die Verwertungsgesellschaften GEMA, VG Wort, GVL und

---

193 BAnz. Nr. 31 vom 14.2.1997, S. 1520.

die VG Bild-Kunst, die Filmverwertungsgesellschaften (AGICOA-Deutschland, VGF, VFF und GÜFA) und der ANGA Verband Privater Kabelnetzbetreiber e.V. Im ANGA-Verband waren zum Zeitpunkt des Vertragsschlusses die unabhängigen Kabelnetzbetreiber, also alle Netzbetreiber außer der Deutschen Telekom, zusammengeschlossen. Sie stellten insgesamt rund ein Drittel der Kabelanschlüsse zur Verfügung.[194] Der ANGA-Gesamtvertrag fungierte lediglich als Rahmenvertrag, auf dem die Einzelverträge der in der ANGA zusammengeschlossenen Kabelbetreiber aufbauen.[195] Die abgeschlossenen Einzelverträge sind bzw. waren praktisch Pendants zum Kabelglobalvertrag mit der Deutschen Telekom.

In den auf diesem Vertrag beruhenden Einzelverträgen räumten die Rechteinhaber den Kabelunternehmen die Befugnis ein, in ihrer Kabelanlage die Hörfunk- und Fernsehprogramme der am Vertrag beteiligten Sendeunternehmen zeitgleich, vollständig und unverändert weiter zu übertragen. Satellitenprogramme werden nur erfasst, sofern sie gleichzeitig auch terrestrisch ausgestrahlt und die terrestrischen Signale eingespeist werden. Der ANGA-Vertrag von 1999 sah eine tarifliche Vergütung von 5 % der erzielten Anschlussentgelte vor.[196] Jedoch sollen von den Brutto-Anschlussentgelten laut Vertrag 40 % pauschal außer Ansatz gelassen werden, so dass sich der Vergütungssatz effektiv auf 3 % reduziert.[197] Hiervon sind noch einmal 20 % Nachlass abzuziehen, zu welchem sich die GEMA in dem Vertrag verpflichtet hat.[198] Es bleibt damit ein effektiver Vergütungssatz von 2,4 %.

Nach Veräußerung des Telekomnetzes an die Regionalgesellschaften waren letztere zunächst nicht Mitglied des ANGA-Verbandes,[199] mittlerweile sind sie beigetreten. Nach Auslaufen des ANGA-Gesamtvertrages von 1999 Ende 2002 sind von der ANGA mit den Verwertungsgesell-

[194] *Dreier*, in: Dreier/Schulze, UrhR, § 2, Rn. 17.
[195] *Spindler*, MMR Beilage 2003, Heft 2, S. 1, 3.
[196] *Kruczek*, Die Bewertung der Kabelweitersenderechte der Sendeunternehmen in Deutschland und den USA, S. 41.
[197] *Kruczek*, S. 41.
[198] *Kruczek*, S. 41.
[199] *Kruczek*, S. 41.

schaften neue Gesamtverträge (Nachfolgeverträge) abgeschlossen worden (dazu nachfolgend).[200]

II. Derzeitige Vertragspraxis hinsichtlich der Kabelweitersenderechte

Die derzeitige Vertragspraxis hinsichtlich der Kabelweitersenderechte ist unübersichtlich und von Rechtsstreitigkeiten geprägt.

Während der Laufzeit des zweiten Kabelglobalvertrages von 1991 wurde das Kabelnetz privatisiert, so dass die regionalen Kabelgesellschaften an die Stelle der Deutschen Telekom traten.[201] Die neuen Kabelnetzbetreiber verhandelten mit den oben genannten Rechteinhabern, unter Beteiligung der VG Media als Verwertungsgesellschaft für den Großteil der privaten Sendeunternehmen, über einen Anschlussvertrag, der aber in dieser Konstellation nicht zustande kam.[202] Stattdessen schlossen die drei großen regionalen Kabelnetzbetreiber (Kabel Deutschland, Unity Media und Kabel BW) für den Zeitraum ab dem 1.1.2003 mehrere unterschiedliche Interimsvereinbarungen und Vergleiche ab: auf der einen Seite mit der sog. „Münchener Gruppe", in der die öffentlich-rechtlichen Sender und einige kleinere Privatsender zusammengeschlossen sind,[203] auf der anderen Seite mit der VG Media, welche die großen Privatsender vertritt.[204] Sowohl die VG Media, als auch die „Münchener Gruppe" haben 2006 die Schiedsstelle beim DPMA angerufen, um zu einer Einigung über die Kabelweitersendung zu gelangen.

Sowohl die Deutsche Telekom (mit dem Produkt Entertain), als auch HanseNet (mit dem Angebot Alice) übermitteln zahlreiche der von der VG Media und von der Münchener Gruppe vertretenen Fernsehsender bereits seit 2006. Es bestehen demnach Weitersendungsverträge, über ihre Konditionen wird aber weiterhin gestritten.

---

[200] Dazu *Charissé,* Infosat 2/2005, Nr. 203, S. 138 f., abrufbar unter: www.anga.de/uploads/media/Artikel_UrhR_Infosat.pdf.

[201] *Pfennig,* ZUM 2008, 363, 364.

[202] *Pfennig,* ZUM 2008, 363, 364.

[203] VFF, Lagebericht 2007, abrufbar unter: www.vffvg.de, S. 2.

[204] *Pfennig,* ZUM 2008, 363, 364.

1. Privatsender (vertreten durch VG Media)

a) Interimsvereinbarungen der VG Media mit den Kabelnetzbetreibern seit 2002 (Regio-Verträge)

Die Kabelnetzbetreiber waren für die Zeit nach Ablaufen des Kabelglobalvertrages Ende 2002 nicht bereit, einen Vertrag über die Kabelweitersendung auf der Grundlage des VG-Media-Tarifs „Fernsehen und Hörfunk“ abzuschließen. Am 19.2.2002 hat die VG Media gemeinsam mit den anderen Rechteinhabern mit den Kabelnetzbetreibern über die Frage verhandelt, ob eine Pauschalzahlung von 60 Mio. € pro Jahr für sämtliche Rechteinhaber eine angemessene Vergütung für die Kabelweitersendung darstellt.[205] Die VG Media sah jedoch bei diesem Betrag ihre Rechte nicht angemessen vergütet und beteiligte sich daher nicht an einem solchen Vertragsschluss.[206] Die verbliebenen Verwertungsgesellschaften (die sog. „Münchener Gruppe“[207]) einigten sich mit den Kabelnetzbetreibern am 11.2.2004 (dazu unten). Die VG Media schloss im Frühjahr 2003 mit den Kabelnetzbetreibern für die Zeit ab dem 1.1.2003 Verträge (sog. Regio-Verträge) über die Vergütung der Einräumung der Kabelweitersenderechte der von der VG Media vertretenen Sendeunternehmen, also der großen deutschen Privatsender.[208]

Nach den Regio-Verträgen betrug die an die VG Media zu leistende jährliche Gesamtvergütung für die Kabelweitersendung 16,92 Mio. €.[209] § 4 Abs. 7 des Vertrages lautete: „[...] Die VG Media hat einen umsatzabhängigen Tarif aufgestellt, dessen Angemessenheit zwischen den Parteien umstritten ist. Die Vergütung ist daher vergleichsweise vereinbart worden und enthält einen Vergangenheitsanteil.“[210] Dieser Vergleichsvertrag

---

[205] Einigungsvorschlag v. 1.4.2009, Sch-Urh 14/06, S. 3.

[206] Einigungsvorschlag v. 1.4.2009, Sch-Urh 14/06, S. 3.

[207] *Pfennig,* ZUM 2008, 363, 364.

[208] Zu den Regio-Verträgen: OLG Hamm, Urt. v. 4.9.2007, 4 U 38/07; OLG Köln, GRUR-RR 2007, 305; LG Köln, ZUM 2007, 219; LG Bochum, Urt. v. 25.1.2007, 8 O 355/06; AG Charlottenburg, Urt. v. 2.11.2007, 238 C 268/07 und Urt. v. 18.7.2008, 238 C 64/08 sowie Urt. v. 15.7.2009, 215 C 17/09; Einigungsvorschlag der Schiedsstelle nach dem UrhWahrnG v. 1.4.2009, Sch-Urh 14/06, S. 4; VG Media 2006, Lagebericht 2006, S. 1.

[209] Einigungsvorschlag v. 1.4.2009, Sch-Urh 14/06, S. 4.

[210] Einigungsvorschlag v. 1.4.2009, Sch-Urh 14/06, S. 4.

wurde von der VG Media zunächst zum 31.12.2005 gekündigt,[211] jedoch wurde für das Jahr 2006 eine weitere Interimsvereinbarung mit den Kabelgesellschaften getroffen[212]. Im Mai 2006 wurde im gegenseitigen Einverständnis das Schiedsstellenverfahren eingeleitet; die erste Anhörung fand im Februar 2008 statt.[213] Ab dem 1.1.2007 stellten die Kabelgesellschaften die Zahlung der Vergütung für die Kabelweitersendung zunächst gänzlich ein,[214] jedoch gelang es der VG Media im Verfahren der einstweiligen Verfügung, zwei der drei großen Kabelgesellschaften zu einem Vergleich zu bewegen.[215] Nach diesem Vergleich sind Kabel Deutschland und Kabel BW bis zur rechtskräftigen Beendigung des Schiedsstellenverfahrens dazu verpflichtet, ca. 60 % der in 2006 gezahlten Vergütung an die VG Media zu zahlen und über die restlichen 40 % eine Bankbürgschaft zu erbringen.[216] Mit Unity Media, der dritten großen Kabelgesellschaft, bzw. dem Vorgängerunternehmen „ish“, wurde eine Interimsvereinbarung geschlossen, die sich auch auf das Jahr 2008 bezieht.[217]

b) Gesamtverträge

Neben den Regio-Verträgen mit den Kabelnetzbetreibern schloss die VG Media Ende 2003 Gesamtverträge mit der ANGA, dem FRK (Fachverband Rundfunkempfangs- und Kabelanlagen) und der GdW (Bundesverband deutscher Wohnungsunternehmen e.V.) ab,[218] die mit leichten Unterschieden jeweils etwa 1 % der Bruttoumsätze als Vergütung für die Jahre 2003-2006 festlegten.[219] Auf Grundlage der Gesamtverträge mit der

---

211 Einigungsvorschlag v. 1.4.2009, Sch-Urh 14/06, S. 4.

212 VG Media, Lagebericht 2006, S. 1 f; VG Media, Lagebericht 2007, S. 1.

213 VG Media, Lagebericht 2007, S. 2.

214 VG Media, Lagebericht 2006, S. 1 f; VG Media, Lagebericht 2007, S. 1.

215 VG Media, Lagebericht 2007, S. 1.

216 VG Media, Lagebericht 2007, S. 1.

217 VG Media, Lagebericht 2007, S. 1; s. auch die Sachverhaltsbeschreibung in OLG Köln, GRUR-RR 2007, 305.

218 Einigungsvorschlag v. 28.8.2006, Sch-Urh 9/06, S. 7; ausführlich zu den Gesamtverträgen von 2003-2006 *Charissé,* Infosat 2/2005, Nr. 203, S. 138 f.

219 Einigungsvorschlag v. 28.8.2006, Sch-Urh 9/06, S. 7; *Charissé* spricht von 0,8 % für die ANGA, Infosat 2/2005, Nr. 203, S. 138 f.; diese Zahl konnte anderweitig nicht verifiziert werden.

VG Media sind mehrere hundert Einzelverträge abgeschlossen worden.[220] Der ANGA-Gesamtvertrag mit der VG Media enthält aktuell Konditionen von 1 % (0,8 % für ANGA-Mitglieder) und hat eine Laufzeit bis (derzeit) 31. Dezember 2010.[221]

c) Tarif der VG Media bis 2006: Einigungsvorschlag der Schiedsstelle vom 28.8.2006, Urteile des LG und KG Berlin

Bis zum Mai 2006 bot die VG Media für die Weiterleitung der von ihr vertretenen Privatsender einen Kabelweitersendungstarif „Hörfunk und Fernsehen" an, der nicht zwischen analoger und digitaler Übertragung unterschied. Danach betrug die jährliche Vergütung für die Nutzung der Urheber- und Leistungsschutzrechte 2,09 % der jährlichen mit der Weitersendung erzielten Bruttoumsätze, bzw. 1 % der Umsätze, wenn der Betreiber nachweislich keine Einspeisungsentgelte verlangt.

Ein mittelständischer Berliner Kabelnetzbetreiber akzeptierte diesen Tarif nicht und rief die Schiedsstelle für Urheberrechtssachen beim DPMA an. Am 28.8.2006 unterbreitete die Schiedsstelle einen Einigungsvorschlag,[222] in dem sie den Tarif für angemessen erachtete[223]. Angemessen sei insbesondere die Differenzierung, nach der die Vergütung bei Nichterhebung von Einspeiseentgelten nur 1 % beträgt.[224] Indiz für die Angemessenheit sei außerdem, dass Gesamtverträge der VG Media mit der ANGA, dem FRK und der GdW zu eben diesem Tarif existierten.[225] Die Schiedsstelle wies allerdings darauf hin, dass die Angemessenheit der Vergütungshöhe davon abhänge, ob und wie viele weitere Rechteinhaber Ansprüche für die Weiterleitung gelten machen.[226] Wenn weitere Vergütungsansprüche an den Kabelnetzbetreiber gestellt würden, sei zu prüfen, ob eine anteilige Verringerung des Tarifs der VG Media erforderlich

---

220 Laut der Schiedsstelle wurden über 400 Einzelverträge abgeschlossen, Einigungsvorschlag v. 28.8.2006, Sch-Urh 9/06, S. 2.

221 Einigungsvorschlag v. 22.2.2010 im Verfahren der Telekom gegen die VG Media bezüglich des Digitaltarifs, Sch-Urh 07/08 S. 7.

222 Aktenzeichen Sch-Urh 9/06, unveröffentlicht.

223 Einigungsvorschlag v. 28.8.2006, S. 6.

224 Einigungsvorschlag v. 28.8.2006, S. 7.

225 Einigungsvorschlag v. 28.8.2006, S. 7.

226 Einigungsvorschlag v. 28.8.2006, S. 7.

ist.[227] Unter diesem Vorbehalt sei der ermäßigte Tarif i.H.v. 1 % im Hinblick auf das Repertoire der VG Media angemessen.[228] Hervorzuheben ist der relative Ansatz der Schiedsstelle: statt die Vergütungshöhe für die Rechte der VG Media absolut zu beurteilen, soll die Gesamtbelastung durch Vergütungsansprüche für die Kabelweitersendung maßgeblich sein. Dadurch bewahrte sich die Schiedsstelle eine Flexibilität der Beurteilung und vermied eine dauerhafte Festlegung auf einen Tarif.

Der Kabelnetzbetreiber legte gegen den Einigungsvorschlag Widerspruch ein (§ 14a Abs. 3 UrhWahrnG). Im darauffolgenden Verfahren wies das LG Berlin am 7.10.2008 die Klage des Netzbetreibers ab und bestätigte den Einigungsvorschlag.[229] Das LG verwies auf die Angemessenheitsvermutung für die Tarife der Verwertungsgesellschaften und war der Meinung, dass der Netzbetreiber die Angemessenheit nicht substantiiert bestritten habe. Das KG Berlin schloss sich dieser Beurteilung an und wies die Berufung des Netzbetreibers am 25.1.2010 zurück.[230] Es liege bezüglich der Kabelweitersende-Tarife ein überzeugend begründeter Einigungsvorschlag der Schiedsstelle in Urheberrechtssachen vor, der eine Vermutung der Angemessenheit entfalte.[231] Beide Berliner Gerichte hüteten sich, den Tarif ausdrücklich als angemessen zu bestätigen, sondern wählten die Negativformulierung und wiesen auf Vermutungsregeln hin. Dennoch bedeuten die Gerichtsentscheidungen nicht weniger als die vorläufige höchstrichterliche Anerkennung eines ermäßigten Kabelweitersendetarifs i.H.v. 1 %.

d) Aktuelle Kabelweitersendungstarife der VG Media

Im Mai 2006 hat die VG Media die bis heute geltenden Tarife „Hörfunk und Fernsehen analog“ und „Hörfunk und Fernsehen digital“ veröffent-

---

[227] Einigungsvorschlag v. 28.8.2006, S. 7.

[228] Einigungsvorschlag v. 28.8.2006, S. 7.

[229] Aktenzeichen 16 O 1188/06, unveröffentlicht; abrufbar auf den Seiten der VG Media.

[230] Akz. 24 U 16/09.

[231] KG Berlin, Rn. 24, mit Verweis auf BT-Drs. 14/8085 zum Entwurf eines Gesetzes zur Stärkung der vertraglichen Stellung von Urhebern und ausübenden Künstlern, S. 20.

licht.[232] Der Digitaltarif liegt aufgrund „der verbesserten Programmsignalqualität" 20 % über dem Analogtarif.[233] Die VG Media ist der Meinung, dass auch die simultane Weitersendung der Rundfunksignale über DSL-Netze (DSL-TV, IPTV im engeren Sinne) unter den Digitaltarif fallen soll. Der Tarif lautet (Auszug):

„Tarif VG Media - Hörfunk und Fernsehen - digital

I. Vergütungssatz

1. Beteiligungsvergütung

a) Die Vergütung für die Nutzung der Urheber- und Leistungsschutzrechte der von der VG Media vertretenen Hörfunk- und Fernsehsendeunternehmen [...] beträgt 2,51 % sämtlicher Brutto-Umsätze, die der Kabelnetzbetreiber [...] mit der Weitersendung [...] erzielt [...].

b) Die Vergütung reduziert sich auf 2,15 %, wenn der Lizenznehmer von den Sendeunternehmen nachweislich keine Einspeiseentgelte verlangt.

c) Vergütungsrelevant sind die Umsätze, die von den Endkunden an den Lizenznehmer entrichtet werden („Kabelkundenentgelte"), wobei im Zweifel die im Jahresabschluss des Lizenznehmers ausgewiesenen Umsatzerlöse heranzuziehen sind. Ähnliche wirtschaftliche Vorteile stehen den Kabelkundenentgelten gleich. [...] Für den Fall, dass der Lizenznehmer den tatsächlichen Endkundenumsatz nicht nachweist, ist ein pauschalierter Umsatz in Höhe von € 12,- pro Haushalt und Monat als Kabelkundenentgelt zugrundezulegen.

[...]

e) Nicht zu den relevanten Umsätzen zählen nur solche, die nachweislich ausschließlich aus Internetzugang oder Telefonanschluss erzielt worden sind. Eine Reduzierung der vergütungsrelevanten Umsätze um Umsätze aus „Internet" und/oder „Telefonie" ist nur bei schriftlichem Nachweis der einzelnen Umsätze

---

232 VG Media, Lagebericht 2006, S. 3.
233 VG Media, Lagebericht 2006, S. 3.

möglich. Im Zweifel sind als vergütungsrelevanter Umsatz bei einem sogenannten Triple Play Angebot (Telefonie/ Internet/ Hörfunk-Fernsehen) 1/3 der gesamten Zahlungen des Endkunden, jedoch nicht weniger als €12,- pro Haushalt und Monat, an den Betreiber vergütungsrelevant zugrundezulegen.

2. Tarifliche Nachlässe

Auf die Regelvergütung wird von der VG Media bei Mitgliedschaft des Lizenznehmers in einem Verband, der eine Vielzahl von Verbandsmitgliedern hat, die eine Reduzierung der Vergütung rechtfertigt und zu einer Verwaltungserleichterung führt, nach Maßgabe des jeweiligen Gesamtvertrages mit dem Verband und bei Einhaltung aller Vertragspflichten ein Gesamtvertragsrabatt in Höhe von 20 % gewährt. Die Gewährung des Gesamtvertragsrabattes ergibt einen Prozentsatz von 2,01 %. Bei Vorliegen der Voraussetzungen für eine Ermäßigung nach Nr. 1b) ergibt sich ein Satz von 1,72 %.

[...]“

Dieser Digitaltarif war zweimal Gegenstand von Schiedsstellenentscheidungen der DPMA-Schiedsstelle für Urheberrechtssachen. Am 1.4.2009 unterbreitete die Schiedsstelle einen Einigungsvorschlag hinsichtlich des *Analogtarifes* der VG Media, und entschied nebenbei, dass sie den Digitaltarif für unangemessen halte (ausf. nächster Abschnitt). Im Einigungsvorschlag in einem anderen Verfahren führte die Schiedsstelle am 22.2.2010 aus, warum der Digitaltarif unangemessen sei, und unterbreitete Tarife, die ihrer Ansicht nach angemessen sind. Dieses letztere Verfahren (Vorschlag vom 22.2.2010) hatte das DSL-TV-Angebot der Deutschen Telekom zum Gegenstand und ist daher für alle aktuellen und potenziellen DSL-TV-Betreiber, aber auch für alle anderen Weitersender, die den Digitaltarif zahlen sollen, von größtem Interesse (ausf. übernächster Abschnitt).

e) Einigungsvorschlag vom 1.4.2009 zu den aktuellen Tarifen der VG Media (Analog-Tarif und Digitaltarif)

Die VG Media hat im Jahr 2006 für die Privatsender im Rahmen der Streitigkeiten um die Vergütung der Kabelweiterleitung nach Auslaufen des Kabelglobalvertrages ein Verfahren vor der Schiedsstelle i.S.v. § 13

UrhWahrnG gegen die großen Kabelnetzbetreiber eingeleitet. Darin begehrte die VG Media die Feststellung, dass die von ihr 2006 eingeführten Weitersendungstarife „Hörfunk und Fernsehen analog“[234] und „Hörfunk und Fernsehen digital“[235] angemessen sind. Diese betragen:

- analog: 2,09 % der Brutto-Umsätze, bzw. 1 %, wenn kein Einspeisungsentgelt verlangt wird; bei Verbandsmitgliedschaft 1,67 % bzw. 0,8 %
- digital: 2,51 % der Brutto-Umsätze, bzw. 2,15 %, wenn kein Einspeisungsentgelt verlangt wird; bei Verbandsmitgliedschaft 2,01 % bzw. 1,72 % (oben abgedruckt)

Die Schiedsstelle hat am 1.4.2009 einen Einigungsvorschlag i.S.v. § 14a UrhWahrnG unterbreitet.[236] Der Tenor lautet (zusammengefasst):

- Der Weitersendungstarif „analog“ ist angemessen, wenn er 1,38 % der Brutto-Umsätze beträgt; bei tariflichem Verbands-Nachlass sind 1,1 % angemessen.
- Der Weitersendungstarif „digital“ ist nicht angemessen.

Insbesondere die letztgenannte Feststellung der Schiedsstelle ist für die DSL-TV-Betreiber relevant, denn diesen Tarif verlangt die VG Media auch für die Weitersendung via DSL. Sie gibt dazu einige Gründe an, die sie später in der Entscheidung vom 22.2.2010 noch präzisiert hat (dazu unten). Auch die Beurteilung des Analog-Tarifes durch die Schiedsstelle ist für die DSL-TV-Betreiber von Interesse, da die Schiedsstelle hier ausführlich zum Zustandekommen der Tarife Stellung nimmt (während die Beurteilung des Digitaltarifes sehr kurz ausfällt).

Die VG Media behauptet, die verfahrensgegenständlichen Tarife hätten sich in den vergangenen Jahren im Markt durchgesetzt und seien durch mehrere Schiedsstellenverfahren bestätigt worden.[237] Zum Beispiel würde die Nutzergruppe der Antennengemeinschaften den Satz von 1 % des

---

[234] Tarife abrufbar unter: www.vgmedia.de.
[235] Tarife abrufbar unter: www.vgmedia.de.
[236] Einigungsvorschlag v. 1.4.2009, Sch-Urh 14/06.
[237] Einigungsvorschlag v. 1.4.2009, Sch-Urh 14/06, S. 5.

Umsatzes zahlen und im Gegenzug auf Transportentgelte verzichten.[238] Wenn also eine Vergütung i.H.v. 1 % angemessen sei, sofern von der Gegenseite auf Transportentgelte verzichtet werde, so seien die Vergütungssätze i.H.v. 2,09 % bzw. 2,51 % angemessen, wenn Transportentgelte verlangt würden.[239] Zudem würden sich die Tarife von dem urheberrechtlichen Grundsatz ableiten, nach dem die Rechteinhaber insgesamt in einer Höhe von 10 % am mit der Weitersendung erzielten Umsatz zu beteiligen seien.[240] Die Prozentsätze der VG Media erklären sich insofern dadurch, dass sie in Verbindung mit den Beteiligungsquoten der anderen Rechteinhaber zusammen 10 % ergeben würden. Des Weiteren seien nach dem Kabelglobalvertrag von 1991 sowie nach dem vereinbarten Weitersendungstarif von 1997 (s. dazu oben unter „frühere Rechtslage") an alle Rechteinhaber insgesamt 5 % für die Weiterleitung zu zahlen gewesen.[241] Heute würden aber wesentlich mehr Programme durch die Kabelnetze geleitet, so dass eine Verdopplung der übergreifenden Quote von 5 % auf 10 % angemessen sei.[242]

Die Erhöhung des digitalen Tarifs um 20 % gegenüber dem analogen Tarif sei durch den Mehrwert des digitalen Hörfunks und Fernsehens gerechtfertigt: die Werke der Rechteinhaber könnten intensiver und in höherer Qualität genutzt werden als bei der analogen Weitersendung, und außerdem ergäben sich neue Nutzungsmöglichkeiten wie Nachrichtendienste, interaktive Spiele oder gezielte Werbemöglichkeiten.[243] Ferner würden bei der digitalen Verbreitung die Betriebskosten der Kabelnetzbetreiber sinken, da auf einem analogen Kanal bis zu zehn digitale Kanäle verbreitet werden könnten.[244] Der Kundenumsatz sei für die Kabelnetzbetreiber bei digitalen Angeboten höher.[245]

Die Kabelgesellschaft (Antragsgegnerin) hält dem entgegen, die digitale Kabelweitersendung führe gegenüber der analogen Weitersendung zu

238 Einigungsvorschlag v. 1.4.2009, Sch-Urh 14/06, S. 5.
239 Einigungsvorschlag v. 1.4.2009, Sch-Urh 14/06, S. 5.
240 Einigungsvorschlag v. 1.4.2009, Sch-Urh 14/06, S. 5.
241 S. 5.
242 S. 5.
243 S. 6.
244 S. 6.
245 S. 6.

keiner Erhöhung der Nutzungsmöglichkeiten.[246] Mit der gestiegenen Anzahl der TV- und Hörfunkprogramme korrespondiere keine intensivere oder umfangreichere Rechtenutzung.[247] Die Kabelgesellschaft hält Lizenzsätze i.H.v. 0,43 % bzw. 0,73 % für angemessen.[248]

Neben diesen Fragen ist zwischen den Parteien streitig, ob der 2003 abgeschlossene Vergleichsvertrag (Jahrespauschale 16,92 Mio. €, s. oben) einen Vergangenheitsanteil (Vergütung für eine vor dem Vertragsschluss liegende Nutzung) enthält. Diese Frage ist für das Schiedsverfahren aus dem Grunde relevant, da der Vergleichsschluss ein wichtiger Indikator für eine zukünftige angemessene Vergütung ist. Die Kabelgesellschaft behauptet dementsprechend, es sei ein Vergangenheitsanteil enthalten gewesen (so dass die jährliche Gesamtvergütung insgesamt niedriger ausfällt),[249] die VG Media verneint dies[250].

Weiterer Streitpunkt ist die Frage der Vergleichsgrundlage: während die VG Media behauptet, sie sei bei Abschluss des Vergleichsvertrages von einem vergütungsrelevanten Umsatz der Kabelnetzbetreiber von 1,044 Mrd. € ausgegangen,[251] sind nach Darstellung des Kabelnetzbetreibers beide Parteien von einem relevanten Umsatz von über 1,5 Mrd. € ausgegangen[252]. Auch diese Frage ist insofern von Bedeutung, als dass der Vergleichsschluss aus 2003 einen Indikator für die zukünftige Vergütung darstellt.

Zum Tarif „Hörfunk und Fernsehen analog" entschied die Schiedsstelle am 1.4.2009 wie folgt: Nach Beurteilung der Schiedsstelle ist der Weitersendungstarif „analog" angemessen, wenn er 1,38 % der Brutto-Umsätze beträgt; bei tariflichem Verbands-Nachlass sind 1,1 % angemessen.

Der VG Media sei nicht darin zu folgen, dass ein urheberrechtlicher Grundsatz im vorliegenden Fall dazu führe, dass die Rechteinhaber in einer Höhe von insg. 10 % am Umsatz der Kabelweitersendung zu betei-

---

[246] S. 11.
[247] S. 11.
[248] S. 10.
[249] S. 11.
[250] S. 8 f.
[251] S. 6 f.
[252] S. 11.

ligen seien.[253] Die Schiedsstelle lässt es dahinstehen, ob ein solcher Grundsatz überhaupt anzuerkennen sei.[254] Vielmehr sei auf die zwischen den Beteiligten über einen längeren Zeitraum praktizierte Vereinbarung abzustellen;[255] gemeint ist damit der Vergleich von 2003. Nach ständiger Spruchpraxis der Schiedsstelle böten die von den Beteiligten bisher für angemessen gehalten und dementsprechend vereinbarten Regelungen eine maßgebliche Orientierungshilfe bei der Bestimmung einer angemessenen Vergütung.[256] Auch der BGH habe diesen Grundsatz aktuell bestätigt.[257]

Folglich zieht die Schiedsstelle als Indiz für die angemessene Vergütung die im Vergleichsvertrag von 2003 vereinbarte jährliche Pauschale von 16,92 Mio. € heran.[258] Die Rahmenbedingungen hätten sich seit dem Vergleichsschluss nicht wesentlich geändert.[259] Zwar habe sich die Zahl der übertragenen Programme erhöht, jedoch folge daraus keine Änderung des Nutzungsumfangs, die durch eine höhere Lizenzzahlung zu vergüten sei.[260] Eine messbar intensivere Nutzung von Urheberrechten sei darin nicht zu erkennen, denn der Zuschauer könne immer nur ein Programm zur selben Zeit empfangen.[261] Zudem handle es sich bei den neu hinzugekommenen Programmen überwiegend um Spartensender.[262]

Den streitigen Vergangenheitsanteil in der Pauschalzahlung von 16,92 Mio. € beziffert die Schiedsstelle mit 500.000 €, so dass die jährliche Pauschale 16,42 Mio. € beträgt.[263] Den jährlichen vergütungsrelevanten Umsatz der Kabelnetzbetreiber, von dem die Beteiligten als Vergleichsgrundlage ausgegangen seien, sieht die Schiedsstelle bei

---

253 S. 18.
254 S. 18.
255 Einigungsvorschlag v. 1.4.2009, Sch-Urh 14/06, S. 18.
256 Einigungsvorschlag v. 1.4.2009, Sch-Urh 14/06, S. 18, mit Verweis auf OLG München, ZUM-RD 2003, 464, 472.
257 Einigungsvorschlag v. 1.4.2009, Sch-Urh 14/06, S. 18, mit Verweis auf BGH, ZUM 2009, 225, 227.
258 Einigungsvorschlag v. 1.4.2009, Sch-Urh 14/06, S. 18 f.
259 S. 18.
260 S. 18 f.
261 S. 19.
262 S. 19.
263 S. 20 f.

1,5 Mrd. €.[264] Aus diesen beiden Ziffern (1,5 Mrd. € vergütungsrelevanter Jahresumsatz, 16,42 Mio. € Vergütungspauschale) errechnet die Schiedsstelle die ihrer Meinung nach angemessenen Vergütungssätze.

Zum Tarif „Hörfunk und Fernsehen digital" (um den es beim DSL-TV geht) entschied die Schiedsstelle am 1.4.2009 wie folgt:

Der Tarif sei nicht angemessen.[265] Die digitale stelle im Vergleich zur analogen Weitersendung keine eigenständige Nutzungsart dar, die mit einem höheren Lizenzsatz zu vergüten sei.[266] Die Veränderung des technischen Übermittlungsvorgangs bei der Digitalsendung sei urheberrechtlich neutral; es handle sich lediglich um eine verkehrsübliche technische Anpassung.[267] Die digitale Kabelweitersendung führe zu keiner Erhöhung der Nutzungsmöglichkeiten, denn der Empfänger erhalte entweder ein analoges, oder ein digitales Signal, aber niemals beides gleichzeitig.[268] Aus der Erhöhung der Anzahl der digital zu empfangenden Programme folge keine intensivere Rechtenutzung.[269] Die Empfangsqualität sei wesentlich vom jeweiligen Empfangsgerät abhängig.[270] Zwar könnten zusätzliche Verwendungsmöglichkeiten auf Seiten der Endverbraucher vorhanden sein, und der Umsatz der Kabelnetzbetreiber könnte sich bei der digitalen Verbreitung erhöhen; jedoch beruhten solche Vorteile nicht unmittelbar auf den Leistungen der Rechteinhaber, sondern auf dem Geschäftsmodell der Netzbetreiber.[271] Ferner erhöhe sich aufgrund der umsatzabhängigen Regelung ohnehin die Vergütung für die Rechteinhaber, wenn sich der Umsatz der Kabelunternehmen steigere.[272] Einen angemessenen Tarif schlägt die Schiedsstelle nicht vor, jedoch dürfte aus ihrer Argumentation zu folgern sein, dass die für den Analog-Tarif gefunden Sätze (1,38 % bzw. 1,1 %) auch für die digitale Weitersendung gelten sollten.

---

264 S. 21.
265 S. 25.
266 S. 25.
267 S. 25.
268 S. 25.
269 S. 25.
270 S. 25.
271 S. 26.
272 S. 26.

f) Einigungsvorschlag vom 22.2.2010 zum Digitaltarif der VG Media im Verfahren bezüglich T-Home (DSL-TV)

Nachdem die Schiedsstelle im vorangehend erläuterten Schiedsspruch vom 1.4.2009 den Analogtarif der VG Media eingehend beleuchtet und den Digitaltarif nur oberflächlich kritisiert hatte, legte sie am 22.2.2010 in einem anderen Verfahren einen ausführlichen Vorschlag zum Digitaltarif vor. Seit dem Februar 2008 war vor der Schiedsstelle nach dem UrhWahrnG (§§ 14 ff.) ein Verfahren der Deutschen Telekom gegen die VG Media anhängig, in dem es um die Frage der Vergütung für die Weitersendung von Rundfunksignalen über DSL-Netze ging. Die Deutsche Telekom akzeptierte die Tarife für die DSL-Weitersendung nicht. Die Telekom bietet im Rahmen der Sparte T-Home ein DSL-TV-Paket (derzeit: T-Home Entertain) an, welches auch zahlreiche Programme der Wahrnehmungsberechtigten der VG Media beinhaltet. Die DSL-Weitersendung fällt nach Ansicht der VG Media unter den Tarif „Hörfunk und Fernsehen – digital", der bei 2,51 % bzw. 2,15 % (bei Nichterhebung von Einspeisungsentgelten) der Bruttoumsätze liegt.

Da das Verfahren vor der Schiedsstelle im Februar 2008 eingeleitet wurde, hätte aufgrund der Regelung in § 14a Abs. 2 Satz 1 UrhWahrnG bereits im Februar 2009 ein Einigungsspruch der Schiedsstelle ergehen können. Jedoch haben die Parteien gem. § 14a Abs. 2 Satz 2 UrhWahrnG einer Fortsetzung zugestimmt. Die Möglichkeit der Fristverlängerung wurde von den Parteien mittlerweile mehrfach in Anspruch genommen. Am 22.2.2010 ist schließlich der mit Spannung erwartete Schiedsspruch ergangen.

Die Telekom ist der Ansicht, der Tarif „Hörfunk und Fernsehen digital" der VG Media sei unangemessen.[273] Es sei nicht gerechtfertigt, dass der der Digitaltarif über dem Analogtarif liege.[274] Vielmehr müsse der Digitaltarif unter dem Analogtarif liegen, da die digitale Weitersendung für die Fernsehsender Vorteile bringe wie die Möglichkeit der Interaktion mit dem Nutzer (beispielsweise zu Verkaufszwecken), bessere Darstellungsmöglichkeit für die eigenen Angebote, größere Senderkapazitäten und

---

[273] Einigungsvorschlag v. 22.2.2010 im Verfahren der Telekom gegen die VG Media bezüglich des Digitaltarifs, Sch-Urh 07/08 S. 7.

[274] Einigungsvorschlag v. 22.2.2010, Sch-Urh 07/08, S. 7.

Navigationssysteme.[275] Die neue Plattform IPTV führe zu einem Wettbewerb unter den Kabelnetzanbietern, der die wirtschaftlichen Interessen der Sender stärke.[276] Für die Kabelnetzbetreiber würde die Digitalisierung hingegen zusätzlichen Aufwand bedeuten (Digitalisierung, Aufbereitung, Verschlüsselung).[277] Ferner enthielten die Tarifbedingungen keine Freistellungen von Ansprüchen Dritter aus § 20b UrhG.[278] Auch müssten die Zahlungspflichten „im Zusammenhang mit der Einspeisung", wie Markenlizenzentgelte, angerechnet werden.[279] Die Telekom hält den Lizenzsatz aus den ANGA-Gesamtverträgen (1 % bzw. 0,8 % für ANGA-Mitglieder), der sich am Markt durchgesetzt habe, für angemessen,[280] oder aber einen Lizenzsatz von 0,74 %.[281] Aufgrund der Innovations- und Investitionskosten beim IPTV sei sogar eine Zahlungsfreistellung der Telekom bis 2011 gerechtfertigt.[282]

Die VG Media hingegen hält ihren Tarif „Hörfunk und Fernsehen digital" (2,51 % bzw. 2,15 % bei Nichterhebung von Einspeiseentgelten) für angemessen.[283] Der Tarif leite sich aus einem Obertarif von rund 11 % für alle Rechtsinhaber ab.[284] Den Wahrnehmungsberechtigten der VG Media stehe traditionell ein Viertel der Gesamtlizenzeinnahmen für die Weitersendung zu.[285] Die Erhöhung des Digitaltarifs gegenüber dem Analogtarif sei wegen der höheren Nutzungsintensität und –qualität gerechtfertigt.[286] Die Digitaltechnik bringe auch für die Kabelnetzbetreiber wirtschaftlich Vorteile, beispielsweise durch die Koppelung mit Zusatzangeboten.[287] Die Kabelnetzbetreiber würden gerade mit der erhöhten Qualität Wer-

[275] S. 8.
[276] S. 8.
[277] S. 8.
[278] S. 8.
[279] S. 9.
[280] S. 8.
[281] S. 9.
[282] S. 9.
[283] S. 12.
[284] S. 12.
[285] S. 12.
[286] S. 13.
[287] S. 13.

bung betreiben.[288] Ferner würde auch der Anteil der „Münchener Runde", die die öffentlich-rechtlichen Sender vertritt, am Gemeinsamen Tarif umgerechnet 2,51 % des Gesamtaufkommens entsprechen, was für die Angemessenheit des VG-Media-Tarifs spreche, da die VG Media eine ebenso starke Sendergruppe vertrete wie die Münchener Gruppe.[289]

Die Schiedsstelle entschied weitgehend im Sinne der Telekom und stutzte in ihrem Vorschlag die Tarife der VG Media empfindlich zurecht. Angemessen sei ein Vergütungssatz von 1,38 % der relevanten Umsätze bzw. 1,25 % bei Nichterhebung von Einspeiseentgelten.[290] Ferner sei ein Gesamtvertragsrabatt zu gewähren, der zu einem Vergütungssatz von 1,1 % bzw. 1 % im Falle der Nichterhebung von Einspeisungsentgelten führt.[291]

Diese Ergebnisse stützt die Schiedsstelle primär auf die Vertragspraxis bezüglich der Kabelweitersendung und vergleichbaren Nutzungsarten.[292] Die Verträge, welche die VG Media in der Vergangenheit mit der Telekom und anderen Kabelnetzbetreibern abgeschlossen hat, seien weitgehend angemessen und böten die maßgebliche Vergleichsgrundlage.[293] Die Schiedsstelle stellt nun exakt die gleichen Berechnungen wie im Einigungsvorschlag vom 1.4.2009 zu den Analogtarifen an (auf den verwiesen wird) und gelangt zu einem angemessenen (weil üblichen) Lizenzsatz von 1,1 % bei Verbandsnachlass bzw. 1,38 % ohne Verbandsnachlass.[294] Dem Begehren der VG Media, für die digitale Weitersendung höhere Vergütungssätze zu verlangen als für die analoge, erteilte die Schiedsstelle eine klare Absage.[295] Die digitale Weitersendung stelle keine eigenständige Nutzungsart dar, sondern lediglich eine urheberrechtlich neutrale Veränderung des technischen Übermittlungsvorgangs, die zu keiner Erhöhung der Nutzungsmöglichkeiten führe.[296] Mit der gestiegenen Zahl der Wahrnehmungsberechtigten der VG Media korrespondiere keine

---

[288] S. 13.
[289] S. 13.
[290] S. 18 ff.
[291] S. 3.
[292] S. 19.
[293] S. 20.
[294] S. 20.
[295] S. 20.
[296] S. 20.

intensivere oder umfangreichere Rechtenutzung.[297] Vielmehr profitiere die VG Media bereits durch die abhängigen Vergütungssätze von höheren Umsätzen der Telekom.[298] Auch die gesteigerte Bildqualität bedeute keine intensivere Rechtenutzung.[299] Bei der Digitalübertragung handle es sich um eine verkehrsübliche technische Anpassung, die beispielsweise bei dem Wechsel von Schallplatten zu CDs/DVDs schon vollzogen wurde und die in diesen Bereichen auch nicht mit einer Vergütungserhöhung einherging.[300] Mögliche zusätzliche Verwendungsmöglichkeiten auf Seiten der Verbraucher und verbesserte Absatzmöglichkeiten aufseiten der Telekom seien nicht auf eine erhöhte Rechtenutzung, sondern ausschließlich auf Leistungen der Telekom zurückzuführen.[301]

Anders als im Einigungsvorschlag vom 1.4.2009 zum Analogtarif berücksichtigt die Schiedsstelle im neuen Einigungsvorschlag die Nichterhebung von Einspeiseentgelten seitens der Kabelnetzbetreiber als tarifmindernd.[302] Der reduzierte Satz solle 1,25 % betragen.[303] Diese Zahl leitet die Schiedsstelle wiederum aus der Vertragspraxis ab: bei der analogen Kabelweitersendung sei eine Vergünstigung um 0,38 % (von 1,38 % auf 1 %) üblich, allerdings seien die erhobenen Einspeiseentgelte bei der analogen Weitersendung dreimal so hoch wie bei der digitalen Einspeisung.[304] Folglich dürfe die Reduktion auch nur ein Drittel von 0,38 % betragen, also ca. 0,13 %.

Die Regeln der VG Media zu den relevanten Umsätzen wurden von der Schiedsstelle bestätigt. Danach sind vergütungsrelevant nur solche Umsätze, die nachweislich ausschließlich aus Internetzugang oder Telefonanschluss erzielt worden sind.[305] Bei Triple-Play-Angeboten aus Telefonie, Internet und Rundfunk sei im Zweifel ein Drittel der Zahlungen,

[297] S. 20.
[298] S. 20.
[299] S. 21.
[300] S. 21.
[301] S. 21.
[302] S. 22.
[303] S. 22.
[304] S. 22.
[305] S. 3.

jedoch nicht weniger als 12 Euro pro Haushalt und Monat, vergütungsrelevant.[306]

Schließlich deutet die Schiedsstelle an, dass eine die Festsetzung einer Gesamt-Obergrenze für Vergütungsansprüche aufgrund der Kabelweitersendung in Betracht zu ziehen wäre, wenn weitere Rechteinhaber über die Schiedsstelle gegen die Antragsgegnerin vorgehen würden.[307] Eine pauschale Obergrenze von 10 % erkennt die Schiedsstelle aber weiterhin nicht an.[308]

2. Öffentlich-rechtliche Programme (vertreten durch Münchener Gruppe)

a) Interimsvereinbarungen der GEMA mit den Kabelnetzbetreibern

Die „Münchener Gruppe", die für sich unter anderem die Geltendmachung der Weitersenderechte der öffentlich-rechtlichen Rundfunksender und einiger kleinerer Privatsender in Anspruch nimmt, schloss in den Jahren 2003 und 2004 Verträge mit den drei großen Kabelnetzbetreibern (bzw. ihren Rechtsvorgängern) über die Kabelweiterleitung. Danach war für die Weiterleitung ab dem 1.1.2003 bis zum 31.12.2006 eine Zahlung von 49 Mio. € pro Jahr zu leisten, wobei sich diese Summe aus der ursprünglich vorgesehenen Gesamtsumme von 60 Mio. € abzüglich der für die VG Media vorgesehenen Summe von 11 Mio. € ergab.[309] In Ziffer 4 der Vereinbarung wurde zur Vergütung aller eventueller zusätzlicher Ansprüche wegen Kabelweitersendungen für den Zeitraum vor dem 1.1.2003 eine (nachträgliche) Vergütung von 4,08 Mio. € vereinbart.[310] Nachdem die Verhandlungen für die Vergütung ab dem 1.1.2007 ergebnislos blieben, veröffentlichte die GEMA am 12.12.2007 im Bundesan-

[306] S. 3, 23 f.

[307] Einigungsvorschlag v. 22.2.2010, Sch-Urh 07/08, S. 24.

[308] Einigungsvorschlag v. 22.2.2010, Sch-Urh 07/08, S. 19.

[309] Einigungsvorschlag v. 1.4.2009, Sch-Urh 14/06, S. 3; siehe auch Einigungsvorschlag v. 1.12.2008 im Verfahren der GEMA gegen einen Kabelnetzbetreiber, Sch-Urh 77/07, S. 2.

[310] Einigungsvorschlag v. 1.4.2009, Sch-Urh 14/06, S. 3 f.

zeiger Nr. 232, S. 8253 den „gemeinsamen Tarif für die Weitersendung von Hörfunk- und Fernsehprogrammen (Kabelweitersendung)“.[311]

b) Aktueller ANGA-Gesamtvertrag

Im März 2009 schloss der ANGA-Verband mit der GEMA einen neuen Rahmenvertrag für die von der GEMA (bzw. der Münchener Gruppe) vertretenen Sender, diesmal mit den Sätzen 2,9 % für 2007 und 3,1 % für 2008 und die Zukunft.[312]

c) Aktueller Kabelweitersendungstarif (Gemeinsamer Tarif)

Die Verwertungsgesellschaften AGICOA-Deutschland, GEMA, GÜFA, GVL, VFF, VGF, VG Bild-Kunst und die VG Wort haben am 12.12.2007 im Bundesanzeiger Nr. 232, S. 8253 einen „gemeinsamen Tarif für die Weitersendung von Hörfunk- und Fernsehprogrammen in Kabelnetzen (Kabelweitersendung)“[313] mit rückwirkend zum 1.1.2007 veröffentlicht. Unter dem Punkt Nr. 9 unter „Rechteumfang“ wird angegeben:

> „Eingeräumt bzw. abgegolten sind damit insbesondere auch die von der VFF wahrgenommenen Kabelweitersende- und Leistungsschutzrechte der in Anlage 1 genannten Rundfunkunternehmen für die analoge und digitale Weitersendung ihrer in Anlage 1 aufgeführten Hörfunk- und Fernsehprogramme[…]“

In Anlage 1 sind unter anderem alle großen öffentlich-rechtlichen Fernseh- und Radiosender aufgeführt. Im Gegensatz zur Tarifbeschreibung der VG Media ergibt sich aus der GEMA-Tarifbeschreibung eindeutig, dass DSL-TV von dem Tarif erfasst sein soll (dazu bereits oben unter Frage 3 III. 4.). Der Tarif lautet wie folgt:

---

[311] Der Tarif ist abrufbar etwa auf der Seite der GEMA: www.gema.de/musiknutzer/senden/kabel/.

[312] Pressemitteilung der ANGA v. 27.3.2009; der Vertrag ist nicht veröffentlicht; vgl. auch den Lagebericht 2008 der VFF, laut dem als Vergütungssatz 3,3 % vereinbart worden seien. Als Datum des Vertragsschlusses wird der April 2009 angegeben.

[313] Abrufbar etwa auf der Seite der GEMA: www.gema.de/musiknutzer/senden/kabel/.

„GEMEINSAMER TARIF für die Weitersendung von Hörfunk- und Fernsehprogrammen in Kabelnetzen (Kabelweitersendung)

I. VERGÜTUNGSSATZ

Regelvergütung

1. Die Vergütung für die von den Verwertungsgesellschaften AGICOA-Deutschland, GEMA, GÜFA, GVL, VFF, VGF, VG BILD-KUNST und VG WORT wahrgenommenen Kabelweitersenderechte beträgt 6% sämtlicher vom Kabelnetzbetreiber für die Weitersendung von Hörfunk- und Fernsehprogrammen in Kabelnetzen und Gemeinschaftsantennenanlagen erwirtschafteten Umsätze exklusive Umsatzsteuer (Bemessungsgrundlage).

Mindestvergütung

2. Bei direkter Versorgung von Endkunden beträgt die Mindestbemessungsgrundlage EUR 5,- (netto) pro Wohneinheit und Monat. Bei Signalübergabe an weitere Kabelnetzbetreiber oder Unternehmen der Wohnungswirtschaft nach Maßgabe der Ziffer 7 beträgt die Mindestbemessungsgrundlage EUR 2,- (netto) pro indirekt versorgter Wohneinheit und Monat.

Nachlässe

3. Den Mitgliedern von Verbänden, mit denen die Verwertungsgesellschaften einen Gesamtvertrag über die Einräumung von Kabelweitersenderechten bzw. die Abgeltung von Vergütungsansprüchen für Kabelweitersendung geschlossen haben, wird bei Einhaltung aller Vertragspflichten ein Gesamtvertragsnachlass nach Maßgabe der Bestimmungen des Gesamtvertrages eingeräumt.

4. Wenn der Nutzer für die Kabelweitersendung der in der Anlage genannten Hörfunk- und Fernsehprogramme nachweislich keine Einspeiseentgelte verlangt, reduziert sich die Vergütung nach Ziffer 1 auf 5,52%.“

d) Einigungsvorschlag vom 1.12.2008 zum Gemeinsamen Tarif; Urteil des OLG Hamm

Die „Münchener Gruppe“ rief 2006, im Einvernehmen mit den Kabelnetzbetreibern, die Schiedsstelle für Urheberrechtssachen beim DPMA an, um den Streit um den Tarif beizulegen.[314] In diesem Verfahren ist am 1.12.2008 ein Einigungsvorschlag der Schiedsstelle ergangen.[315] Jedoch kam die Schiedsstelle gar nicht dazu, über die Höhe des Tarifs zu entscheiden, da das Verfahren bereits durch einen schwerwiegenden Fehler in der Wahrnehmungszuständigkeit entschieden wurde: der von der GEMA aufgestellte „gemeinsame Tarif“ sei rechtswidrig wegen Verstoßes gegen § 13 Abs. 1 Satz 1 UrhWahrnG, weil er eine Vergütung für Senderechte festsetzt, die weder von der Antragstellerin, noch von einer anderen Verwertungsgesellschaft wahrgenommen werden.[316] Sogar zwischen den Beteiligten sei dies unstreitig.[317]

Die GEMA hatte argumentiert, die Kabelnetzbetreiber (Antragsgegner) handelten rechtsmissbräuchlich, wenn sie den streitigen Tarif ablehnten, weil es eine jahrelange entsprechende Praxis zwischen den Beteiligten gegeben habe, nach der die Kabelnetzbetreiber mit den Verwertungsgesellschaften und den Sendeunternehmen Gesamtverträge über die Kabelweitersendung geschlossen hätten.[318] Die Zulässigkeit der gemeinsamen Rechtewahrnehmung der Verwertungsgesellschaften und der Sendeunternehmen ergebe sich auch aus dem Zusammenwirken von § 20b Abs. 1 Satz 1 und § 87 Abs. 5 Satz 1 UrhG.[319] Der Gleichlauf der Interessen rechtfertige eine gemeinsame Rechtewahrnehmung.[320] Auch die Neuregelung in § 87 Abs. 5 Satz 2 UrhG gehe von der Zulässigkeit der gemeinsamen Rechtewahrnehmung aus.[321] Die Schiedsstelle ist diesen Argumenten nicht gefolgt. Insbesondere lasse sich allein aufgrund einer Interessenparallelität nicht die gesetzlich vorgeschriebene Wahrnehmungszu-

---

314 GEMA, Jahrbuch 2008/2009, S. 60.
315 Einigungsvorschlag v. 1.12.2008, Sch-Urh 77/07.
316 Einigungsvorschlag v. 1.12.2008, Sch-Urh 77/07, S. 5.
317 S. 2.
318 S. 2.
319 S. 3.
320 S. 3.
321 S. 3.

ständigkeit umgehen.[322] Auch die durch § 87 Abs. 5 Satz 2 UrhG ermöglichte Einbeziehung der Verwertungsgesellschaften rechtfertige eine solche Umgehung nicht.[323]

Wie sich aus dem Einigungsvorschlag ergibt, existieren also durchaus mehrere Fernsehsender, die ihre Rechte nicht in Verwertungsgesellschaften eingebracht haben. Der Einigungsvorschlag ist anonymisiert, so dass sich nicht ohne weiteres feststellen lässt, für welche Sender keine Wahrnehmungszuständigkeit besteht. Fest steht nur, dass die GEMA in dem Verfahren Rechte wahrnehmen wollte, die ihr nicht übertragen worden waren. Zu beachten ist, dass die GEMA als Inkassostelle für andere Rechteinhaber und Verwertungsgesellschaften fungiert,[324] was die Rechtslage weiter verkompliziert. Die Wahrnehmung der Kabelweitersenderechte fällt gar nicht in ihren eigentlichen Zuständigkeitsbereich. Die Weitersenderechte der öffentlich-rechtlichen Rundfunkanstalten werden von der VFF[325] wahrgenommen, was auch durch einen Hinweis[326] in der Beschreibung des „gemeinsamen Tarifes“ klargestellt wird.

Relevant für die Frage der Wahrnehmungszuständigkeit bei den Kabelweitersenderechten ist außerdem das Urteil des OLG Hamm vom 4.9.2007.[327] Darin stellt das OLG fest, dass für die Weitersenderechte der Sendeunternehmen nicht die Berechtigungsfiktion aus § 13 Abs. 3 Satz 1 UrhWahrnG eingreift.[328] Jedoch bestehe für die Verwertungsgesellschaft eine „tatsächliche“ Wahrnehmungsvermutung.[329]

Daneben hat das LG München zum vereinbarten Weiterleitungsentgelt entschieden, dass die Festlegung des Betrages von 49 Mio. € in den Inte-

---

322 S. 6.
323 S. 6.
324 Siehe Gemeinsamer Tarif, unter „Sonstiges“, Nr. 16, und Jahrbuch der GEMA, 2008/2009, S. 60, abrufbar unter: www.gema.de.
325 Verwertungsgesellschaft der Film- und Fernsehproduzenten, www.vffvg.de.
326 In der Tarifbeschreibung unter II. / Rechteumfang heißt es: „die von der VFF wahrgenommenen Kabelweitersende- und Leistungsschutzrechte der in Anlage 1 genannten Rundfunkunternehmen“.
327 OLG Hamm, ZUM 2007, 918.
328 OLG Hamm, ZUM 2007, 918, 921.
329 OLG Hamm, ZUM 2007, 918, 921.

rimsvereinbarungen zwischen der GEMA und den Kabelnetzbetreibern aus 2003/2004 (s.o.) nicht nachvollziehbar sei.[330]

Den an der Weitersendung interessierten Unternehmen ist zu empfehlen, eine Verständigung mit der VFF über die von ihr vertretenen Sendeunternehmen bzw. mit der GEMA über die ihr übertragenen Einziehungsermächtigungen anderer Verwertungsgesellschaften zu suchen. Bis auf weiteres betrachtet die Schiedsstelle den „Gemeinsamen Tarif" als rechtswidrig.[331]

III. Eigener Ansatz

Im Folgenden wird zur Beantwortung der Frage nach der angemessenen Vergütung ein eigener Ansatz verfolgt. Zunächst werden die Vorgaben für die Bestimmung der Vergütung aufgezählt (1), anschließend die besonderen Aspekte des DSL-TV beleuchtet (2) und schließlich ein Lösungsvorschlag unterbreitet (3).

1. Kriterien für die Bestimmung der angemessenen Vergütung der Kabelweitersendung

a) Unterscheidung der Fallgestaltungen: Kollektivwahrnehmung, Einzelwahrnehmung

Die Sendeunternehmen unterliegen aufgrund der ausdrücklichen Ausnahme in § 20b Abs. 1 Satz 2 UrhG nicht der Verwertungsgesellschaftspflicht aus § 20b Abs. 1 Satz 1 UrhG. Die Rechte an ihren eigenen Sendungen dürfen sie selbst geltend machen, und zwar sowohl die eigenen Leistungsschutzrechte (§ 87 UrhG), als auch die eingeräumten Rechte an den Sendeinhalten.[332] Diese Freistellung geht auf eine zwingende Vorgabe aus Art. 10 der RL 93/83/EWG zurück. Die Ausnahme der Sendeunternehmen von der Verwertungsgesellschaftspflicht erklärt sich dadurch, dass die Zahl der Sendeunternehmen beim Abschluss eines Kabelweiter-

---

[330] LG München I, Urt. v. 19. 9. 2007, 21 O 17 686/06, siehe Verweis bei *Ehrhardt,* in: Wandtke/Bullinger, UrhR, §§ 20-20b, Rn. 32.

[331] So noch einmal ausdr. der Einigungsvorschlag der Schiedsstelle v. 22.2.2010 im Verfahren zwischen der Telekom und der VG Media bezüglich des Digitaltarifs, Sch-Urh 7/08, S. 6 f.

[332] *Dreier*, in: Dreier/Schulze, UrhR, § 20b, Rn. 11.

sendevertrages überschaubar ist und jedes Kabelunternehmen selbst einen Überblick über die Sender hat, die es einspeisen möchte.[333]

Die Freistellung von der Verwertungsgesellschaftspflicht hindert die Sendeunternehmen aber nicht daran, zur Sicherung einer angemessenen Vergütung die Rechte dennoch – freiwillig - in eine Verwertungsgesellschaft einzubringen.[334] Somit ergeben sich für den Erwerb der Weitersendungsrechte zwei Fallkonstellationen:

- Das Sendeunternehmen hat seine Weitersendungsrechte (originäre und abgeleitete) in eine Verwertungsgesellschaft eingebracht. In diesem Fall muss die Verwertungsgesellschaft aufgrund des Kontrahierungszwanges in § 11 Abs. 1 UrhWahrnG die Weitersendungsrechte „*zu angemessenen Bedingungen*" einräumen.
- Das Sendeunternehmen hat seine Weitersendungsrechte *nicht* in eine Verwertungsgesellschaft eingebracht. In diesem Fall muss (jedenfalls) das Sendeunternehmen aufgrund des Kontrahierungszwanges in § 87 Abs. 5 Satz 1 UrhG die Weitersendungsrechte „*zu angemessenen Bedingungen*" einräumen.

§ 11 UrhWahrnG verwendet für die Beschreibung des Inhalts des abzuschließenden Vertrages den gleichen Begriff wie § 87 Abs. 5 UrhG, nämlich den Begriff der „angemessenen Bedingungen". Dies ist zweckmäßig, denn es gibt keinen Grund, warum sich die Bedingungen je nachdem unterscheiden sollten, ob das Kabelunternehmen den Vertrag mit einem einzelnen Sendeunternehmen oder mit einer Verwertungsgesellschaft abschließt.

Folglich können für beide Fallgestaltungen (Vertrag zwischen Kabelunternehmen und Sendeunternehmen, Vertrag zwischen Kabelunternehmen und Verwertungsgesellschaft) die gleichen Überlegungen für die Auslegung des Begriffs der „angemessenen Bedingungen" angestellt werden. Insbesondere können für beide Fallgestaltungen die Kriterien des § 13 Abs. 3 UrhWahrnG herangezogen werden (dazu ausf. unten).[335]

---

[333] Begründung der BReg zu § 20b UrhG, BT-Drs.13/4796, S. 8.

[334] Erwägungsgrund 29 RL 93/83/EWG; Begründung der BReg zu § 20b UrhG, BT-Drs.13/4796, S. 8.

[335] So auch *Spindler*, Beilage MMR 2003, Heft 2, S. 1, 10.

b) Urheberrechtliche Grundsätze zum Anspruch auf Vergütung

Der Vergütungsanspruch ist ein besonderer, aus dem Urheberrecht fließender vermögensrechtlicher Anspruch eigener Art.[336] Er folgt aus dem allgemeinen urheberrechtlichen Grundsatz, den Urheber tunlichst angemessen an den wirtschaftlichen Früchten seines Werkschaffens zu beteiligen.[337] Dieses Prinzip der Vergütung des Urhebers nach dem wirtschaftlichen Nutzen der Werkvergütung wird heute durch den weitergehenden Grundsatz überlagert, wonach dem Urheber Anspruch auf wirtschaftliche Kompensation grundsätzlich immer dann zusteht, wenn das Werk genutzt wird, auch wenn die Nutzung keinen wirtschaftlichen Erfolg hervorbringt.[338] Denn das Urheberrecht wird in seiner vermögensrechtlichen Ausgestaltung von der Eigentumsgarantie des Art. 14 GG geschützt.[339] Dies gilt auch, wenngleich in schwächerer Ausprägung, für Leistungsschutzrechte.[340] Aus der Sozialbindung des geistigen Eigentums, d.h. dem berechtigten Interesse der Allgemeinheit auf ungehinderten Zugang zu Kulturgütern, folgt nicht, dass dieser Zugang unentgeltlich zu gewähren ist. Vielmehr sind Inhalts- und Schrankenbestimmungen (Art. 14 Abs. 2 GG) ausgleichspflichtig, sofern erst dadurch der Eingriff in die geschützte Rechtsposition verhältnismäßig wird. Nur ausnahmsweise, bei Hinzutreten besonders gesteigerter Gemeinwohlinteressen, kann eine unentgeltliche Nutzung durch Dritte erforderlich und zulässig sein.[341]

In dem Verhältnis zwischen Sendeunternehmen und Netzbetreiber ist letzterer auf die Kooperation des Sendeunternehmens angewiesen, da

---

336 BGH, GRUR 1985, 131, 132 – Zeitschriftenauslage beim Friseur; LG Oldenburg, GRUR 1996, 487, 488.

337 Vgl. Begründung des Regierungsentwurfs, BT-Drs. IV/240, S. 54; ebenso Bericht des Rechtsausschusses, BT-Drs. IV/3401, S. 4.

338 BGHZ 17, 266; *Schricker,* in: Schricker, UrhR, Einleitung, Rn. 16 m.w.N.; *Nordemann,* in: Fromm/Nordemann, UrhR, § 1, Rn. 4.

339 BVerfGE 31, 229, 243 – Kirchen- und Schulgebrauch; *Reber*, Die Beteiligung von Urhebern und ausübenden Künstlern an der Verwertung von Filmwerken in Deutschland und den USA, S. 103.

340 *Spindler*, Beilage MMR 2003 Heft 2, S. 1, 5.

341 BVerfGE 31, 229, 243 – Kirchen- und Schulgebrauch; BVerfGE 49, 382, 400 – Kirchenmusik; *Reber*, Die Beteiligung von Urhebern und ausübenden Künstlern an der Verwertung von Filmwerken in Deutschland und den USA, S. 103.

ohne die Rechte an der Weitersendung ein konkurrenzfähiges TV-Angebot nicht möglich ist. Für die DSL-Netzbetreiber kommt der Druck hinzu, der sich aus einem im Aufbruch befindlichen Marktumfeld ergibt, in dem die sog. Triple-Play-Angebote aus Telefonie, Internet und Fernsehen langsam Fuß fassen.

Maßgeblich ist die Frage, wann eine Vertragsregelung über die Vergütung der Kabelweitersendung unvereinbar mit den urheberrechtlichen Vorschriften und den vorgenannten Grundsätzen ist. Hierauf ist zu antworten, dass der Verstoß gegen gesetzliche Leitbilder für sich genommen grundsätzlich noch nicht die Unvereinbarkeit mit der gesetzlichen Regelung begründet.[342] Eine Unvereinbarkeit mit der gesetzlichen Regelung liegt vielmehr erst vor, wenn eine Gesamtwürdigung aller Umstände ergibt, dass in die rechtlich geschützten Interessen des Vertragspartners in nicht unerheblichem Maße verletzt werden.[343] Zur Ermittlung der Eingriffsintensität bedarf es der Abwägung der Interessen der Vertragsparteien. Einzubeziehen sind dabei insbesondere der gesamte Vertragsinhalt, die tatsächlichen und wirtschaftlichen Umstände sowie die Möglichkeiten der Verwertung, wobei auf die unterschiedlichen Branchengewohnheiten Rücksicht zu nehmen ist.[344]

Die Veranstaltung von Sendungen erfordert einen kostspieligen technischen und wirtschaftlichen Aufwand. Diese Leistungen sollen sich Dritte nicht mühelos zu Nutze machen, indem sie die Sendungen zur Weiterleitung übernehmen, ohne dafür ein angemessenes Nutzungsentgelt zu entrichten.[345]

Im Einigungsprozess gilt es, die widerstreitenden Interessen, vor allem auch die wirtschaftlichen, in einen adäquaten Ausgleich zu bringen. Die vertragliche Regelung soll schließlich nicht die eine oder andere Seite benachteiligen, sondern beiden gerecht werden. Nur auf diese Weise ist

---

342 *Donle*, Die Bedeutung des § 31 Abs. 5 UrhG für das Urhebervertragsrecht, S. 255; *Schiller*, Allgemeine Geschäftsbedingungen im Urhebervertragsrecht, S. 105.

343 *Schiller*, Allgemeine Geschäftsbedingungen im Urhebervertragsrecht, S. 106.

344 *Schiller*, Allgemeine Geschäftsbedingungen im Urhebervertragsrecht, S. 106.

345 *Hillig*, Beilage MMR 2001 Heft 2, S.38; vgl. Begründung III. 4. zum 4. UrhGÄndG, BT-Drs. 13/4796; *v. Ungern-Sternberg,* in: Schricker, UrhR, § 87, Rn. 1.

gewährleistet, dass der Austausch von kultureller und finanzieller Leistung funktioniert und entsprechende Anreize für kulturelles Schaffen einerseits, aber auch für die Nutzung geschützter Werke andererseits gewährleistet ist. Neben juristischen Betrachtungen spielen somit auch wirtschaftliche eine entscheidende Rolle.

Nach alldem muss Leitbild für die Beurteilung der Angemessenheit der Vertragsbedingungen immer der allgemeine Beteiligungsgrundsatz, unter Berücksichtigung des Prinzips der Verhältnismäßigkeit, sein. Bei der Festlegung der Vergütung muss eine umfangreiche Interessenabwägung stattfinden. Dies spricht aber nicht dagegen, *auch* auf die marktübliche Vergütung abzustellen.

c) Angemessene Vergütung im Urhebervertragsrecht, § 32 UrhG

Einen allgemeinen Anhaltspunkt für die Frage der angemessenen Vergütung für die urheberrechtliche Lizenzierung gibt § 32 Abs. 2 UrhG. Diese Vorschrift setzt generelle Maßstäbe für die urheberrechtliche Vergütung. Danach ist die Vergütung angemessen, „wenn sie im Zeitpunkt des Vertragsschlusses dem entspricht, was im Geschäftsverkehr nach Art und Umfang der eingeräumten Nutzungsmöglichkeit, insbesondere nach Dauer und Zeitpunkt der Nutzung, unter Berücksichtigung aller Umstände üblicher- und redlicherweise zu leisten ist.“ Hieraus folgt, dass im Urhebervertragsrecht die Marktüblichkeit für die Höhe der angemessenen Vergütung ein wichtiger Faktor ist, wobei Treu und Glauben zu berücksichtigen sind.[346] Im Ergebnis unterscheidet sich diese Wertung nicht von der vorangehend getroffenen Schlussfolgerung, dass die marktüblichen Vergütungen als Maßstab heranzuziehen sind und dass zusätzlich eine Interessenabwägung vorzunehmen ist.

d) Vorgaben zur Vergütung der Kabelweitersendung aus den Gesetzen und Gesetzesmaterialien

Zu fragen ist, was „angemessene Bedingungen“ i.S.v. § 87 Abs. 5 UrhG und § 11 UrhWahrnG sind.

---

[346] *Wandtke/Grunert*, in: Wandtke/Bullinger, UrhR, § 32, Rn. 28 f.

Für § 87 Abs. 5 UrhG ergibt sich keine Interpretationshilfe aus den Gesetzen oder Gesetzesmaterialien. Die Richtlinienvorgabe[347] verwendet diesen Begriff nicht. Lediglich in Erwägungsgrund 17 der RL heißt es, dass bei der Vergütung „allen Aspekten der Sendung, wie der tatsächlichen und potentiellen Einschaltquote […]", Rechnung getragen werden soll.

Für den Kontrahierungszwang der Verwertungsgesellschaften bestehen dagegen genauere gesetzliche Vorgaben, die zudem von der Rechtsprechung und Literatur konkretisiert wurden. Nach § 11 Abs. 1 WahrnG sind die Verwertungsgesellschaften verpflichtet, auf Verlangen zu angemessenen Bedingungen Nutzungsrechte einzuräumen oder Einwilligungen zu erteilen. Dies beinhaltet auch die Zahlung einer angemessenen Nutzungsvergütung.[348] Den Begriff der „angemessenen Bedingungen" i.S.v. § 11 Abs. 1 gestaltet § 13 UrhWahrnG näher aus. Nach § 13 Abs. 1 und 2 UrhWahrnG sind die Verwertungsgesellschaften verpflichtet, Vergütungstarife aufzustellen und im Bundesanzeiger zu veröffentlichen. Soweit Gesamtverträge abgeschlossen worden sind, gelten die darin vereinbarten Tarife. Zur Festlegung der Tarife gibt § 13 Abs. 3 UrhWahrnG genaue Vorgaben:

> „Berechnungsgrundlage für die Tarife sollen in der Regel die geldwerten Vorteile sein, die durch die Verwertung erzielt werden. Die Tarife können sich auch auf andere Berechnungsgrundlagen stützen, wenn diese ausreichende, mit einem wirtschaftlich vertretbaren Aufwand zu erfassende Anhaltspunkte für die durch die Verwertung erzielten Vorteile ergeben. Bei der Tarifgestaltung ist auf den Anteil der Werknutzung am Gesamtumfang des Verwertungsvorganges angemessen Rücksicht zu nehmen. Die Verwertungsgesellschaft soll bei der Tarifgestaltung und bei der Einziehung der tariflichen Vergütung auf religiöse, kulturelle und soziale Belange der zur Zahlung der Vergütung Verpflichteten einschließlich der Belange der Jugendpflege angemessene Rücksicht nehmen."

---

347 RL 93/83/EWG.

348 *Reinbothe* in: Schricker, UrhR, § 11 WahrnG, Rn. 5.

Der Urheber ist möglichst an dem wirtschaftlichen Nutzen seines Werkes zu beteiligen. Selbst wenn mit der Verwertung kein materieller Nutzen erreicht wird oder dieser von vornherein nicht beabsichtigt ist, gebührt dem Urheber eine angemessene Vergütung.[349] Der geldwerte Vorteil ist wie im Schadensersatz- und Bereicherungsrecht die aus der Nutzung des Rechts hervorgehende Vermögensmehrung, die sich aus einem Vergleich der Vermögenslage des Nutzers vor und nach der Nutzung ergibt.[350] Da der Reingewinn von zahlreichen, mit dem Werk nicht zusammenhängenden Faktoren zusammenhängt, versteht man unter den geldwerten Vorteilen bereits den Umsatz bzw. die „Bruttoeinnahmen" des Nutzers.[351] Der Urheber darf nicht am wirtschaftlichen Risiko des Nutzers beteiligt werden.[352] Umgekehrt darf der Grundsatz der angemessenen Beteiligung des Urhebers nicht dazu führen, dass der Nutzer unangemessen belastet wird.

Als Berechnungsgrundlage kann der Umsatz des Weitersendenden nur soweit herangezogen werden, wie er in direktem Zusammenhang mit der Nutzung des geschützten Werkes steht. In direktem Zusammenhang mit der Programmeinspeisung durch die Kabelnetzbetreiber steht in erster Linie das von den Endverbrauchern für den Empfang der gesendeten Programme monatlich zu entrichtende Pauschalentgelt. Der wirtschaftliche Nutzen der Kabelunternehmen liegt somit in der Vermarktung der Kabelweitersenderechte, so dass als Ansatzpunkt für die Berechnung der angemessenen Vergütung nach Maßgabe von § 13 Abs. 3 Satz 1 WahrnG die Gesamteinnahmen der monatlichen Kabelanschlussentgelte in Betracht kommen. Folgerichtig knüpfen die VG Media und die GEMA-Gruppe in ihren aktuellen Tarifen (oben abgedruckt) an die Umsätze an, die mit der Kabelweitersendung erzielt werden.

Denkbar wäre zwar auch, die Vergütung nach der Anzahl der eingespeisten Programme zu bemessen. Da jedoch in Deutschland die teilnehmenden Endverbraucher an die Kabelnetzbetreiber immer noch ein Pauschalentgelt für die Versorgung durch das Breitbandkabelnetz entrichten und

---

349 BGH, GRUR 1955, 492, 497 – Grundig-Reporter.

350 *Nordemann* in: Fromm/Nordemann, UrhR, § 13 WahrnG, Rn. 4.

351 So die h.M., vgl. *Nordemann* in: Fromm/Nordemann, UrhR, § 13 WahrnG, Rn. 9; *Reinbothe,* in: Schricker, UrhR, § 13 WahrnG, Rn. 7; ständige Spruchpraxis der Schiedsstelle, z.B. ZUM 2007, 787 ff.

352 Schiedsstelle, ZUM 2005, 670, 680.

nicht etwa individuell für jeden gewünschten und empfangenen Kanal eine Gebühr bezahlen, erscheint dies unpraktikabel und zudem auch unrealistisch, da dadurch eine Annäherung an das „Pay-TV" stattfinden würde. Die langsam einsetzende Einteilung der Angebote der Kabelnetzbetreiber in verschieden teure „Programmpakte" ändert daran – zumindest vorerst - nichts. Vielmehr stellt es sich nach dem Beteiligungsprinzip und dem Gedanken des § 13 Abs. 3 Satz 1 UrhG als allein angemessen dar, die Vergütungspflicht der Kabelunternehmen prozentual nach ihren Brutto-Einnahmen aus den Anschlussentgelten zu berechnen. Welche Höhe dieser Prozentsatz haben sollte, muss jedoch anhand weiterer Kriterien entwickelt werden (dazu die folgenden Gliederungspunkte).

e) „Indizwirkung" verwertungsgesellschaftlicher Tarife

Die von Verwertungsgesellschaften veröffentlichten Tarife werden in tatsächlicher Vermutung (*prima facie)* als angemessene Vergütung angesehen, solange ihre Unangemessenheit nicht feststeht.[353] Andererseits muss die Verwertungsgesellschaft die Tarife anpassen, wenn sich Ausmaß oder Art der Nutzung wesentlich ändern; anderenfalls entfällt die tatsächliche Vermutung für die Angemessenheit.[354] Letzterer Aspekt würde für DSL-TV dann relevant werden, wenn DSL-TV zu einer intensiveren Nutzung der Weitersenderechte führen würde als das „normale" Kabelfernsehen. Dies ist aber nicht der Fall (s. dazu ausf. unten).

Die Angemessenheitsvermutung setzt ferner voraus, dass der verwertungsgesellschaftliche Tarif sich am Markt tatsächlich durchgesetzt hat.[355] Hier ist also zu fragen, ob sich die von der VG Media und der GEMA für die digitale Kabelweitersendung aufgestellten Tarife (dazu oben unter „Derzeit angebotene Tarife") für die Lizenzierung von DSL-TV durchgesetzt haben. Diejenigen Unternehmen, die heute bereits DSL-TV auf dem Markt anbieten (also die Deutsche Telekom und HanseNet), haben zwar

---

[353] BGH, GRUR 1974, 35, 38; BGH, GRUR 1983, 565, 567 f.; KG Berlin, Urt. v. 25.01.2010, 24 U 16/09, Rn. 3; LG Berlin, Urt. v. 7.10.2008, 16 O 1188/06; *Nordemann*, in: Fromm/Nordemann, UrhR, § 23 WahrnG, Rn. 4.

[354] BGH, GRUR 2004, 669, 671 f.; *Nordemann*, in: Fromm/Nordemann, UrhR, § 23 WahrnG, Rn. 4.

[355] BGHZ 97, 37, 42; *Gerlach*, in: Wandtke/Bullinger, UrhR, § 13 WahrnG, Rn. 2.

Vereinbarungen mit der GEMA und der VG Media getroffen, und wahrscheinlich auch die verlangten Tarife tatsächlich gezahlt, jedoch zeigt das Schiedsstellenverfahren der Telekom gegen die VG Media, dass von einer Akzeptanz und damit einer Durchsetzung der Tarife am Markt keine Rede sein. Die bisherigen Vereinbarungen über die DSL-Weitersendung können nur als Interimsvereinbarungen angesehen werden. Darüber hinaus wurde keiner der beiden Tarife der VG Media und der GEMA von der Schiedsstelle des DPMA bestätigt. Der Digital-Tarif der VG Media wurde in den Entscheidungen vom 1.4.2009 und vom 22.2.2010 bezüglicher seiner Höhe sogar ausdrücklich verworfen (s.o.). Den Tarif der GEMA hat die Schiedsstelle in der Entscheidung vom 1.12.2008 aufgrund fehlender Wahrnehmungszuständigkeiten der GEMA als rechtswidrig erachtet (s.o).

Somit entfalten der „gemeinsame Tarif“ der GEMA und der Digital-Tarif der VG Media für die Lizenzsätze für DSL-TV keine Angemessenheitsvermutung.

f) Bisherige Vertragspraxis als Anhaltspunkt

Die Schiedsstelle des DPMA bezieht sich in ihren jüngeren Einigungsvorschlägen zu den Kabelweitersendetarifen primär auf die Vertragspraxis bei den konkreten und vergleichbaren Nutzungsarten.[356] Die von den Beteiligten bisher für angemessen gehalten und dementsprechend vereinbarten Regelungen böten eine maßgebliche Orientierungshilfe bei der Bestimmung einer angemessenen Vergütung.[357] Auch der BGH habe diesen Grundsatz aktuell bestätigt.[358]

Dieser Argumentation ist grundsätzlich zuzustimmen. Der Marktüblichkeit sollte eine entscheidende Bedeutung bei der Bemessung der Vergütung zukommen. Sofern am Markt dauerhaft bestimmte Rechte zu einem bestimmten Vergütungssatz eingeräumt wurden, wenn also Anbieter und Nachfrager sich mehrfach auf einen bestimmten Satz geeinigt haben, so

---

356 Einigungsvorschlag v. 22.2.2010, Sch-Urh 07/08, S. 19; Einigungsvorschlag v. 1.4.2009, Sch-Urh 14/06, S. 18.

357 Einigungsvorschlag v. 1.4.2009, Sch-Urh 14/06, S. 18, mit Verweis auf OLG München, ZUM-RD 2003, 464, 472.

358 Einigungsvorschlag v. 1.4.2009, Sch-Urh 14/06, S. 18, mit Verweis auf BGH, ZUM 2009, 225, 227.

spricht eine tatsächliche Vermutung dafür, dass dieser Satz angemessen ist. Problematisch ist am vorliegenden Fall aber, dass die Schiedsstelle auf einen einmaligen Vergleich abstellt, nicht auf eine dauerhafte und unstreitige Vertragspraxis. Bereits im Jahr 2003 war die Rechtslage in Bezug auf die Kabelweitersendung heillos umstritten (dazu oben). In dieser Lage hat sich die VG Media mit den Kabelgesellschaften per Vergleich vorläufig geeinigt. Ein Vergleich ist per definitionem von gegenseitigem Nachgeben geprägt. Es ist aber unklar, ob in dem unter großem Druck (es drohte ein rechtsloser Zustand bezüglich der überaus wichtigen Weitersendung) geschlossenen Vergleich von 2003 eine dauerhaft angemessene Vergütung ausgehandelt wurde. Indem die Schiedsstelle haargenau auf die dort vereinbarte Vergütungssumme abstellt und keine weiteren Kriterien entscheidend einfließen lässt, greift sie zu kurz, denn damit misst sie den Verhandlungen von 2003 eine Bedeutung zu, derer sich die damaligen Verhandlungsführer sicherlich nicht bewusst waren.

Richtig ist, dass die 2003 im Vergleich vereinbarte Pauschalvergütung von 16,92 Mio. € pro Jahr ein wichtiges Indiz für eine angemessene Vergütung darstellt. Ebenso zu berücksichtigten ist aber die vorangehende jahrelange Vertragspraxis nach dem Kabelglobalvertrag und den auf Grundlage des ANGA-Vertrages abgeschlossenen Vereinbarungen.[359]

g) „10 %-Regel"

In der Diskussion um die Höhe der angemessen Vergütung für die Kabelweitersendung taucht vielfach der Richtwert von 10 % der mit der Weitersendung erzielten Bruttoumsätze auf. Nach diesem Ansatz können sämtliche Sendeunternehmen und sonstige Rechteinhaber insgesamt 10 % der mit der Weitersendung erzielten Bruttoeinnahmen vom Kabelnetzbetreiber (bzw. hier: DSL-Netz-Betreiber) verlangen.[360] In der Praxis hat sich der Richtwert aber zu Recht nicht durchgesetzt, wie das DPMA-Schiedsstellenurteil vom 22.2.2010 erneut gezeigt hat.[361]

---

359 Vgl. *Spindler*, Beilage zur MMR 2003 Heft 2, S. 1, 20.

360 Diskutiert beispielsweise von *Ehrhardt*, in: Wandtke/Bullinger, UrhR, § 87, Rn. 28; *Spindler*, Beilage zur MMR 2003 Heft 2, S. 1, 19; Zur 10-%-Regel ausführlich *Schricker*, GRUR 2002, 737.

361 Einigungsvorschlag der Schiedsstelle v. 22.2.2010, Sch-Urh 7/08, S. 19; s. auch Einigungsvorschlag der Schiedsstelle v. 1.4.2009, Sch-Urh 14/06, S. 3.

Zu dem Zeitpunkt, als die 10-%-Grenze für den Fall der Kabelweitersendungsrechte erstmals erwogen wurde, konnte von der Prämisse ausgegangen werden, dass die Deutsche Telekom quasi Monopolist auf dem Markt für die Kabelweitersendung ist.[362] Nach der vollständigen Veräußerung des Breitbandkabelnetzes an Regionalgesellschaften hat die Telekom sich aus diesem Markt zurückgezogen. Während es also zur Jahrtausendwende noch weitgehend an einem Markt mit Angebot und Nachfrage für die Kabelweitersendung fehlte, wurde diese Voraussetzung mit der Kabelnetzveräußerung grundsätzlich geschaffen. Zwar besteht zwischen den Regionalgesellschaften aufgrund der räumlichen Aufteilung der Versorgungsgebiete untereinander kaum Wettbewerb, jedoch ist spätestens mit der Einführung von DSL-TV für die Mehrzahl der Haushalte eine kabelgebundene Alternative für den Rundfunkempfang vorhanden. Die DSL-Netzbetreiber treten als Konkurrenten der Kabelnetzbetreiber auf. Somit besteht, zumindest seit Kurzem, ein Markt mit Wettbewerb für die Kabelweiterleitung. Aus diesem Grunde besteht neuerdings die Möglichkeit, die *marktüblichen* Bedingungen als Anhaltspunkt für die angemessenen Bedingungen heranzuziehen.

Außerdem wird die Festlegung einer 10-%-Grenze in einem Marktumfeld, in dem immer mehr Rundfunksender verfügbar sind und diese Sender in inhaltlich und umfänglich sehr unterschiedlichen „Paketen" angeboten werden, unpraktikabel. Denn die 10-%-Grenze hat zur Berechnungsgrundlage, dass die Vergütungen, die für die Kabelweitersendung insgesamt an alle Rechteinhaber zu leisten sind, etwa 10 % des mit der Weitersendung erzielten Bruttoumsatzes betragen sollen. Es fällt zunehmend schwer, zu bestimmen, wer zu dieser Gesamtheit der Rechteinhaber gehören soll, die insgesamt 10 % fordern dürfen. Es werden immer mehr Mischprogramme und vor allem Spartensender gebildet, die vergleichbare oder sogar gleiche Inhalte in immer neuen Zusammenstellungen übermitteln, und diese Vielzahl von Sendern kann in den unterschiedlichsten Konstellationen „abonniert" werden. Die VG Media und die „Münchener Gruppe" vertreten längst nicht die Interessen aller Rundfunksender, so dass sie nicht die „Gesamtheit" abbilden können. Andererseits kann es kaum angehen, die Veranstalter *aller* irgendwie verfügbaren Rundfunksender als Gesamtheit für die 10-%-Grenze zu betrachten. Es müssten

[362] *Hoeren*, Gutachten für den VPRT, S. 38.

dann theoretisch für unzählige kleine Sender die Anteile an der 10-%-Grenze errechnet werden. Eine solche Berechnung wäre bei der fortlaufenden Diversifizierung des Rundfunkangebotes schlichtweg nicht (mehr) möglich. Für die Festlegung der „Gesamtheit" kann aber auch nicht nur auf die vom Kabelsender konkret angebotenen Sender abgestellt werden, denn das würde dazu führen, dass Kabelnetzbetreiber mit kleinen Programmpaketen an die Veranstalter eben dieser Programme viel höhere Prozentsätze abführen müssen als Kabelnetzbetreiber mit großen Programmpaketen, obwohl beide in exakt demselben Umfang die Weitersenderechte der jeweiligen Sendeunternehmen nutzen. Letztere Betrachtungsweise würde zu einer sachlich nicht zu rechtfertigenden Ungleichbehandlung der Kabelnetzbetreiber führen.

h) Zwischenergebnis: Marktüblichkeit und Interessenabwägung als Kriterien

Die Tarife für die Kabelweitersendung (sowohl via DSL, als auch über Breitbandkabelnetze) müssen die Rechteinhaber, also die Sendeunternehmen und Inhaber der Rechte an den Inhalten, angemessen an den wirtschaftlichen Früchten ihres Schaffens zu beteiligen, dürfen die Netzbetreiber umgekehrt aber nicht unangemessen belasten.

Methodisch können zwei unterschiedliche Ansätze zur Festlegung der „angemessenen Bedingungen" i.S.v. § 87 Abs. 5 UrhG und § 11 Abs. 1 UrhWahrnG verfolgt werden:[363] nach dem ersten Ansatz wird auf die marktüblichen Bedingungen abgestellt (Ansatz der Marktüblichkeit),[364] nach dem anderen Ansatz auf das Gesamtgefüge des Vertrages und darauf, dass die Rechte und Pflichten der Parteien in einem ausgewogenen Verhältnis stehen sollen (Ansatz der Interessenabwägung). Für den Ansatz, der die Marktüblichkeit in den Vordergrund stellt, spricht der Vergleich mit § 32 Abs. 2 Satz 2 UrhG. Im Ergebnis wird man nicht umhin kommen, *sowohl* die marktüblichen Vergütungen zu prüfen, *als auch* eine

---

[363] *Weisser/Höppener*, ZUM 2003, 597, 606 f.

[364] *Dreier*, in: Dreier/Schulze, UrhR, § 87, Rn. 28; *Hillig*, in: Möhring/Nicolini, UrhR, § 87, Rn. 54.

Interessenabwägung vorzunehmen, und alle Aspekte des Einzelfalls zu berücksichtigen.[365]

Die sog. 10 %-Grenze ist kein taugliches Berechnungskriterium. Auch entfalten die aktuellen Tarife der Verwertungsgesellschaften keine Indizwirkung für die Angemessenheit.

Somit ist als Zwischenergebnis festzustellen, dass die Kriterien für die Feststellung der angemessenen Vergütung für die Einräumung von Kabelweitersenderechten (gleich, ob es um die herkömmliche Kabelweitersendung oder um DSL-TV geht) die marktüblichen Bedingungen und eine umfassende Interessenabwägung sind.

2. Besondere Aspekte der Vergütungsfrage beim DSL-TV

a) Wirtschaftliche Besonderheiten beim DSL-TV

Kostensteigerungen, die Marktsituation des Verwerters (hier: des DSL-TV-Betreibers) und die ökonomischen Rahmenbedingungen können Einfluss auf die Angemessenheit der urheberrechtlichen Vergütung haben.[366] Sie sind in die Interessenabwägung einzubringen. Zu fragen ist, ob DSL-TV wirtschaftliche Besonderheiten aufweist, die eine andere Vergütung der Rechteinhaber als beim herkömmlichen Kabelfernsehen rechtfertigen würden.

Beim DSL-TV verwendet der Betreiber sein DSL-Netz als Rundfunkübertragungsweg. Das Besondere am DSL-TV ist die Nutzung einer neuen technischen Plattform für die Rundfunkübertragung, nämlich die ehemals nur zur Telefonie und Internetübertragung bestimmten Kupferkabel- und Glasfasernetze. DSL ist damit der vierte Rundfunkübertragungsweg geworden (neben den bisherigen „großen Drei“ Terrestrik, Satellit und Breitbandkabelnetz). Die TK-Unternehmen, die DSL-TV anbieten wollen, müssen - zumindest in dieser Anfangszeit von DSL-TV - ganz erhebliche wirtschaftliche Investitionen tätigen, um die Bandbreite abzusichern, die DSL-TV erfordert. So war jahrelang die Milliardeninvestition der Deutschen Telekom in ihre Glasfasernetze der Aufhänger der Berichterstattung um IPTV, denn die Telekom setzte IPTV als Zugpferd für

[365] *Ehrhardt*, in: Wandtke/Bullinger, UrhR, § 87, Rn. 28.

[366] *Spindler*, Beilage zur MMR 2003 Heft 2, S. 1, 12, 13.

die Vermarktung dieser neuen Hochleistungsanschlüsse ein.[367] Die Deutsche Telekom hat aufgrund ihrer Besitzrechte an großen Teilen des Kupferkabelnetzes (sog. „letzte Meile“) nach wie vor eine Übermachtstellung auf dem Anschlussmarkt. Folgerichtig lag es bei ihr, den Ausbau dieser Netzanschlüsse zu betreiben. Die anderen TK-Unternehmen können DSL-TV anbieten, wenn sie entweder selbst über leistungsstarke DSL-Netze verfügen oder die Kapazitäten dauerhaft von der Telekom anmieten. Verständlicherweise versuchte die Telekom, ihre Investitionen in das VDSL-Netz[368] abzusichern. Sie verlangte, dass das VDSL-Netz von den Kontrahierungszwängen des TK-Rechts ausgenommen würde, so dass Mitbewerbern der Zugang zu diesen Netzen verwehrt bliebe. Mit dem Vorhaben, sich eine Monopolstellung bei den Hochleistungsanschlüssen zu erhalten, ist die Telekom aber weitgehend gescheitert. Durch Entscheidungen der Bundesnetzagentur und der zuständigen Gerichte wurde der Zugang der Wettbewerber zu den Einrichtungen, die Voraussetzung für die Bereitstellung von Hochleitungsanschlüssen sind, gesichert.[369]

Somit ergeben sich für die TK-Unternehmen die Kosten für das Angebot von DSL-TV im Wesentlichen aus drei Faktoren:

- Investitionen in das eigene DSL-Netz (Backbones etc.)
- Anmietung von Leitungen (insb. der Teilnehmeranschlussleitung) von der Telekom
- Erwerb der Rechte für die Kabelweitersendung der Programme

Es sind keine Gründe dafür ersichtlich, die TK-Unternehmen bei der Vergütung der Rechtseinräumung zur Weitersendung der Rundfunksignale anders zu behandeln als die Breitbandkabelnetzbetreiber. Der wirtschaftliche Aufwand für das Angebot von DSL-TV dürfte, abgesehen von einigen Anfangsinvestitionen, ungefähr vergleichbar sein. Die Besonderheiten bei den Angebotskosten von DSL-TV geben somit keinen Anlass

---

[367] *Holznagel/Ricke,* in: Klumpp/Kubicek/Roßnagel/Schulz, Informationelles Vertrauen für die Informationsgesellschaft, S. 267.

[368] VDSL = Very High Speed Digital Subscriber Line.

[369] Regulierungsverfügung der BNetzA, bekanntgegeben am 27.6.2007; bestätigt durch VG Köln, Aktenzeichen 21 K 2701/07.

zur Ungleichbehandlung bei der Weitersendevergütung im Vergleich zu Kabelunternehmen.

Wichtiger als die Frage der Angebotskosten ist eine Gesamtschau der wirtschaftlichen Interessen, die beide Seiten an der Kabelweitersendung haben. Die Sendeunternehmen wollen eine möglichst hohe Reichweite mit ihren Programmen erreichen, denn hohe Zuschauerquoten bedeuten unmittelbar höhere Werbeinnahmen. Die Kabelunternehmen bzw. die DSL-Netzbetreiber hingegen wollen durch Inhalte die Attraktivität ihrer Angebote (d.h.: ihrer „Anschlüsse") steigern. Zunehmend kommt es dabei auf die angebotenen Programmpakete an. Die Anschlussanbieter betreiben mehr und mehr mit bestimmten Inhalten Werbung (z.B. mit Exklusivübertragungen von Sportereignissen). Es gilt die Losung „Content is King". In Zukunft wird der Kunde stärker als bisher nach der Reichhaltigkeit des inhaltlichen Angebotes zwischen den vier Rundfunkübertragungswegen (Plattformen) auswählen. In dieser Wettbewerbsposition befinden sich DSL-Netzbetreiber, wenn es um die Übermittlung von Rundfunksignalen geht, aber genauso wie die etablierten Rundfunkübermittler (Breitbandkabelnetz, Satellit und Terrestrik).

Die DSL-Anbieter haben lediglich den Nachteil, in einen eigentlich gesättigten Markt einzusteigen, denn der deutsche Fernsehzuschauer hatte schon bislang die Wahl zwischen drei beinahe überall verfügbaren Rundfunkempfangswegen. Auf diesem gesättigten Markt müssen die DSL-TV-Anbieter mit zusätzlichen Diensten und exklusiven Inhalten, sowie mit der preiswerten Zusammenfassung von Rundfunk, Telefonie und Internet (Triple-Play) punkten. Im Gegenzug bieten auch die Breitbandkabelnetzbetreiber vermehrt Triple-Play-Angebote am, um ihre großen Anteile auf dem Fernsehmarkt zu sichern und in dem Markt für Telefonie und Internet Fuß zu fassen.

Es zeigt sich also, dass sich auch aus der wirtschaftlichen Interessenlage aufseiten von DSL-Netzbetreibern und Sendeunternehmen keine Besonderheiten gegenüber den „herkömmlichen" Rundfunkübertragungswegen ergeben, so dass auch hieraus kein Bedürfnis für eine Sonderbehandlung bei der Rechtevergütung gefolgert werden kann.

b) Must-Carry-Pflichten nach § 52b Abs. 1 Nr. 1 RStV

Dass die Netzbetreiber aufgrund der Must-Carry-Vorschrift in § 52b Abs. 1 Nr. 1 lit. a RStV verpflichtet sind, die gebührenfinanzierten öffentlich-rechtlichen Sender über ihre DSL-TV-Plattform zu verbreiten (dazu unten Frage 11), spricht für eine deutliche Verringerung der Tarife für die öffentlich-rechtlichen Sender. Ähnliches gilt für die Tarife für RTL und Sat.1, die gem. § 52b Abs. 1 Nr. 1 lit. b RStV ebenfalls übertragen werden müssen, weil sie Regionalfenster enthalten. Die Must-Carry-Sender haben eine große Verhandlungsmacht gegenüber den Plattformbetreibern.[370] Die verpflichtende Weiterleitung sollte jedenfalls zu angemessenen Tarifen erfolgen können, ansonsten entstünde faktisch eine enorme wirtschaftliche Grundbelastung aller Plattformbetreiber.

c) Besonderheiten des DSL-TV aus Nutzersicht

Welche Vergütung die DSL-TV-Betreiber für die Weitersenderechte zahlen müssen, hängt auch davon ab, wie intensiv diese Rechte von ihnen genutzt werden, d.h. in welchem Grad und Ausmaß sie von den betreffenden Werken (der Urheber) und Leistungen (der Sendeunternehmen) Gebrauch machen. Dieser Punkt muss in die Interessenabwägung mit einfließen. Wenn die DSL-TV-Betreiber die Werke und Leistungen der Rechteinhaber intensiver oder weniger intensiv nutzen würden als die „normalen" Kabelnetzbetreiber, wären abweichende Vergütungssätze angemessen. Wie intensiv die DSL-TV-Betreiber die Rechte nutzen, hängt wiederum davon ab, welche Nutzungsmöglichkeiten sie dem Endnutzer bieten. Ein wichtiger Faktor für die Frage der Vergütung kann also die Nutzungssituation beim Endnutzer sein. Ist sie besonders komfortabel, kann dies für eine höhere Vergütung für die Weitersendungsrechte sprechen. Dies folgt schon daraus, dass der Betreiber vom Endnutzer dann höhere Preise verlangen kann und somit von den Rechten stärker profitiert.

Auch beim DSL-TV werden die Rundfunksignale - wie beim anderweitigen TV-Empfang - in einem zeitlich fest vorgegebenen Schema an den Endnutzer übermittelt. Aus Nutzersicht ist DSL-TV die Übertragung von Inhalten über IP auf das Endgerät Fernseher oder einen Screen in einer fernsehkonformen Nutzungssituation, mit „lean back"-Rezeption (Konsum durch „Zurücklehnen") und eventuell der Möglichkeit der Interakti-

---

[370] *Christmann*, ZUM 2009, 7, 13.

on durch eine Fernbedienung[371] (s. oben bei Definition von DSL-TV). Die technischen Besonderheiten der DSL-Übermittlung (z.B. Verwendung des Internetprotokolls, Belegung der Kapazität mit nur einem Programm anstatt permanente Durchleitung aller Programme) führen zu keiner umfangreicheren Nutzung durch den Endnutzer, und folglich auch zu keiner intensiveren Rechtenutzung durch den Weitersender. Eine intensivere Rechtenutzung könnte nur dann angenommen werden, wenn der DSL-TV-Anbieter die Rückkanalfähigkeit der DSL-Netze dazu nutzen würde, um Funktionen anzubieten, die qualitativ über das „herkömmliche" Fernsehen hinausgehen. Solche Funktionen könnten vor allem On-Demand-Archive, interaktive Spiele, elektronische Programmführer oder Kommunikationsdienste (Chats etc.) sein. Alle diese Dienste sind aber wiederum nicht als Kabelweitersendung i.S.v. §§ 20b, 87 Abs. 5 UrhG einzuordnen, denn bei ihnen wird keine Erstsendung zeitgleich, unverändert und vollständig weitergeleitet. Sie fallen aus der hier gestellten Frage, welche Vergütung für die Weitersendung via DSL gezahlt werden muss, heraus; die Rechte für diese Dienste sind vielmehr separat und zu anderen Tarifen zu vergüten.

d) Auswirkung der Zweitverwertung auf die Erstverwertung

Der BGH stellt in seiner Entscheidung zur Angemessenheit eines GVL-Tarifes[372] für einen Musikmehrkanaldienst[373] fest: „Geht es um den Tarif für eine Sekundärvermarktung, gebietet es der Beteiligungsgrundsatz, die Auswirkungen der Sekundärvermarktung auf die Primärvermarktung zu berücksichtigen. […] Ist mit der Zweitverwertung notgedrungen eine Beeinträchtigung der Primärverwertung verbunden, geht das berechtigte Interesse der Urheber und Leistungsschutzberechtigten dahin, diese Einbußen durch die im Tarif festzusetzende Vergütung soweit wie möglich zu kompensieren".[374] In dem dortigen Sachverhalt ging es um einen Musikmehrkanaldienst („Pay-Radio"), über den Musik in digitaler Form gesendet wurde. Durch die technischen Besonderheiten dieses Dienstes

---

[371] Vgl. *Holznagel/Ricke,* in: Klumpp/Kubicek/Roßnagel/Schulz, Informationelles Vertrauen für die Informationsgesellschaft, S. 267, 273.

[372] GVL = Gesellschaft zur Verwertung von Leistungsschutzrechten (www.gvl.de).

[373] BGH, GRUR 2004, 669.

[374] BGH, GRUR 2004, 669, 671.

war es den Nutzern leicht möglich, die Musik in CD-Qualität aufzuzeichnen. In diesem Umstand sah der BGH die mögliche Interessenbeeinträchtigung des Rechteinhabers, da möglicherweise weniger CDs verkauft würden.

Die Kabelweitersendung wird gemeinhin als Zweitverwertung betrachtet.[375] Die Erstverwertung soll die entgeltpflichtige erstmalige Sendung (§ 20 UrhG) der Fernsehsignale durch die Sendeunternehmen darstellen. Für DSL-TV wäre zu fragen, ob durch diese Verwertungsform, bei der es sich ebenfalls um eine Zweitverwertung handeln würde, die Erstverwertung beeinträchtigt wird.

Es ist aber schon zweifelhaft, ob es sich bei der Kabelweitersendung um eine klassische *Zweit*verwertung handelt, denn die Übertragung erfolgt zeitgleich, und der Nutzer empfängt die Signale bei der Kabelweitersendung nicht zusätzlich oder nachträglich. Durch die ursprüngliche Sendung allein erreicht das Sendeunternehmen noch keine Verwertung, die Sendung muss den Zuschauern zugänglich gemacht werden. Hierfür ist DSL-TV ein Distributionskanal wie die anderen Übertragungsarten auch. Statt von einer Zweitverwertung zu sprechen, sollte man die Kabelweitersendung als eine bestimmte Verwertungsform einordnen, die – und insofern können die Überlegungen des BGH durchaus Anwendung finden – andere Verwertungsformen beeinträchtigen kann.

Beim DSL-TV sind andere Verwertungsformen aber nicht stärker beeinträchtigt als bei der Breitbandkabelweitersendung. Wenn man einen höheren Tarif für DSL-TV als für die „herkömmliche" Kabelweitersendung im Breitbandkabelnetz rechtfertigen wollte, könnte man versuchen, die Argumente dafür aus den zusätzlichen Nutzungsmöglichkeiten beim DSL-TV zu ziehen. Beispielsweise könnte argumentiert werden, bei der Übermittlung via DSL würden verbesserte Aufzeichnungsmöglichkeiten für den Nutzer geschaffen, so dass dieser sich leichter und komfortabler Film- und Serienarchive anlegen könnte. Eine solche Argumentation würde aber fehlgehen. Auch beim „normalen" Kabelfernsehen existieren seit Jahren ausgefeilte Systeme zur Aufzeichnung der gesendeten Inhalte, vom normalen VHS-Videorecorder hin zum modernen DVD-Recorder

---

[375] BR-Drs. 212/96, S. 14; *Dustmann*, in: Fromm/Nordemann, UrhR, § 20b, Rn. 2.

oder Festplatten-Recorder. Die Erstverwertung wird beim DSL-TV nicht weitergehend beeinträchtigt als beim normalen Kabelfernsehen. Eine höhere Vergütung als beim „normalen“ Kabelfernsehen“ ist beim DSL-TV nicht gerechtfertigt.

e) Zwischenergebnis: Gleichbehandlung von DSL-TV und sonstigem Digital-Kabelfernsehen

Nach den vorigen Erörterungen besteht kein sachlicher Grund, von DSL-TV-Betreibern einen anderen Vergütungssatz für die Einräumung der Weitersenderechte zu fordern als von Kabelunternehmen, die Digital-Kabelfernsehen anbieten.[376] Die urheberrechtliche Grundlage für die Vergütung ist in beiden Fällen der Beteiligungsgrundsatz. Die wirtschaftlichen Besonderheiten beim Angebot von DSL-TV (hohe Investitionskosten für die Marktpioniere, gesättigter Markt für Rundfunkempfang, zunehmende Bedeutung exklusiver Inhalte, Konvergenz der Plattformen, Triple Play) wirken sich nicht unmittelbar auf den angemessenen Vergütungssatz aus, da Breitbandkabelnetzbetreiber ebenfalls in den Triple-Play-Wettbewerb einsteigen und sich DSL-TV-Betreiber zumindest nach urheberrechtlichen Kriterien nicht anders verhalten als die Breitbandkabelnetzbetreiber. Auch für den Nutzer ist DSL-TV ein funktionsäquivalentes Substitut für das Kabelfernsehen. DSL-TV hat ferner keine weitergehende Beeinträchtigung der anderen Verwertungsformen als beim normalen Kabelfernsehen zur Folge, da es keine wesentlich weitergehenden Möglichkeiten der Aufzeichnung oder Weiterverbreitung der gesendeten Inhalte bietet.

3. Ergebnis: Höhe der Tarife für DSL-TV

Für die Feststellung der angemessenen Höhe des Weitersendungstarifes sind primär die vertraglichen Vereinbarungen der Vergangenheit zu berücksichtigen. Es besteht die Vermutung, dass sich die Vertragspartner in einer Form geeinigt haben, welche die wirtschaftlichen Kräfteverhältnisse und Interessen paritätisch widerspiegelt. Zu anderen Tarifen muss man allerdings dann gelangen, wenn sich die wirtschaftlichen Verhältnisse seit den vergangenen Vertragsschlüssen wesentlich geändert haben.

---

[376] So auch *Kuper*, IPTV, S. 243.

Sekundär sind damit die veränderten Marktverhältnisse ausschlaggebend. Bei der Kabelweitersendung haben sich die Verhältnisse insofern wirtschaftlich verändert, als dass nun mehr Rundfunkplattformen als zuvor (vier statt drei, mit DSL-TV als Newcomer) um die Anschlusskunden konkurrieren, und dabei vermehrt auf Triple-Play-Angebote setzen. Unter diesem Wettbewerbsdruck werden exklusive Inhalte immer wichtiger. Dies stärkt tendenziell die Position der Sendeunternehmen. Andererseits sind die Sendeunternehmen auch in diesem neuen Marktumfeld daran interessiert, auf möglichst vielen Plattformen präsent zu sein, da die Werbung als Haupteinnahmequelle (Privatsender) bzw. eine elementare Nebeneinnahmequelle (öffentlich-rechtliche Sender) unmittelbar mit der Zuschauerquote verknüpft ist. Auch die steigende Anzahl der Programme und damit einhergehend die steigende Zahl der Wahrnehmungsmandate der Verwertungsgesellschaften sprechen tendenziell eher für eine Steigerung der Vergütungssätze als für eine Absenkung.[377]

Jedoch ist zu berücksichtigen, dass die Sendeunternehmen quasi Monopolrechte an ihren Sendeinhalten und damit faktisch eine marktbeherrschende Stellung in Bezug auf diese Inhalte innehaben. Ein Fernsehangebot ohne die bekannten Sender wäre nicht konkurrenzfähig, die einzelnen bekannten Programme sind nicht substituierbar. Ein Interessenausgleich muss also darauf abzielen, dass die Sendeunternehmen keine überzogenen Preise für die Lizenzierung verlangen dürfen, denn dadurch würden sie ihre Marktmacht ausnutzen. Dies spricht für niedrige Vergütungssätze.

Die Festlegung moderater Weitersendungstarife gebietet ferner die vom europäischen und deutschen Gesetzgeber anerkannte überragende politische, wirtschaftliche, soziale, kulturelle und rechtliche Bedeutung von Rundfunksendungen,[378] ebenso wie der Umstand, dass viele Programme von den Plattformbetreibern weiterverbreitet werden müssen (Must-Carry, § 52b Abs. 1 Nr. 1 RStV).

---

377 Insofern ist die Betrachtung des Schiedsstelle des DPMA (Einigungsvorschlag v. 1.4.2009, Sch-Urh 14/06, S. 18 f.), die der steigenden Zahl der Programme gar keine Bedeutung zumessen will, zu strikt.

378 Erwägungsgrund 3 RL 93/83/EWG.

Die Schiedsstelle hat in ihren Einigungsvorschlägen vom 1.4.2009 und 22.2.2010 für die Feststellung der angemessen Vergütung für die Weitersendung der durch die VG Media vertretenen Sender auf einen konkreten Vergleichsvertrag von 2003 abgestellt. Zu berücksichtigen sind aber auch die anderen früheren Vereinbarungen, die folgende Vergütungssätze enthielten:

- einzelne Einspeisungsverträge für Satellitenprogramme: keine Vergütung
- Kabelglobalvertrag 1991 bis 2002: 4 %
- ANGA-Gesamtvertrag von 1999 bis 2002: effektiv 2,4 %
- ANGA-Gesamtverträge von 2003 bis 2006:
    - 0,8 % (ermäßigt) für die von der VG Media vertretenen Sender
    - 2,7 % (2003-2005) bzw. 2,9 % (2006) für die von der GEMA vertretenen Sender
- aktueller ANGA-Gesamtvertrag mit der GEMA (für die von der GEMA vertretenen Sender):[379]
    - 2,9 % für 2007 (effektiv, nach Abzug der Rabatte)
    - 3,1 % ab 2008 (effektiv, nach Abzug der Rabatte)
- aktueller ANGA-Gesamtvertrag mit der VG Media (für die von der VG Media vertretenen Sender) mit Geltung bis vorerst Ende 2010:
    - 0,8 für ANGA-Mitglieder

Aus dieser Gesamtschau ergibt sich, dass die derzeit von der VG Media und der GEMA verlangten Tarife (ausf. oben) unangemessen hoch sind.

Die von der Schiedsstelle am 1.4.2009 für den Analogtarif und am 22.2.2010 für den Digitaltarif als angemessen bewerteten Sätze von

379 Nicht frei verfügbar, die ANGA verschickt den Gesamtvertrag nur an ihre Mitglieder.

1,38 % bzw. 1,25 % bei Nichterhebung von Einspeiseentgelten zeigen in die richtige Richtung.

Die VG Media ist der Meinung, der Digitaltarif dürfe deutlich über dem Analogtarif liegen. Jedoch ist der ausführlichen Argumentation der Schiedsstelle zu folgen (s. oben), nach der für die digitale Weitersendung kein höherer Tarif gerechtfertigt ist als für die analoge Weitersendung.[380] Die Digitalübertragung ist nur ein technisches Detail, das nicht zu einer intensiveren Nutzung der betroffenen Rechte führt. Die Kabelnetzbetreiber können auf die neueren ANGA-Gesamtverträge[381] für die Jahre 2003 bis 2006 (dort: 0,8 % an die VG Media) verweisen und mit Recht behaupten, Vergütungshöhen im Bereich von 1 % entsprächen der gängigen Vertragspraxis bei den Kabelweitersendungstarifen. Insgesamt wäre ein Vergütungssatz in der Region von 1 % der Bruttoumsätze für die DSL-Weiterleitung der Privatsender angemessen, bei Nichterhebung von Einspeisungsentgelten besteht Spielraum nach unten.

Selbstverständlich verringert sich der Wert des Rechte-Portfolios der VG Media, wenn quotenstarke Sender ihre Rechte aus der VG Media abziehen und selbst wahrnehmen, wie es beispielsweise die RTL-Gruppe angekündigt hat (s.o. Frage 2). Es wäre konsequent, von der Vergütungshöhe dann den Anteil zu subtrahieren, welcher der Zuschauerquote der nicht mehr enthaltenen Sender entspricht.

Für die Verhandlungen mit der GEMA (bzw. der „Münchener Gruppe“) sollten die potenziellen DSL-TV-Betreiber mindestens eine Halbierung der im „gemeinsamen Tarif“ geforderten Vergütung von 6 % anstreben. Eine Vergütung von 6 % war in der Vergangenheit niemals ein allgemein akzeptierter Vergütungssatz für die Weitersendungsrechte. Die von der „Münchener Gruppe“ vertretenen Fernsehsender haben 2007 zusammengerechnet eine durchschnittliche Zuschauerquote von gut 40 % gehabt, während die in der VG Media organisierten Sender bei gut 45 % lagen.[382] Es ist nicht ersichtlich, warum die Münchener Gruppe einen gegenüber der VG Media derart erhöhten Satz beanspruchen könnte. Die heutigen

[380] Einigungsvorschlag v. 1.4.2009, Sch-Urh 14/06, S. 25 und Einigungsvorschlag v. 22.2.2010, Sch-Urh 07/08, S. 20.

[381] *Charissé,* Infosat 2/2005, Nr. 203, S. 138 f., abrufbar unter: www.anga.de/uploads/media/Artikel_UrhR_Infosat.pdf.

[382] Siehe die Marktanteils-Übersichten auf der Website des VPRT, www.vprt.de.

Marktverhältnisse bei der Kabelweitersendung (dazu ausf. oben) rechtfertigen eine solche Steigerung jedenfalls nicht.

Dass die Weiterleitung der gebührenfinanzierten öffentlich-rechtlichen Programme für Plattformbetreiber verpflichtend ist (Must-Carry-Pflichten aus § 52b Abs. 1 Nr. 1 lit. a RStV, s.o.), spricht ebenfalls für eine deutliche Verringerung der Tarife.

Ausgangspunkt für die Verhandlungen der DSL-Netzbetreiber mit der Münchener Gruppe sollte der in der aktuellen ANGA-Rahmenvereinbarung festgelegte Satz von 3,1 % sein.[383] Angemessen wäre ein Satz in der Region von 3 %, bei Nichterhebung von Einspeisungsentgelten besteht Spielraum nach unten.

IV. Besonderheiten bei Einzelwahrnehmung der Weitersendrechte durch die Sender

Wie oben unter Frage 2 erläutert, hat die Mediengruppe RTL Deutschland in einer Presseerklärung vom 11.3.2010 angekündigt, dass die zugehörigen Privatsender ihre Weitersenderechte aus der VG Media abziehen und künftig selbst wahrnehmen wollen. Diese Entwicklung gibt Anlass, über die Fragen nachzudenken, die sich im Falle der Einzelwahrnehmung der Weitersenderechte durch die jeweiligen Sendeunternehmen stellen.

Bei Einzelwahrnehmung der Weitersenderechte durch die Sendeunternehmen muss mit jedem Sendeunternehmen ein Vertrag über die Weitersendung abgeschlossen werden. Hochinteressant wird dabei sein, welche Vergütungssätze die einzelnen Sendergruppen veranschlagen werden. Die Verhandlungen werden sich komplizierter gestalten, da kein vorgegebener Tarif wie bei einer Verwertungsgesellschaft existieren wird. Die Verhandlungsstärke der Parteien wird eine große Rolle spielen.

Letztendlich muss der Weitersendetarif aber angemessen i.S.v. § 87 Abs. 5 UrhG sein. Die Instrumente und Kriterien zur Bestimmung eines „angemessenen“ Tarifs wurden vorangehend ausführlich erläutert. Entscheidend muss es auf die Marktüblichkeit und auf einen gerechten Interessenausgleich ankommen.

---

383 *Charissé,* Infosat 2/2005, Nr. 203, S. 138 f.

Die Marktüblichkeit ist für Einzellizenzierungen der Weitersenderechte sehr viel schwieriger zu bestimmen als für Kollektivlizenzierungen, da in der Regel keine Vergleichswerte vorliegen werden. Sprich: es wird wahrscheinlich nicht festzustellen sein, was beispielsweise die RTL-Gruppe für die Weitersendung ihrer Programme in der Vergangenheit verlangt hat.

Als Ausgangspunkt für die Errechnung der angemessenen Vergütung für die Weitersendung einzelner Sender(gruppen) kann eine Betrachtung der Anteile dieser Sender am Rechtepaket der VG Media und der GEMA herangezogen werden. Wollte man beispielsweise errechnen, wie hoch der „Wert“ der Weitersendung der RTL-Sender anzusetzen ist, könnte man von einer Gesamtvergütungshöhe von 1 % der Bruttoumsätze (die hier für das aktuelle Paket der VG Media als angemessen betrachtet wird) denjenigen Anteil ausrechnen, welcher der Quotenstärke der RTL-Sender entspricht.

Frage 8: Benötigen die DSL-TV-Betreiber Markenlizenzen von den Sendeunternehmen?

Antwort: Wenn der DSL-TV-Betreiber die Wort- und Bildmarken der Sendeunternehmen, deren Programme er überträgt, bei der Information und Werbung für sein DSL-TV-Angebot verwendet, handelt es sich um eine markenmäßige Nutzung, die allerdings zur Beschreibung seines eigenen Angebots gerechtfertigt ist. Die Nutzung ist ohne besondere Erlaubnis möglich, vgl. die Venus-Multi-Entscheidung des BGH. In der Praxis beharren die Sendeunternehmen dennoch auf einer Sondervergütung.

Für die Netzbetreiber, die TV-Signale weitersenden, ist die Frage von Bedeutung, ob sie Markenlizenzen von den Sendeunternehmen benötigen, etwa um in der Werbung sowie im Rahmen der Kundeninformation durch Nennung oder Abbildung von Wort/Bild-Marken über die Programme und Programminhalte der Sendeunternehmen zu informieren.

Die Bezeichnungen der Fernsehsender, sowie ihre Logos, genießen – soweit ersichtlich – Markenschutz.[384] Während in einzelnen Vertragswerken zu Weitersendetarifen die Nutzung der Sendermarken ausdrücklich geregelt ist,[385] enthalten die Vertragswerke der VG Media[386] und der „gemeinsame Tarif" der Münchener Gruppe[387] dazu keine Vorgaben. Aus diesem Grund muss im Folgenden überprüft werden, ob die Verwendung der Marken in Werbung und Produktinformation für DSL-TV Markenrechte der Sender verletzen würde. Selbstverständlich kann sich die Rechtslage dadurch verändern, dass der DSL-Betreiber sich in den ergänzenden Verträgen mit den Sendeunternehmen dazu verpflichtet, die Marken nicht ohne eine besondere Erlaubnis zu nutzen. Eine solche Abrede wäre dann vorrangig.

---

[384] Vgl. zum Markenschutz von Fernsehsenderbezeichnungen und –logos BGH, GRUR 2000, 608; OLG Hamburg, NJW-RR 1998, 554.

[385] So beispielsweise im Einigungsvorschlag der Schiedsstelle für einen Weitersendevertrag zwischen dem Veranstalter von CNN International und einem Hotelbetreiber, ZUM 2009, 180, 184.

[386] Abrufbar unter: www.vgmedia.de.

[387] Abrufbar unter: www.gema.de.

I. Verwendung der Marken in der Werbung für das DSL-TV

Wenn der DSL-TV-Betreiber die Marken der Fernsehsender in seiner Werbung für das DSL-TV-Angebot abdruckt (visuelle Werbung) oder nennt (Radiowerbung), könnte dies eine Verletzung der Markenrechte der Sendeunternehmen bedeuten.

Konkret kommen Verletzungen von § 14 Abs. 2 Nr. 1 und Nr. 3 MarkenG in Betracht.

1. Verletzung von § 14 Abs. 2 Nr. 1 MarkenG

§ 14 Abs. 2 Nr. 1 MarkenG verbietet es Unberechtigten, „ein mit der Marke identisches Zeichen für Waren oder Dienstleistungen zu benutzen, die mit denjenigen identisch sind, für die sie Schutz genießt."

Zu fragen ist, ob dieser Tatbestand erfüllt ist, wenn der DSL-TV-Betreiber die Wort- oder Bildmarken der Sendeunternehmen in seiner Werbung verwendet. Die *Nutzung* ist abzugrenzen von der bloßen *Nennung*, die jedermann ohne besondere Lizenz erlaubt ist.[388] Gegen die Einordnung als Nutzung könnte im vorliegenden Fall sprechen, dass der DSL-TV-Betreiber *selbst* eine andere Dienstleistung anbietet als das Sendeunternehmen, die Dienstleistungen also möglicherweise nicht „identisch" i.S.v. § 14 Abs. 2 Nr. 1 MarkenG sind. Die Dienstleistung des Sendeunternehmens besteht nämlich in der Veranstaltung eines Rundfunkprogrammes, die Dienstleistung des DSL-TV-Betreibers dagegen in der unveränderten und zeitgleichen Weitersendung von Rundfunksignalen zum Endnutzer.[389]

Der Begriff der „Nutzung" i.S.v. § 14 Abs. 2 Nr. 1 MarkenG ist umstritten und Gegenstand zahlreicher höchstrichterlicher Urteile.[390] Die Prob-

---

[388] *Ingerl/Rohnke*, MarkenG, § 14, Rn. 83.

[389] Vgl. die Argumentation der Beklagten in EuGH, GRUR-Int 1999, 438, 441 – BMW: die BMW-Marken würden in der Aussage „Instandsetzung und Wartung von BMW" nicht für Waren benutzt, sondern als Bezeichnung einer Dienstleitung, für die die Marke nicht eingetragen sei.

[390] Siehe dazu beispielsweise umfassend *Ingerl/Rohnke*, MarkenG, § 14, Rn. 71 ff.

lematik ist mit Blick auf die europarechtliche Vorgabe aus Art. 5 RL 89/104/EWG[391] anzugehen.

Nach Art. 5 Abs. 1 lit. a der RL ist es Unberechtigten verboten, „ein mit der Marke identisches Zeichen für Waren oder Dienstleistungen zu benutzen, die mit denjenigen identisch sind, für die sie eingetragen ist."

a) Rechtsprechung des EuGH und des BGH zur „markenmäßigen" Nutzung

Zu Art. 5 Abs. 1 lit. a der RL hat der EuGH im Fall „BMW" entschieden, dass „die Benutzung einer Marke ohne Zustimmung des Inhabers zu dem Zweck, die Öffentlichkeit darauf hinzuweisen, dass ein Unternehmer Waren dieser Marke instand setzt und wartet oder dass er Fachmann für solche Waren oder auf sie spezialisiert ist, [...] unter Umständen [...] eine Benutzung der Marke [...] ist."[392] Es komme darauf an, „ob die Marke zur Unterscheidung von Waren oder Dienstleistungen als solchen eines bestimmten Unternehmens, also als Marke, benutzt wird, oder ob die Benutzung zu anderen Zwecken erfolgt."[393] Auf den vorliegenden Fall übertragen würde dies bedeuten, dass die Nennung der übermittelten Sender durch den DSL-TV-Betreiber eine Markennutzung ist, denn der Betreiber benutzt die Sendermarken zur Unterscheidung von Dienstleistungen der Sendeunternehmen, die wiederum Gegenstand seiner eigenen Dienstleistung (der Weitersendung) sind.

Im Hölterhoff-Urteil hat der EuGH dagegen entschieden, dass eine markenmäßige Nutzung i.S.v. § 5 Abs. 1 der RL 89/104/EGW nur dann vorliege, wenn jene Interessen beeinträchtigt sind, deren Schutz diese Vorschrift bezweckt. Welche Interessen dies sind, erklärt der EuGH nicht weiter. Sie seien aber im dort entschiedenen Fall, in dem ein Edelsteinverkäufer eine fremde Marke (lediglich) zur Beschreibung der Eigenschaften der von ihm selbst vertriebenen Edelsteine verwende, nicht berührt. Voraussetzung sei, dass „die Bezugnahme ausschließlich zu Kennzeichnungszwecken erfolgt, nämlich um über die Merkmale der Ware zu

---

391 Erste Richtlinie 89/104/EWG des Rates vom 21. Dezember 1988 zur Angleichung der Rechtsvorschriften der Mitgliedstaaten über Marken.

392 EuGH, GRUR-Int 1999, 438.

393 EuGH, GRUR-Int 1999, 438, 441.

informieren, die dem potenziellen Kunden, der die Merkmale der Waren der betreffenden Marke kennt, zum Kauf angeboten wird" und „die Bezugnahme auf die Marke vom potenziellen Kunden nicht als Hinweis auf die Herkunft der Ware verstanden werden kann".[394] Der Edelsteinverkäufer hatte im Rahmen eines Verkaufsgesprächs geschützte Bezeichnungen als Bezeichnung für einen besonderen Schliff der Edelsteine verwendet. Dabei war unmissverständlich klar geworden, dass es sich um Steine aus der Produktion des Verkäufers, nicht des Markeninhabers handelt. Auch die Erwägungen des EuGH im Hölterhoff-Urteil führen für den vorliegenden Fall der DSL-TV-Betreiber zum Ergebnis, dass eine markenmäßige Benutzung gegeben ist, denn der potenzielle DSL-TV-Kunde wird die Marken als Hinweise auf die Herkunft bestimmter Dienstleistungen (nämlich der Veranstaltung von Fernsehprogrammen) verstehen, welche durch den DSL-TV-Betreiber vermittelt werden. Es handelt sich, anders als im Fall Hölterhoff, nicht offensichtlich um Dienstleistungen des Markenverwenders (hier: des DSL-TV-Betreibers).

Im Arsenal-Urteil hat der EuGH die im Hölterhoff-Urteil eingeführte, sehr unscharfe Tatbestandsvoraussetzung der Interessenbeeinträchtigung konkretisiert. Er stellt dabei auf den Schutzzweck von Art. 5 Abs. 1 der RL 89/104/EWG ab. Hauptfunktion einer Marke sei es, gegenüber dem Verbraucher zu gewährleisten, dass die unter der Marke angebotene Ware tatsächlich von dem Unternehmen bzw. unter der Kontrolle des Unternehmens hergestellt wurde, dem diese Marke zugeordnet ist.[395] Eine Marke habe also primär die Funktion der Herkunftszuordnung. Im dortigen Fall, in dem ein Souvenirverkäufer ohne Lizenz Fanartikel mit den geschützten Schriftzügen und Logos des Fußballclubs FC Arsenal vertrieb, sah der EuGH die durch den Markenschutz gewährleisteten Interessen verletzt, da – im Unterschied zum Hölterhoff-Fall – die Zeichen nicht nur zu rein beschreibenden Zwecken benutzt würden.[396] Die Benutzung der Arsenal-Embleme auf den Fanartikeln lasse den Eindruck aufkom-

[394] EuGH, GRUR 2002, 692, 693.
[395] EuGH, GRUR 2003, 55, 57 f.
[396] EuGH, GRUR 2003, 55, 58.

men, dass eine Verbindung im geschäftlichen Verkehr zwischen diesen Artikeln und dem Markeninhaber besteht.[397]

Auch die Erwägungen aus dem Arsenal-Urteil sprechen für den Fall der DSL-TV-Betreiber für einen Eingriff in das Markenrecht. Durch die Verwendung der Sender-Markenlogos würde in der Tat der Eindruck entstehen, als ob im geschäftlichen Verkehr eine Verbindung zwischen Sendeunternehmen und DSL-TV-Betreiber besteht, denn ohne eine geschäftliche Absprache wäre eine Weitersendung – auch nach Nutzervorstellung – nicht denkbar. Zwar würde dieser Eindruck bei den Endnutzern nicht zu einer falschen Vorstellung über die Herkunft der Programme führen, denn die Nutzer würden nicht der Vorstellung erliegen, die Fernsehprogramme würden vom DSL-TV-Betreiber veranstaltet. Auch besteht eine geschäftliche Verbindung zwischen den Beteiligten, nämlich die entgeltliche Einräumung des urheberrechtlichen Weitersenderechts, tatsächlich. Mit diesen Argumenten ist aber nicht schon die *markenmäßige Benutzung* zu verneinen, sondern vielmehr eine *Rechtfertigung* der Markennutzung zu bejahen (dazu unten).

In Umsetzung dieser EuGH-Rechtsprechung (Erfordernis einer markenmäßigen Nutzung als ungeschriebenes Tatbestandsmerkmal der Verletzungstatbestände) forderte auch der BGH im Jahr 2002 in einer Reihe von Urteilen erstmals ausdrücklich eine „markenmäßige" Benutzung als Voraussetzung für § 14 Abs. 2 Nr. 1 und Nr. 2 MarkenG.[398] Im Fall „Festspielhaus" warb ein Veranstalter mit den zugunsten des Festspielhaus-Betreibers geschützten Bezeichnungen („Festspielhaus" etc.) für seine Veranstaltungen. Der BGH sah in der Verwendung der Bezeichnung „Festspielhaus" keine markenmäßige Verwendung der Kennzeichen. Bei der Beurteilung der kennzeichenmäßigen Verwendung sei von der Sichtweise eines durchschnittlich informierten, aufmerksamen und verständigen Durchschnittsverbrauchers, also vom Empfänger der Wer-

[397] EuGH, GRUR 2003, 55, 58; diesen Aspekt betont der EuGH auch im Fall Anheuser-Busch/Budvar, EuGH, GRUR 2005, 153, 155 f.

[398] BGH, GRUR 2002, 814, 815 – Festspielhaus; BGH, GRUR 2002, 809, 811 – Frühstücksdrink I; BGH, GRUR 2002, 812, 813 – Frühstücksdrink II; nunmehr ständige Rechtsprechung, z.B. BGH, GRUR 2005, 427, 428; weitere Nachweise bei *Hacker*, in: Ströbele/Hacker/Kirschneck, MarkenG, § 14, Rn. 71, Fn. 154.

bung, auszugehen.[399] Es liege „nach der allgemeinen Lebenserfahrung die Annahme fern, dass das angesprochene Publikum in der Angabe mit oder ohne Zusatz der genaueren Adresse einen Hinweis nicht auf den Ort der entsprechenden Veranstaltung, sondern auf den Erbringer der Dienstleistungen sieht, die an dem genannten Ort dargeboten werden."[400] Die Sachlage ist im vorliegenden Fall anders. Nach der allgemeinen Lebenserfahrung ist davon auszugehen, dass das vom DSL-TV-Betreiber durch die Werbung angesprochene Publikum in der Angabe der Fernsehsender einen Hinweis auf den Veranstalter der Fernsehsendungen sieht. Zwar liegt für jeden verständigen Fernsehzuschauer auf der Hand, dass die Veranstalter der angegebenen Fernsehprogramme immer noch die Sendeunternehmen sind, für welche die Marken stehen. Dies ändert aber nichts an der markenmäßigen Nutzung, sondern ist für die Rechtfertigung dieser Nutzung relevant.

Der gemeinsamen Ansicht des EuGH und des BGH, als Voraussetzung für die Markenrechtsverletzung nach Art. 5 Abs. 1 RL 89/104/EWG bzw. § 14 Abs. 2 Nr. 1 und 2 MarkenG eine markenmäßige Nutzung zu fordern und diese von den „rein beschreibenden Zwecken" abzugrenzen,[401] ist zu folgen. Da durch die Werbung des DSL-TV-Betreibers beim Zuschauer eine Vorstellung über die Herkunft der Fernsehprogramme erzeugt wird, nämlich die Programme den bekannten Sendern zugeordnet werden, ist der Schutzzweck der genannten Vorschriften betroffen und daher ein Eingriff in Markenrechte gegeben.

b) Rechtfertigung des Eingriffs gem. § 23 Nr. 2 MarkenG

Damit allein ist aber noch keine Verletzung von Markenrechten festgestellt. Beispielsweise hat der EuGH im bereits erwähnten BMW-Fall zwar die markenmäßige Nutzung bejaht, diese Nutzung aber als gerechtfertigt betrachtet, da der Werkstattbetreiber die Öffentlichkeit darauf hinweisen dürfe, dass er Fachmann für den Verkauf von BMW-Gebrauchtfahrzeugen sei.[402] Ähnliches könnte für die DSL-TV-Betreiber gelten, die darauf hinweisen wollen, welche Programme sie übermitteln.

---

[399] BGH, GRUR 2002, 814, 815.
[400] BGH, GRUR 2002, 814, 815.
[401] Prägnant formuliert in EuGH, GRUR 2003, 55, 58.
[402] GRUR-Int 1999, 438, 442 – BMW.

In Betracht kommt eine Rechtfertigung der Nutzung der Sendermarken nach § 23 Nr. 2 MarkenG. Diese Vorschrift lautet:

> „Der Inhaber einer Marke oder einer geschäftlichen Bezeichnung hat nicht das Recht, einem Dritten zu untersagen, im geschäftlichen Verkehr [...] ein mit der Marke oder der geschäftlichen Bezeichnung identisches Zeichen oder ein ähnliches Zeichen als Angabe über Merkmale oder Eigenschaften von Waren oder Dienstleistungen, wie insbesondere ihre Art, ihre Beschaffenheit, ihre Bestimmung, ihren Wert, ihre geographische Herkunft oder die Zeit ihrer Herstellung oder ihrer Erbringung, zu benutzen [...]"

Es war lange Zeit umstritten, ob diese Vorschrift nur die *beschreibende* Verwendung der geschützten Zeichen erlaubt (also die *beschreibende* Verwendung der *beschreibenden* Angaben, die gleichzeitig auch als Zeichen geschützt sind), oder auch die *markenmäßige* Benutzung.[403] Wäre die markenmäßige Verwendung durch § 23 Nr. 2 MarkenG nicht erlaubt, so könnte die Vorschrift im Fall der Werbung für DSL-TV nicht eingreifen, da die Sendermarken hier gerade als Hinweise auf die Herkunft der Fernsehsender, also markenmäßig - und nicht nur beschreibend - verwendet werden. Die Streitigkeit um die Reichweite von § 23 Nr. 2 MarkenG war logische Folge der Streitigkeit, ob ein Eingriff in § 14 Nr. 1 und 2 MarkenG nur durch eine markenmäßige Nutzung einer Marke gegeben sein kann. Da letztere Frage nunmehr in ständiger Rechtsprechung beantwortet ist (eine markenmäßige Nutzung ist in der Tat erforderlich, s.o.), hat sich auch erstere Frage erledigt, denn wenn die markenmäßige Nutzung aus § 23 Nr. 2 MarkenG ausgeklammert wäre, käme diese Vorschrift in ihrem hauptsächlichen Anwendungsbereich (bei Eingriffen gem. § 14 Nr. 1 und Nr. 2 MarkenG) nicht mehr zum Zuge.[404]

Mit der Nennung der via DSL übermittelten Sender in der DSL-TV-Werbung informiert der DSL-TV-Betreiber über die Eigenschaften seiner

---

[403] Zum alten Streitstand siehe *Hacker*, in: Ströbele/Hacker/Kirschneck, MarkenG, § 23, Rn. 52.

[404] So der EuGH auf eine Vorlagefrage des BGH, GRUR 2004, 234, 235; nunmehr ständige Rspr., s. z.B. BGH, GRUR 2004, 600, 602; BGH, GRUR 2004, 712; *Hacker*, in: Ströbele/Hacker/Kirschneck, MarkenG, § 23, Rn. 52, m.w.N.

Dienstleistung, nämlich der Dienstleistung DSL-TV. Problematisch könnte sein, dass die Sendermarken für sich gesehen keine begrifflich-beschreibende Funktion haben (wie z.B. das Wort „Post“[405]), sondern hier ausschließlich zur Beschreibung der Dienstleistungen (Veranstaltung von Rundfunkprogrammen) verwendet werden. Teile der Literatur wollen bei *rein* markenmäßiger (nicht-beschreibender) Zeichennutzung § 23 Nr. 2 MarkenG nicht anwenden, sondern nur, wenn die Zeichen auch (isoliert) eine beschreibende Funktion haben.[406] Hingegen hat sich der BGH in der - allerdings vereinzelt gebliebenen - Entscheidung „Venus Multi“ von 1998 für eine Erlaubnis gem. § 23 Nr. 2 MarkenG auch bei rein markenmäßiger Benutzung der Bezeichnung ausgesprochen.[407] In diesem Fall hatte ein Betreiber von Geldspielautomaten eine fremde Marke (Venus Multi) verwendet, um die Funktion des Automaten näher zu beschreiben. Dies sah der BGH als durch § 23 Nr. 2 MarkenG gedeckt an.

Der Venus-Multi-Entscheidung ist zu folgen. Es muss auch die rein markenmäßige Verwendung durch § 23 Nr. 2 MarkenG erlaubt sein. Die Erlaubnis zur Verwendung einer fremden Marke (hier: Sendermarken) zur Beschreibung einer eigenen Dienstleistung (hier: DSL-TV) sollte nicht davon abhängen, ob die fremde Marke einen beschreibenden Begriffsinhalt hat, oder ob sie nur als Marke eine Aussagekraft hat. Weder § 23 Nr. 2 MarkenG, noch die letztlich maßgebliche Vorgabe aus Art. 6 Abs 1 lit. b RL 89/104/EWG setzen dies voraus. In der Vorlage-Entscheidung zu „Gerri/Kerry Spring“ betont der EuGH, dass Art. 6 Abs. 1 lit. b RL 89/104/EWG nicht nach den verschiedenen Verwendungsarten (beschreibend, markenmäßig) unterscheide.[408] Er argumentiert, dass ein früherer Vorschlag der Richtlinie vorsah, dass die beschreibende Nutzung nur erlaubt sei, wenn „es sich nicht um eine markenmäßige Nutzung“ handelt, dieser Vorschlag aber fallen gelassen und durch die letztendliche Formulierung „sofern die Benutzung den anständigen Gepflogenheiten in Gewerbe oder Handel entspricht“ ersetzt wurde.[409]

---

[405] BGH, Urt. v. 2.4.2009, I ZR 110/06.

[406] So beispielsweise *Hacker*, in: Ströbele/Hacker/Kirschneck, MarkenG, § 23, Rn. 54; *Ingerl/Rohnke*, MarkenG, § 23, Rn. 56.

[407] BGH, GRUR 1998, 697, 699 – Venus Multi.

[408] EuGH, GRUR 2004, 234, 235.

[409] EuGH, GRUR 2004, 234, 235.

Es ist nicht einsehbar, warum man demjenigen, der mit seiner Ware oder Dienstleistung an eine fremde Ware oder Dienstleistung anknüpft, verbieten sollte, *seine eigene Ware bzw. Dienstleistung* hinreichend zu beschreiben, wenn diese Beschreibung nun einmal die Nennung fremder Marken voraussetzt. Es ist beispielsweise dem DSL-Betreiber schlichtweg nicht möglich, sein Angebot zu vermarkten, ohne dabei die übermittelten Fernsehsender aufzuzählen. Der Kunde wird ein solches Angebot wohl kaum „blind“ bestellen.

Aus demselben Grunde verstößt die Benutzung der Marken auch nicht gegen die guten Sitten, was eine weitere Voraussetzung von § 23 Nr. 2 MarkenG ist. In einer richtlinienkonformen Auslegung ist darauf zu achten, dass die Markenbenutzung „den anständigen Gepflogenheiten in Gewerbe oder Handel entspricht“, Art. 6 Abs. 1 RL 89/104/EWG. Danach hat der Verwender der Marke (hier: der DSL-TV-Betreiber) die Pflicht, den berechtigten Interessen des Markeninhabers nicht in unlauterer Weise zuwiderzuhandeln.[410] Hier ist die Frage anzubringen, ob der DSL-TV-Betreiber nur die Wortmarken der Sender verwenden darf, um die angebotenen Sender aufzulisten, oder ob er auch die Bildmarken verwenden darf, um die Senderliste optisch ansprechend aufzubauen[411] (dazu einheitlich unten).

Nach alldem ist die Verwendung der Sendermarken gem. § 23 Nr. 2 MarkenG – jedenfalls grundsätzlich – gerechtfertigt.

2. Verletzung von § 14 Abs. 2 Nr. 3 MarkenG

Die Verwendung der Senderkennzeichen könnte einen Eingriff in die Markenrechte der Sendeunternehmen aus § 14 Abs. 2 Nr. 3 MarkenG bedeuten. Diese Vorschrift wäre insbesondere dann zu prüfen, wenn man die Verwendung der Sendermarken nicht – wie hier bevorzugt - bereits unter § 14 Abs. 2 Nr. 1 MarkenG fassen würde. § 14 Abs. 2 Nr. 3 ist verletzt, wenn der DSL-TV-Betreiber durch seine Handlungen die „Wertschätzung der bekannten Marke ohne rechtfertigenden Grund in unlauterer Weise ausnutzt“.

---

410 EuGH, GRUR-Int 1999, 438, 442 – BMW.

411 So z.B. in der aktuellen Werbung von HanseNet für „Alice TV“, www.alice-dsl.de.

Die Marken der Fernsehsender müssten „bekannt" im Sinne dieser Vorschrift sein. Der Begriff der Bekanntheit ist weder im MarkenG, noch in den europarechtlichen Vorgaben näher definiert und wird unterschiedlich ausgelegt.[412] Er ist zu unterscheiden vom Begriff der Verkehrsgeltung (§ 4 Nr. 2 MarkenG), wobei an die Bekanntheit höhere Voraussetzungen zu stellen sind als an die Verkehrsgeltung. Die Marke muss einem bedeutenden Teil des Publikums „bekannt" sein, damit § 14 Abs. 2 Nr. 3 MarkenG einschlägig sein kann.[413] Zumindest für die größeren Fernsehsender ist diese Voraussetzung gegeben.

Durch die Werbung müsste der DSL-TV-Betreiber die Wertschätzung der Marken ausnutzen. Das ist dann der Fall, wenn der DSL-TV-Anbieter den guten Ruf der Sendermarken für seine eigenen Zwecke kommerziell verwertet.[414] Auch diese Voraussetzung liegt vor, denn der DSL-TV-Betreiber will durch die Verwendung der Marken in der Werbung für sein eigenes Produkt den Umsatz ankurbeln.

Die Markenausbeutung müsste „in unlauterer Weise" erfolgen. Dieses Erfordernis signalisiert die wettbewerbsrechtliche (unlauterkeitsrechtliche) Ausrichtung des Tatbestandes § 14 Abs. 2 Nr. 3 MarkenG,[415] der daher auch „erweiterter Markenschutz" oder „wettbewerblicher Leistungsschutz" genannt wird. Bei der Feststellung der Unlauterkeit sind die beiderseitigen Interessen abzuwägen[416] und eine wettbewerbliche Gesamtbeurteilung zu treffen[417].

Während die Rufschädigung in der Regel unlauter ist,[418] kommt es bei einer möglichen Rufausbeutung (wie hier) auf die Umstände des Einzel-

---

412 *Ingerl/Rohnke*, MarkenG, § 14, Rn. 782.
413 *Hacker*, in: Ströbele/Hacker/Kirschneck, MarkenG, § 14, Rn. 213.
414 *Fezer*, MarkenR, § 14, Rn. 800.
415 *Fezer*, MarkenR, § 14, Rn. 810.
416 *Hacker*, in: Ströbele/Hacker/Kirschneck, MarkenG, § 14, Rn. 248.
417 *Fezer*, MarkenR, § 14, Rn. 810.
418 *Hacker*, in: Ströbele/Hacker/Kirschneck, MarkenG, § 14, Rn. 248; *Ingerl/Rohnke*, MarkenG, § 14, Rn. 841.

falls an.[419] Die Verwendung muss anstößig sein und die Tendenz tragen, am fremden Ruf „zu schmarotzen".[420]

Eine solche Anstößigkeit ist im hier fraglichen Fall der Markenverwendung in der Werbung der DSL-TV-Betreiber zu verneinen. Die DSL-TV-Betreiber werden erst dann für ihr DSL-TV-Produkt werben, wenn sie sich von den Verwertungsgesellschaften und den einzelnen Sendeunternehmen die Weitersenderechte haben einräumen lassen. Es existieren dann Verträge, welche die urheberrechtliche Verwertung und Vergütung umfassend regeln und die darauf ausgerichtet sind, dass der Kabel- bzw. DSL-Netzbetreiber nach Vertragsschluss mit der Weitersendung beginnen darf. Es ist dem Netzbetreiber schlechthin unmöglich, sein Produkt (den „Anschluss" mit dem Programmpaket) zu vermarkten, wenn er die Sender dabei nicht nennen darf. Der Kunde wird nicht blind einen „Anschluss" erwerben, wenn er die übermittelten Fernsehsender nicht kennt. Daher ist, sofern jede ausdrückliche Vereinbarung fehlt, im Wege einer ergänzenden Vertragsauslegung die Gestattung zur Verwendung der Sendermarken (zumindest der Wortmarken, dazu unten) für die *erforderliche* Werbung anzunehmen. Es entspricht dem hypothetischen Willen der Sendeunternehmen, dass für die Verbreitung ihrer Sender geworben wird, denn durch eine höhere Zuschauerzahl können sie ihre Werbeeinnahmen steigern. Sie haben kein anerkennenswertes Interesse daran, die Werbung für die Kabel- bzw. DSL-Anschlüsse, über die ihre Programme verbreitet werden, zu verbieten. Da also die Verwendung der Marken (zumindest der Wortmarken) in der Werbung für das DSL-TV nicht unlauter ist, findet dadurch kein Eingriff in Markenrechte der Sendeunternehmen nach § 14 Abs. 2 Nr. 3 MarkenG statt. Daher wird - neben dem Vertrag über die Weitersenderechte - keine besondere Markenlizenz benötigt. Wenn in den ergänzenden Verträgen zur Rechtseinräumung zwischen Sendeunternehmen und Netzbetreibern dennoch etwas anderes vereinbart wird, ist dies zum Nachteil der Netzbetreiber.

Möglich wäre auch, als rechtstechnischen Ansatzpunkt für die Ermöglichung der Markennutzung das Argument des treuwidrigen Verhaltens (§ 242 BGB) heranzuziehen: Es wäre treuwidrig vom Sendeunternehmen,

---

[419] *Hacker*, in: Ströbele/Hacker/Kirschneck, MarkenG, § 14, Rn. 248.

[420] *Hacker*, in: Ströbele/Hacker/Kirschneck, MarkenG, § 14, Rn. 248, m.w.N. aus der Rspr.

dem Kabel- bzw. DSL-Netzbetreiber die Markenverwendung für die *erforderliche* Werbung zu untersagen, wenn vorher die Weitersenderechte eingeräumt wurden und dafür eine Vergütung verlangt wurde. Diese Lösung ist insbesondere dann relevant, wenn die Sendeunternehmen von vornherein darauf hinweisen, dass die Einräumung der urheberrechtlichen Weitersenderechte nicht die Einräumung von Marken-Nutzungsrechten umfasse.

In anderen Zusammenhängen ist anerkannt, dass einem Händler die Werbung für den Verkauf eines Markenproduktes nicht untersagt werden kann, sondern dass sie lizenzlos möglich sein muss.[421] Dem Händler muss es erlaubt sein, ein Produkt, welches er weiterverkauft, in der Werbung zu benennen und zu beschreiben. Die Händlerwerbung für das Originalprodukt beeinträchtigt die Identifizierungsfunktion und die ökonomischen Funktionen der Marke nicht.[422] Diese Wertung sollte auch hier gelten.

II. Verwendung der Marken im Rahmen der Kundeninformation nach Vertragsschluss

Die Benutzung der Sendermarken im Rahmen der Kundeninformation durch den DSL-TV-Betreiber muss erst recht ohne besondere Lizenz möglich sein. Die Verwendung der Sendermarken in der Kundeninformation ist eine markenmäßige Verwendung i.S.v. § 14 Abs. 2 Nr. 1 MarkenG, da auch hier – wie bei der Werbung – die Marken gerade zur Unterscheidung der Fernsehsender von anderen Sendern verwendet werden. Jedoch ist auch diese Verwendung nach § 23 Nr. 2 MarkenG gerechtfertigt.

Als Eingriff in die Markenrechte der Sendeunternehmen käme weiterhin eine Rufausbeutung i.S.v. § 14 Abs. 2 Nr. 3 MarkenG in Betracht. Jedoch ist die zweifellos notwendige Information der Kunden über die übermittelten Fernsehsender nicht als unlauter (anstößig, schmarotzerhaft) zu bewerten. Dies gilt zumindest so lange, wie der DSL-TV-Betreiber nur die Wortmarken verwendet, nicht aber die Bildmarken (dazu nachfolgend).

---

421 *Fezer*, MarkenR, § 14, Rn. 956, m.w.N.
422 *Fezer*, MarkenR, § 14, Rn. 956.

III. Nutzung der Bildmarken (Senderlogos)

Wie in den vorgehenden Abschnitten festgestellt, hängt die Frage, ob der DSL-TV-Betreiber die Sendermarken verwenden darf, davon ab, ob:

- dies „den anständigen Gepflogenheiten in Gewerbe oder Handel entspricht“ (Art. 6 Abs. 1 RL 89/104/EWG, relevant als Vorgabe zur richtlinienkonformen Auslegung des Begriffs der Formel „nicht gegen die guten Sitten verstößt“ aus § 23 MarkenG)
- oder (sofern man § 14 Abs. 2 Nr. 3 MarkenG für einschlägig hält, s.o.) ob der DSL-TV-Betreiber die „Wertschätzung der bekannten Marke […] in unlauterer Weise ausnutzt“, § 14 Abs. 2 Nr. 3 MarkenG.

Die Begriffe „anständige Gepflogenheiten“ und „in unlauterer Weise ausnutzt“ sind stark wertungsbedürftige Formeln, die jeweils eine Interessenabwägung unter Berücksichtigung von Treu und Glauben erfordern.

Es muss dem DSL-TV-Betreiber jedenfalls erlaubt sein, ohne eine besondere Lizenz die *Wortmarken* der Sendeunternehmen zu verwenden, um alle von ihm übermittelten Sender aufzulisten. Dies entspricht den „anständigen Gepflogenheiten“ und ist nicht „unlauter“. Der DSL-TV-Betreiber darf also, sofern er über die urheberrechtlichen Lizenzen verfügt, sowohl in der Werbung als auch in der (nachträglichen) Kundeninformation die Sender wie folgt auflisten:

ARD, ZDF, RTL, SAT1, PRO7 usw.

Die Sender könnten nun argumentieren, für die DSL-TV-Betreiber sei es nicht erforderlich, dass sie auch die *Bildmarken* der Sender verwenden, um für das Angebot zu werben bzw. die Kunden darüber zu informieren. Durch eine optisch ansprechende Präsentation können selbstverständlich bessere Werbeeffekte erzielt werden. Eine solche Präsentation bietet aktuell beispielsweise der DSL-TV-Anbieter Alice.[423] Die Sender könnten darauf pochen, dass es in ihrem berechtigten Interesse stünde, dass die DSL-TV-Betreiber für eine *derartige* Markennutzung, die über das erforderliche Maß (bloße Auflistung der Sendernamen) hinausgeht, eine besondere Vergütung zahlen. Für die Verwendung der Bildmarken der

[423] www.alice-dsl.de.

Fernsehsender müsste sich der DSL-TV-Betreiber dann also eine entsprechende Lizenz einräumen lassen.

Die besseren Argumente sprechen aber dafür, dass die DSL-TV-Betreiber auch die Bildmarken verwenden dürfen, und damit gegen eine Aufspaltung des Rechts der freien Benutzung aus § 14 Abs. 2 Nr. 3 MarkenG in Wort- und Bildmarken. Gerade die Nutzung von Bildmarken ist bei den hier fraglichen Senderlogos gebräuchlich, d.h.: die Nutzung der Bildmarken als Hinweis auf die Sender ist üblich und angemessen. Beispielsweise werden in Programmzeitschriften selbstverständlich die Senderlogos abgebildet. Auch die Sendeunternehmen selbst blenden immer ihre Logos ein. Die Zuschauer kennen die Logos der Sender sehr gut und stellen über das Logo schnell und zuverlässig die Assoziation zum jeweiligen Programm und dem Veranstalter her. Daher entspricht die Verwendung der Bildmarken der Sender „den anständigen Gepflogenheiten in Gewerbe oder Handel" (Art. 6 Abs. 1 RL 89/104/EWG), sie verstößt „nicht gegen die guten Sitten" (§ 23 MarkenG) und nutzt auch nicht die Wertschätzung der bekannten Marke „in unlauterer Weise aus" (§ 14 Abs. 2 Nr. 3 MarkenG).

Die Obergerichte, allen voran der EuGH im BMW-Urteil,[424] nehmen bei der Rechtfertigung von Markeneingriffen ebenfalls keine generelle Unterscheidung zwischen Wort- und Bildmarken vor, sondern erlauben über § 14 Abs. 2 Nr. 3 MarkenG bzw. Art. 6 Abs. 1 lit. b RL 89/104/EWG auch die Nutzung von Bildmarken.[425]

Dafür, dass die DSL-TV-Betreiber bei der Werbung und Kundeninformation auch die Bildmarken ohne besondere Lizenz verwenden dürfen, spricht außerdem der Sinn und Zweck von § 87 Abs. 5 UrhG. Die Vorschrift eröffnet den Kabelnetzbetreibern die Möglichkeit, die Rechte für die Weitersendung zu angemessenen Bedingungen zu erwerben. Dieses Ziel würde konterkariert, wenn die Sendeunternehmen über die markenrechtliche Hintertür erhebliche zusätzliche Abgaben von den Kabelnetzbetreibern erzwingen könnten. Der Kontrahierungszwang aus § 87 Abs. 5 UrhG („zu angemessenen Bedingungen") könnte nicht mehr zu interes-

---

424 EuGH, GRUR-Int 1999, 438, 442 ff.

425 Siehe beispielsweise BGH, GRUR 1998, 697, 698 f. – Venus Multi; EuGH, GRUR 2002, 613, 615.

sengerechten Ergebnissen führen, da für den Streit um die wirtschaftliche Ausgeglichenheit von Leistung und Gegenleistung ein Nebenkriegsschauplatz eröffnet würde. Die von allen Gerichten und Autoren angestrengten Versuche, die „angemessenen Bedingungen" im Sinne von § 87 Abs. 5 UrhG näher zu bestimmen, würden obsolet.

Daher ist auf Frage Nr. 4 zu antworten, dass die DSL-TV-Betreiber in dem Fall, in dem sie sich mit den Sendeunternehmen bzw. den Verwertungsgesellschaften urheberrechtlich über die Weitersendung geeinigt haben, keine besondere markenrechtliche Lizenz mehr benötigen, um in ihrer Werbung und Kundeninformation die Wort- und Bildmarken der Sendeunternehmen zur Beschreibung ihrer Sendeangebote zu verwenden.

Frage 9: Sind die DSL-TV-Anbieter Sendeunternehmen gem. § 87 UrhG?

Antwort: Solange sie nur fremde Programme weiterleiten, also keinerlei Inhalte kontrollieren oder verantworten, sind die DSL-TV-Betreiber keine Sendeunternehmen im Sinne der Vorschrift.

§ 87 UrhG verleiht Sendeunternehmen ein eigenes urheberrechtliches Leistungsschutzrecht in Form eines Ausschließlichkeitsrechts. Der Schutzumfang ist in § 87 Abs. 1 UrhG beschrieben. Die Sendeunternehmen erhalten beispielsweise das ausschließliche Recht der Weitersendung (§ 87 Abs. 1 Nr. 1, 1. Var. UrhG), so dass ein Dritter, der die Funksendung weiterleiten will, eine Lizenz des Sendeunternehmens benötigt. Ebenso ist die öffentliche Zugänglichmachung der Funksendung, also die Bereithaltung einzelner Teile der Sendung zum Abruf im Internet zu variablen Zeitpunkten, nur mit Erlaubnis des Sendeunternehmens möglich (§ 87 Abs. 1 Nr. 1, 2. Var. UrhG). Für DSL-Netzbetreiber ist die Frage interessant, ob sie beim Angebot von DSL-TV Sendeunternehmen i.S.v. § 87 UrhG sind und folglich die dort genannten Leistungsschutzrechte erhalten. Außerdem ist es nur Sendeunternehmen möglich, in die entsprechenden Verwertungsgesellschaften einzutreten und an Vergütungsausschüttungen teilzuhaben.

Der Begriff des Sendeunternehmens ist im Gesetz nicht näher definiert. Maßgeblich sind zwei Begrifflichkeiten: zum einen muss eine *Funksen-*

dung vorliegen, zum anderen muss der DSL-TV-Betreiber *Veranstalter* dieser Sendung sein.

Der Begriff der Funksendung als Schutzgegenstand in § 87 UrhG ist wie der Sendebegriff in § 20 UrhG auszufüllen.[426] Umfasst sind sowohl drahtlose als auch draht- und kabelgebundene, ebenso wie digitale und analoge Signale. Maßgebliches Merkmal der Funksendung ist der gleichzeitige Empfang, im Gegensatz zum Abruf zu Zeiten und an Orten nach Wahl des Rezipienten.[427] Die Funksendung muss öffentlich sein.[428] Nicht von § 87 UrhG sind daher Unternehmen geschützt, die lediglich Sendematerialien vorbereiten und an andere Unternehmen weiterleiten.

Zweite Voraussetzung des Schutzes aus § 87 UrhG ist ferner die Eigenschaft als Veranstalter. Nach verbreiteter Literaturansicht ist Sendeunternehmen nur, wer für die Ausstrahlung eines eigenen Programms organisatorisch und wirtschaftlich verantwortlich ist, wer also die Inhalte kontrolliert und verantwortet.[429] Kein Senderecht soll dagegen erwerben, wer eine fremde Sendung zeitgleich und unverändert weitersendet.[430] Stattdessen müsse die Sendung erstmalig erfolgen.[431] Dadurch werde verhindert, dass immer wieder eine neue Schutzfrist beginnt, wenn vorhandenes Material neu ausgestrahlt wird.[432] Für diese Argumentation ist auf Art. 3 Abs. 4 und Erwägungsgrund 19 der Schutzdauer-RL (93/98/EWG) zu verweisen.[433]

---

426 *V. Ungern-Sternberg*, in: Schricker, UrhR, § 87, Rn. 20; *Boddien*, in: Fromm/Nordemann, UrhR, § 87, Rn. 18.

427 *Boddien*, in: Fromm/Nordemann, UrhR, § 87, Rn. 19.

428 *Boddien*, in: Fromm/Nordemann, UrhR, § 87, Rn. 20; *Dreier*, in Dreier/Schulze, UrhR, § 87, Rn. 10; *v. Ungern-Sternberg*, in: Schricker, UrhR, § 87, Rn. 15.

429 Statt vieler: *Dreier*, in: Dreier/Schulze, UrhR, § 87, Rn. 5, m.w.N.

430 *Erhardt*, in: Wandtke/Bullinger, UrhR, § 87, Rn. 13; *Boddien*, in: Fromm/Nordemann, UrhR, § 87, Rn. 21; *Dreier*, in: Dreier/Schulze, UrhR, § 87, Rn. 9.

431 *Boddien*, in: Fromm/Nordemann, UrhR § 87, Rn. 21, m.w.N.

432 *Dreier*, in: Dreier/Schulze, UrhR, § 87, Rn. 9; *Boddien*, in: Fromm/Nordemann, UrhR, § 87, Rn. 21.

433 *Dreier*, in: Dreier/Schulze, § 87, Rn. 9; *Boddien*, in: Fromm/Nordemann, UrhR, § 87, Rn. 21.

An bereits gesendeten Sendematerialien sollen jedoch neue Schutzrechte entstehen können, wenn Bearbeitungen daran vorgenommen werden,[434] wie beispielsweise die Synchronisierung oder Nachkolorierung. Die Schutzrechte am bereits gezeigten Inhalt sollen in diesen Fällen unverändert bleiben und nicht neu entstehen.[435] Es sei möglich, dass mehreren Sendern unabhängig voneinander ein Schutzrecht an denselben Inhalten zusteht.[436] Der Begriff der Erstmaligkeit sei somit nicht als Einmaligkeit zu verstehen.[437] Erforderlich sei für diesen Fall, dass zwei Unternehmen als Veranstalter qualifiziert werden können.

Letztlich muss die Frage nach dem Zweck der Norm entschieden werden. Die Vorgaben aus Art. 3 Abs. 4 und Erwägungsgrund 19 der Schutzdauer-RL (93/98/EWG) helfen für die Frage nach den Voraussetzungen des Leistungsschutzes nicht weiter. Zwar wird an diesen beiden Stellen in der Richtlinie ausdrücklich an die „Erstsendung" durch Sendeunternehmen angeknüpft, jedoch wird nicht beantwortet, wann eine solche genau vorliegt. Auch das europäische Abkommen zum Schutz von Fernsehsendungen vom 22.6.1960 und das Internationale Abkommen über Leistungsschutzrechte vom 26.10.1961[438], in deren Befolgung der deutsche Gesetzgeber das Leistungsschutzrecht für Sendeunternehmen schuf,[439] benennen die Anforderungen nicht. Zwar nicht verbindlich, aber sehr erhellend ist die Begründung zum Leistungsschutzrecht der Sendeunternehmen (damals § 97) im Regierungsentwurf des UrhG 1965:

> „In Übereinstimmung [mit den oben genannten internationalen Abkommen] sieht der Entwurf auch für die Sendeunternehmen einen selbständigen Schutz gegen die unbefugte Ausnutzung ihrer Sendungen vor. Ebenso wie die Aufnahme einer Aufführung auf einen Tonträger *erfordert auch die Veranstaltung einer Sendung einen kostspieligen technischen und wirtschaftlichen Aufwand.*

---

[434] *V. Ungern-Sternberg*, in: Schricker, UrhR, § 87, Rn. 26.

[435] *Boddien,* in: Fromm/Nordemann, UrhR, § 87, Rn. 22.

[436] *V. Ungern-Sternberg*, in: Schricker, UrhR, § 87, Rn. 26.

[437] *Boddien*, in: Fromm/Nordemann, UrhR, § 87, Rn. 21.

[438] Internationales Abkommen über den Schutz der ausübenden Künstler, der Hersteller von Tonträgern und der Sendeunternehmen vom 26.10.1961.

[439] Begr. RegE zum UrhG 1965, BT-Drs. IV/270, S. 97, UFITA 45 (1965), 240, 315.

> Diese Leistung der Sendegesellschaft soll sich ein Dritter nicht mühelos zunutze machen können […]. Es erscheint allerdings wie bei den sonstigen Leistungsschutzrechten nicht gerechtfertigt, den Sendeunternehmen in gleich umfassender Weise ausschließliche Rechte an ihren Sendungen zu gewähren, wie den Urhebern an ihren Werken. Vielmehr *ist auch hier der Schutz auf das unbedingt Erforderliche zu beschränken*. […]"[440]

Zwar betrifft die zuletzt zitierte Anmerkung den *Umfang* der den Sendeunternehmen zu gewährenden Rechte, jedoch ist es geboten, schon den *Kreis* der Rechteinhaber (also der Sendeunternehmen) auf das unbedingt Erforderliche zu beschränken.

An das Maß des organisatorischen oder des wirtschaftlichen Aufwandes, der zum Leistungsschutz führt, sind nur geringe Anforderungen zu stellen.[441] Eine bloße Steigerung der technischen Qualität und damit eine Verbesserung des Filmsignals reichen aber nicht aus.[442] Des Weiteren ist es nicht Voraussetzung, dass die Inhalte vom Sendeunternehmen selbst produziert oder eigene Sendeanlagen unterhalten werden.[443] Die einzelne Leistung des Sendeunternehmens kann somit gering sein. Diese Zugeständnisse beseitigen aber nicht die Schwelle, dass das Unternehmen überhaupt Veranstalter sein muss. Den Ausstrahlungen des Sendeunternehmens dürfen nicht lediglich Funksendungen anderer Unternehmen zugrunde liegen.[444] Bei zu niedrigen Anforderungen bestünde die Gefahr, dass es zu viele Schutzberechtigte geben würde, und zwar durch die bloße Verwendung fremder Sendungen unter Hinzufügung von bestimmten technischen Leistungen wie Format- oder Signaländerungen. Der starke urheberrechtsähnliche Leistungsschutz aus § 87 UrhG ist für solche Leistungen nicht angemessen und würde der bedenklichen Ausdehnung der Schutzgegenstände des ursprünglich werkorientierten urheberrechtlichen Schutzsystems weiteren Vorschub leisten.

---

440 Begr. RegE zum UrhG 1965, BT-Drs. IV/270, S. 97, UFITA 45 (1965), 240, 315.

441 *V. Ungern-Sternberg*, in: Schricker, UrhR, § 87, Rn. 14.

442 *Kuper*, S. 229; *v. Ungern-Sternberg,* in: Schricker, UrhR, § 87, Rn. 26.

443 *Dreier*, in: Dreier/Schulze, UrhR, § 87, Rn. 5.

444 *V. Ungern-Sternberg*, in: Schricker, UrhR, § 87, Rn. 14.

Würde die bloße Weitersendung fremder Inhalte die urheberrechtsähnlichen Schutzrechte begründen, würde das Leistungsschutzrecht aus § 87 UrhG verwässert und die Rechtslage für alle folgenden Verwertungs- und Nutzungsstufen verworren. Zwar werden an anderen Stellen im UrhG ebenfalls wirtschaftliche und organisatorische Leistungen geschützt. Beispielsweise ist das Leistungsschutzrecht an Datenbanken aus § 87a UrhG ein reiner Investitionsschutz, der mit dem tradierten urheberrechtlichen Werkbegriff kaum noch Verbindungen aufweist. Bei dem Leistungsschutzrecht der Sendeunternehmen bietet es sich aber an, die Rechtsentstehung von der zumindest schöpfungsähnlichen Leistung der Zusammenstellung und Kontrolle von Inhalten abhängig zu machen.

Nach diesen Vorgaben ist nun die Frage zu beantworten, ob DSL-TV-Betreiber Veranstalter i.S.v. § 87 UrhG sind. Beim Live-Streaming von fremden Programmen leiten die DSL-Netzbetreiber die fremden Programme ohne jegliche inhaltliche Umgestaltung weiter. Allerdings wird das Signal für die DSL-Übertragung aufbereitet, was einen erheblichen Aufwand erfordern kann. Der Aufwand bezieht sich auf zwei Bereiche. So muss erstens das eigene Netz, bzw. die Netzinfrastruktur, aufgebaut, sowie zweitens die Installation tauglicher Empfangsgeräte beim jeweiligen Kunden gewährleistet werden. Beim DSL-TV speisen die Anbieter die Fernsehsignale, die sie beispielsweise über Satellit empfangen können, in ihre DSL-TV-Plattform ein und leiten sie über ihre leistungsstarken Netze (Backbones) zur Teilnehmeranschlussleitung.[445] Dazu müssen die Signale komprimiert und digitalisiert werden, nach derzeitigem Stand der Technik in Form von MPEG-Signalen.[446] Anfangs wurden die Signale für die Darstellung in 720 Bildpunkten in der Breite kodiert (entspricht dem PAL-Standard, also dem normalen Fernsehstandard), mittlerweile werden die HDTV-Angebote ausgebaut (1080 Bildpunkte).

Der technische Aufwand, der von den DSL-TV-Betreibern für die Einspeisung der Signale betrieben werden muss, ist vergleichbar mit dem der Breitbandkabelunternehmen. Diesen wird zu Recht kein Leistungsschutzrecht zuerkannt, da sie die Signale lediglich weiterleiten.[447] Dieses Er-

---

[445] Zur Technik ausführlich: *Flatau*, ZUM 2007, 1, 2.

[446] *Flatau*, ZUM 2007, 1, 3.

[447] *V. Ungern-Sternberg*, in: Schricker, UrhR, § 87, Rn. 13; *Boddien*, in: Fromm/Nordemann, UrhR, § 87, Rn. 14.

gebnis sollte konsequenterweise auch für DSL-TV-Betreiber gelten. Auch bei den anderen TV-Verbreitungsmethoden (Satellit, Kabel, Terrestrik) sind diverse technische Umwandlungsprozesse nötig. Beispielsweise müssen auch die Breitbandkabelnetzbetreiber zunächst ein Signal empfangen (beispielsweise über Satellit), dieses Signal in ein bestimmtes Format umwandeln (beispielsweise analog in digital) und anschließend in ihr Netz einspeisen. Wenn man, wie in den oberen Kapiteln geschehen, DSL-TV als ein technisches Äquivalent zur Breitbandkabelübermittlung betrachtet und lizenzrechtlich mit der herkömmlichen Kabelweitersendung gleichgestellt (§ 20b UrhG), sollte diese Gleichstellung konsequenterweise auch in Bezug auf die Rechte der Anbieter gelten. Würde man DSL-TV-Betreiber als Sendeunternehmen betrachten, hätten sie eine erheblich stärkere Rechtsposition als Satelliten- und Kabelnetzbetreiber und terrestrische Anbieter. Eine solche Besserbehandlung ließe sich aber nur rechtfertigen, wenn die DSL-TV-Betreiber Leistungen erbringen würden, die im Hinblick auf den Schutzzweck von § 87 UrhG größer zu bewerten sind als die Leistungen der anderen Übermittler. Da die DSL-TV-Betreiber aber gerade keinen erheblich höheren wirtschaftlichen und technischen Aufwand betreiben, muss ihnen der Schutz des § 87 UrhG ebenso verwehrt bleiben wie den anderen Übermittlern.

Aus wirtschaftlicher Betrachtungsweise stellen vielmehr die Übermittler einerseits, und die Programmveranstalter andererseits homogene Gruppen dar. Das Geschäftsmodell der Programmveranstalter besteht im Ankauf und der Produktion von Inhalten, welche dann in einem aufwendigen Verfahren und unter Berücksichtigung unzähliger Aspekte zu einem Programm zusammengestellt werden. Das Geschäftsmodell der Übermittler besteht grundsätzlich im Aufbau einer physischen Infrastruktur zur Weiterleitung und im Ankauf der Weitersendelizenzen für fremde Programme. Zwar schicken sich die Übermittler an, selbst Inhalte zu erwerben und eventuell demnächst eigene Programme zusammenzustellen (Beispiel Bundesligarechte, s.o.). In dem Moment *wären* sie zweifellos Veranstalter dieser konkreten Programme. Als Übermittler kommen den Sendeunternehmen – in dieser Funktion – aber keine Leistungsschutzrechte zu.

Die zusätzlichen Dienste, die DSL-TV-Betreiber anbieten, wie beispielsweise Video on Demand (VoD) oder elektronische Programmführer (EPGs) müssen getrennt betrachtet werden und begründen keine Veranstaltereigenschaft im Hinblick auf die Programmsignale. Des Weiteren fallen sie überwiegend nicht unter das Senderecht und so auch nicht unter den Anwendungsbereich von § 87 UrhG.

DSL-TV-Betreiber sollten insbesondere dann nicht als Sendeunternehmen gem. § 87 UrhG betrachtet werden, wenn man – nach der hier vertretenen Lösung – DSL-TV als Kabelweitersendung gem. § 20b UrhG betrachtet. Denn in diesem Fall nähmen die DSL-TV-Betreiber in § 20b und § 87 Abs. 5 UrhG eine verwirrende Doppelrolle ein: einerseits dürften sie als „Kabelunternehmen" von den „Sendeunternehmen" die Einräumung der relevanten Rechte verlangen, andererseits wären sie selbst „Sendeunternehmen". Zwar können auch Kabelunternehmen gleichzeitig Sendeunternehmen sein, nämlich dann, wenn sie Inhalte selbst gestalten; dieses ist jedoch ein gänzlich anderer Sachverhalt.

Frage 10: Benötigen die DSL-TV-Anbieter eine Rundfunklizenz?

Antwort: Nein, denn bei DSL-TV handelt es sich zwar um Rundfunk i.S.d. Grundgesetzes und i.S.d. Rundfunkstaatsvertrages, jedoch sind nicht die DSL-TV-Anbieter die Veranstalter dieser Programme, sondern die Sendeunternehmen.

Gemäß § 20 Abs. 1 Satz 1 RStV[448] bedürfen private Veranstalter zur Veranstaltung von Rundfunk einer Zulassung. Nach Satz 2 dieser Vorschrift richtet sich die Zulassung von bundesweit verbreitetem Rundfunk nach § 20a RStV, im Übrigen nach Landesrecht. § 20a RStV wurde mit dem 10. RÄndStV mit Wirkung zum 1.9.2008 eingeführt. Vorher richtete sich die Zulassung von Rundfunkprogrammen ausschließlich nach Landesrecht. DSL-TV kann theoretisch in regional begrenzten DSL-Netzen verbreitet werden. Das typische DSL-TV-Angebot ist aber nicht auf bestimmte Bundesländer begrenzt, so dass sich die Zulassung in den meisten Fällen nach dem neuen § 20a RStV richten wird.

[448] Hier und im Folgenden ist mit RStV die geltende Fassung nach dem 13. RÄndStV gemeint, die am 30.10.2009 beschlossen wurde und am 1.4.2010 in Kraft getreten ist. Die §§ 20-20b zur Zulassung privater Rundfunkveranstalter wurden nicht geändert.

Unabhängig davon, ob sich es sich um ein bundesweites oder rein regional begrenztes Angebot handelt, brauchen die DSL-TV-Betreiber nur dann eine Rundfunklizenz, wenn sie durch ihre Tätigkeit Rundfunk veranstalten. Es bestehen zwei Voraussetzungen, die getrennt zu untersuchen sind:

- erstens müsste im Rahmen des DSL-TV-Angebots *Rundfunk* stattfinden,
- zweitens müssten die DSL-TV-Anbieter *Veranstalter* des Rundfunks sein.

I. DSL-TV als Rundfunk gem. § 2 Abs. 1 RStV

1. Schwierigkeiten der Rundfunkdefinition nach RStV, GG und AVMD-Richtlinie

Die einfachgesetzliche Konkretisierung des Rundfunkbegriffs in § 2 Abs. 1 Satz 1 RStV stimmt im Wesentlichen mit dem verfassungsrechtlichen Rundfunkbegriff überein, ist aber nicht vollständig deckungsgleich.[449] Der wesentliche Unterschied liegt darin, dass der grundrechtliche Rundfunkbegriff auch On-Demand-Dienste erfasst,[450] während der rundfunkstaatsvertragliche Rundfunkbegriff – nunmehr ausdrücklich – nur lineare Dienste meint.

Rundfunk i.S.d. Art. 5 Abs. 1 Satz 2, 2. Var. GG ist die Veranstaltung und Verbreitung von Darbietungen aller Art für die Allgemeinheit mit Hilfe elektromagnetischer Schwingungen.[451] Darbietung i.S.d. des grundrechtlichen Rundfunkbegriffes ist jede Vermittlung von Information oder

---

[449] *Holznagel/Stenner*, Rundfunkrecht, S. 33; *Schulz*, in: Beck'scher Kommentar zum Rundfunkrecht, § 2 RStV, Rn. 10.

[450] Grundlegend dazu BVerfGE 74, 297, 350 ff.; *Jarass*, in: Jarass/Pieroth, GG, Art. 5, Rn. 36; *Schemmer*, in: BeckOK zum GG, Art. 5, Rn. 67; *Klaes*, ZUM 2009, 135, 139; *Michel*, ZUM 2009, 453, 454.

[451] *Jarass*, in: Jarass/Pieroth, GG, Art. 5, Rn. 36; *Degenhart,* in: Abraham/Dolzer, Bonner Kommentar zum GG, Bd. 2, Art. 5, Rn. 667; *Schulze-Fielitz*, in: Dreier, GG, Art. 5 I, II, Rn. 99.

Meinung.[452] Der Rundfunk zeichnet sich gegenüber anderen Medien durch seine Breitenwirkung, Aktualität und Suggestivkraft aus.[453]

Der Rundfunk i.S.d. § 2 Abs. 1 Satz 1 RStV erfasst lediglich einen Teilbereich der von Art. 5 Abs. 1 Satz 2, 2. Var. GG geschützten Tätigkeiten und ist auf einfachgesetzlicher Ebene von Telemedien gem. § 1 Abs. 1 Satz 1 Telemediengesetz (TMG) abzugrenzen.[454] Bis zum Inkrafttreten des TMG und des revidierten RStV am 1. März 2007 existierte eine Dreiteilung von audiovisuellen Diensten in Rundfunk, Mediendienste und Teledienste, nach der die jeweiligen Dienstekategorien aufgrund ihrer graduell unterschiedlichen Wirkungsintensität auf den öffentlichen Meinungsbildungsprozess jeweils unterschiedlich strengen Regeln unterworfen waren (System der abgestuften Regulierung).[455] Das entscheidende Kriterium für die Einordnung in die drei einfachgesetzlichen Dienstkategorien war das Beeinflussungspotenzial für die Meinungsbildung.[456] Mit der Abschaffung von Mediendienstestaatsvertrag (MDStV) und Teledienstegesetz (TDG), der Zusammenfassung von Telediensten und Mediendiensten zu Telemedien und der Umschichtung der entsprechenden Regelungsmaterie auf das neue TMG und §§ 54-61 RStV entfällt zwar die Notwendigkeit der Unterscheidung zwischen Telediensten und Mediendiensten, nicht aber die ebenfalls problematische Abgrenzung zwischen Telemedien und Rundfunk (ehemals: zwischen Mediendiensten und Rundfunk). Sie wurde durch die Neufassung des RStV und die Einführung des TMG keineswegs erleichtert, sondern durch den ersatzlosen Wegfall der Regelbeispiele für Teledienste und Mediendienste in § 2 Abs. 2 TDG und § 2 Abs. 2 MDStV sogar erschwert.[457] § 1 Abs. 1 Satz 1

452 BVerfGE 57, 295, 319; 60, 53, 63 f.; *Degenhart,* in: Abraham/Dolzer, Bonner Kommentar zum GG, Bd. 2, Art. 5, Rn. 676.

453 BVerfGE 90, 60, 90.

454 *Holznagel/Stenner*, Rundfunkrecht, S. 34.

455 *Holznagel/Stenner,* Rundfunkrecht, S. 34.

456 *Holznagel/Stenner*, Rundfunkrecht, S. 34; *DLM,* Drittes Strukturpapier zur Unterscheidung von Rundfunk und Mediendiensten, S. 8, abrufbar unter: http://www.alm.de/fileadmin/user_upload/3Strukturpapier.pdf.

457 *Ricke*, Neue Dienstekategorien im Zuge der Konvergenz der Medien, Arbeitsbericht Nr. 40 des Kompetenzzentrums Internetökonomie und Hybridität, Münster 2006, S. 18 f., abrufbar unter: http://www.wi.uni-muenster.de/aw/download/hybride-systeme/Hybrid%2040.pdf.

TMG bietet lediglich eine Negativ-Definition für Telemedien und bezeichnet als solche alle elektronischen Informations- und Kommunikationsdienste, die weder Telekommunikationsdienste, noch telekommunikationsgestützte Dienste, noch Rundfunk sind. Ausweislich der Gesetzesbegründung zum TMG ist mit der Zusammenlegung von Tele- und Mediendiensten eine Vereinfachung der Rechtslage bezweckt, die vor allem in der Beseitigung der Abgrenzungsprobleme zwischen Tele- und Mediendiensten besteht.[458] Es finden sich in den Gesetzesmaterialien keine Anzeichen dafür, dass eine Verschiebung der Grenze zwischen Rundfunk einerseits und Tele- und Mediendiensten (bzw.: Telemedien) andererseits beabsichtigt worden wäre. Die Kompetenz zu einer solchen Verschiebung hätte dem Bundesgesetzgeber ohnehin nicht zugestanden, da der Rundfunk in der Länderkompetenz liegt.[459] Vielmehr soll nach dem Willen des Gesetzgebers die Einordnung als Telemediendienst nunmehr ausschließlich durch eine Negativ-Abgrenzung zu Telekommunikationsdiensten und Rundfunk stattfinden.[460] Zur Abgrenzung von Telemedien und Rundfunk stehen demnach zwei Anhaltspunkte zur Verfügung: Zum einen die Rundfunk-Definition in § 2 Abs. 1 Satz 1 RStV, zum anderen die alte Dienste-Kategorisierung aus TDG, MDStV und RStV in der Fassung, die vor dem 1. März 2007 Geltung hatte.

Die Legaldefinition von „Rundfunk" in § 2 Abs. 1 RStV wurde mit dem 12. RÄndStV mit Wirkung zum 1.6.2009 neu gefasst. Bis dahin lautete § 2 Abs. 1:

> „Rundfunk ist die für die Allgemeinheit bestimmte Veranstaltung und Verbreitung von Darbietungen aller Art in Wort, in Ton und in Bild unter Benutzung elektromagnetischer Schwingungen ohne Verbindungsleitung oder längs oder mittels eines Leiters. […]"

Die seit 1.6.2009 geltende, aktuelle Fassung von § 2 Abs. 1 RStV lautet:

> „Rundfunk ist ein linearer Informations- und Kommunikationsdienst; er ist die für die Allgemeinheit und zum zeitlichen Empfang bestimmte Veranstaltung und Verbreitung von Angeboten in

---

[458] Gesetzentwurf der BReg, BT-Drs. 16/3078, S. 11.
[459] Vgl. Begr. der BReg, BT-Drs. 16/3078, S. 13.
[460] Begr. der BReg, BT-Drs. 16/3078, S. 13.

> Bewegtbild oder Ton entlang eines Sendeplans unter Benutzung elektromagnetischer Schwingungen. [...]"

Die Begründung zu dieser Neudefinition lautet:

> „Der Rundfunkbegriff in § 2 Abs. 1 Satz 1 knüpfte bisher insbesondere an das Kriterium der ‚Darbietung' an. *Mit Blick auf die Richtlinie über Audiovisuelle Mediendienste* soll eine Begriffsbestimmung erfolgen, die den dort genannten Kriterien Rechnung trägt. Wie bisher handelt es sich um für die Allgemeinheit bestimmte Angebote, die unter Benutzung elektromagnetischer Schwingungen verbreitet werden. Zur Verdeutlichung neu im Rundfunkstaatsvertrag wiedergegeben ist die Klarstellung, dass Rundfunk ein linearer Informations- und Kommunikationsdienst ist. Die Einfügung des Kriteriums ‚zum zeitgleichen Empfang' grenzt Rundfunkangebote von Abrufangeboten ab. Unter ‚zeitgleichem Empfang' ist auch eine Übertragung zu verstehen, die allein aus technischen Gründen kurzen zeitlichen Verzögerungen unterliegt. *Die so konkretisierte Begriffsbestimmung umfasst unverändert die Veranstaltung von Angeboten für die Allgemeinheit und damit die bereits bisher herangezogenen Kriterien der Breitenwirkung, Aktualität und Suggestivkraft.* Daher erfolgt in Absatz 3, ebenfalls abgestimmt auf die Richtlinie über Audiovisuelle Mediendienste, eine Ausgrenzung von Sachverhalten ohne Rundfunkcharakter."[461]

Diese Begründung sorgt für große Auslegungsschwierigkeiten: während im Gesetzestext die Linearität eine entscheidende Bedeutung für die Abgrenzung erhält, rudern die Parteien des Staatsvertrages in der Gesetzesbegründung wieder zurück und wollen die herkömmlichen Abgrenzungskriterien (Breitenwirkung, Aktualität und Suggestivkraft) nun doch beibehalten.

Die Länder haben im 12. RÄndStV jedenfalls eine Harmonisierung des Rundfunkbegriffs mit den Begrifflichkeiten der AVMD-Richtlinie[462]

---

[461] Begr. zu 12. RÄndStV, abgedr. in *Hartstein/Ring/Kreile/Dörr/Stettner*, RStV, A. 2.10, S. 3.

[462] RL 89/552/EWG des Europäischen Parlaments und des Rates vom 3.10.1989 zur Koordinierung bestimmter Rechts- und Verwaltungsvorschriften der Mit-

bezweckt. Der Begriff der audiovisuellen Mediendienste gem. Art. 1 Abs. 1 lit. a, i umfasst sowohl „Fernsehprogramme" als auch „audiovisuelle Mediendienste auf Abruf". Mit dem Begriff der „Fernsehprogramme" werden die linearen Dienste bezeichnet, wie aus der Definition in Art. 1 Abs. 1 lit. e AVMD-RL hervorgeht:

> „[Der Ausdruck] ‚Fernsehprogramm' (d.h. ein linearer audiovisueller Mediendienst) [bezeichnet] einen audiovisuellen Mediendienst, der von einem Mediendienstanbieter für den zeitgleichen Empfang von Sendungen auf der Grundlage eines Sendeplans bereitgestellt wird"

Das „Fernsehprogramm" in der AVMD-RL ist demnach das Äquivalent zum Rundfunkbegriff in § 2 Abs. 1 RStV, wie schon die begrifflichen Überschneidungen anzeigen.

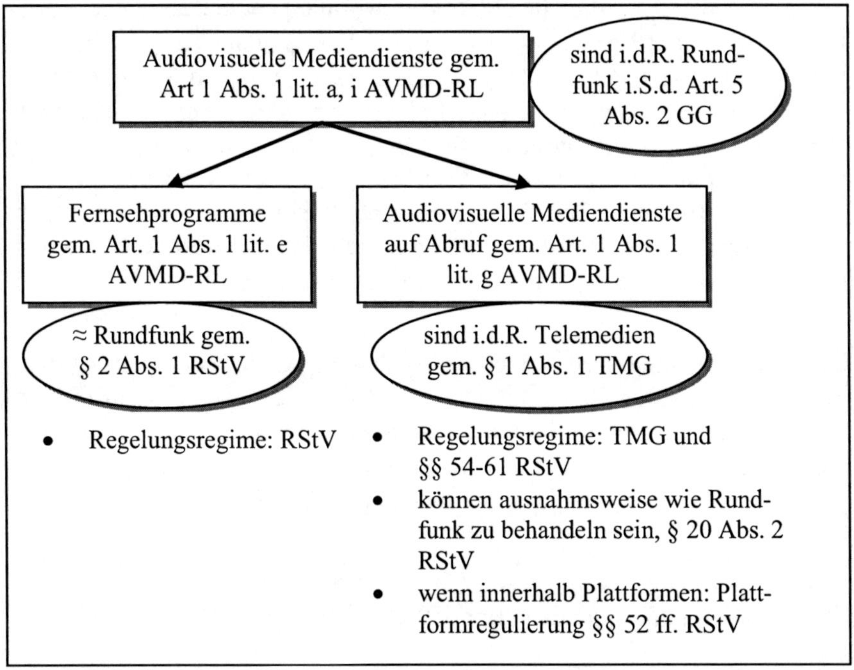

gliedstaaten über die Bereitstellung audiovisueller Mediendienste (Richtlinie über audiovisuelle Mediendienste), in der Fassung Änderungs-RL 2007/65/EG vom 11.12.2007.

Die Neufassung des staatsvertraglichen Rundfunkbegriffs hat demnach eine begrüßenswerte Klarstellung in Bezug auf die Linearität als Tatbestandsmerkmal gebracht.

Im Übrigen stiftet die Begründung des Staatsvertrages, die den Gesetzestext praktisch konterkariert, Verwirrung und trägt leider nicht zu der erhofften Vereinfachung der Rechtslage bei. Die Abgrenzung zwischen Rundfunk und Telemedien ist nicht abschließend aufgeklärt, da Telemedien ihrer Definition nach durchaus linear sein könnten, solange sie kein Rundfunk i.S.d. § 2 RStV sind. Nach Inkrafttreten der AVMD-Richtlinie und der Erklärung in der Begründung zum RStV, sich an den Vorgaben dieser Richtlinie orientieren zu wollen, muss man sich damit anfreunden, dass auch im deutschen Recht die Linearität zum entscheidenden Kriterium zur Abgrenzung erhoben wurde.

Damit entfernt sich der Rundfunkstaatsvertrag gefährlich von den Vorgaben des Bundesverfassungsgerichts. Nach dessen Auslegung von Art. 5 GG ist die Meinungsrelevanz das entscheidende Merkmal des grundgesetzlichen Rundfunkbegriffs (s.o.). Zwar muss der einfachgesetzliche Rundfunkbegriff nicht unbedingt deckungsgleich mit dem grundgesetzlichen sein. Dennoch spricht viel dafür, das Ziel beizubehalten, auf einfachgesetzlicher Ebene jene Angebote schärfer zu regulieren, die eine höhere Meinungsrelevanz haben. Das sind zwar in aller Regel die linearen Angebote, aber eben nicht zwingend. Es ist vor allem für die Zukunft denkbar, dass umfangreiche On-Demand-Angebote große Nutzerzahlen erreichen und erhebliche Meinungsmacht entwickeln.[463]

Dennoch dürfte die Differenzierung nach der Linearität im Rahmen des weiten verfassungsrechtlichen Spielraums des Gesetzgebers bei der Ausgestaltung des Rundfunkbegriffes liegen,[464] zumal sie wesentlich einfacher und klarer als das Merkmal der „Darbietung" zu handhaben wäre.

Die Länder haben sich im Rundfunkstaatsvertrag durch die Aufnahme des Kriteriums der Linearität in § 2 Abs. 1 zunächst die Möglichkeit verbaut, On-Demand-Dienste als Rundfunk zu regulieren. Rundfunk kann danach *nur* sein, was einem linearen Sendeplan folgt.

---

463 So auch *Castendyk/Böttcher*, MMR 2008, 13, 17.

464 Vgl. *Castendyk/Böttcher*, MMR 2008, 13, 17; zum Spielraum des Gesetzgebers siehe BVerfG, MMR 2007, 770.

Einen Ausweg könnte insofern nur § 20 Abs. 2 RStV bieten. Diese Vorschrift könnte implizieren, dass es so etwas wie eine Gleitzone zwischen Rundfunk und Telemedien gibt. Nach der neuen Rechtslage böte sie in diesem Fall für die Zukunft einen idealen Anknüpfungspunkt für die Feinjustierung zwischen den Regulierungsstufen für Rundfunk und Telemedien: solche *nicht-linearen* Dienste, die dennoch eine hohe Meinungsbildungsrelevanz entfalten (wie umfangreiche On-Demand-Angebote), könnten gem. § 20 Abs. 2 schärfer reguliert werden.

Jedoch würde die Regulierung von On-Demand-Diensten als „Rundfunk" über den Umweg in § 20 Abs. 2 RStV die beabsichtigte Angleichung an die europarechtlichen Vorgaben, die nunmehr klar zwischen linearen und nicht-linearen Diensten unterscheiden, wieder zunichtemachen. Außerdem ist § 20 Abs. 2 RStV sowohl in der aktuellen, als auch in früheren Fassungen ausweislich der Begründungen lediglich als Verfahrensvorschrift gedacht, nicht aber als Erweiterung der Rundfunkdefinition.[465] Die Vorschrift regelt, wie bei Unklarheiten über die Einordnung zu verfahren ist, nicht aber, wann Rundfunk überhaupt vorliegt. Auch im Rahmen von § 20 Abs. 2 gilt also keine andere als die Rundfunkdefinition in § 2 Abs. 1 RStV.[466] Die Verwendung einer anderen Definition würde zusätzlich die Frage aufwerfen, wie sich § 20 Abs. 2 zum Begriff der dem Rundfunk vergleichbaren Telemedien („Rundfunk und vergleichbare Telemedien") in den Vorschriften zur Plattformregulierung (§§ 52 ff. RStV) verhält. Vergleichbare Telemedien sind nach § 2 Abs. 2 Nr. 12 RStV solche Telemedien, die an die Allgemeinheit gerichtet sind. Damit sind offenbar die besonders meinungsrelevanten Telemedien gemeint. § 20 Abs. 2 RStV führt also zu keiner Erweiterung des Rundfunkbegriffes aus § 2 Abs. 1 RStV. On-Demand-Dienste sind daher nach Einführung des strengen Linearitätskriteriums nicht der Rundfunkregulierung unterworfen. Ob dies angesichts der wachsenden Bedeutung von On-Demand-Diensten ein dauerhaft wünschenswerter Zustand ist, kann bezweifelt werden; er ist dennoch hinzunehmen.

---

[465] Begr. zu § 19 RStV 1991, abgedr. in *Hartstein/Ring/Kreile/Dörr/Stettner*, RStV, B 5, § 20, S. 3; Begr. zum 9. RÄndStV, abgedr. in *Hartstein/Ring/Kreile/Dörr/Stettner*, RStV, B 5, § 20, S. 5.

[466] So i.E. auch *Hartstein/Ring/Kreile/Dörr/Stettner*, RStV, B 5, § 20, Rn. 14.

2. Status Quo der Rundfunkdefinition: Leitkriterium der Linearität und Feinjustierung nach dem Kriterium der Meinungsbildungsrelevanz

Die Länder haben die Rechtsanwender durch die Neufassung der Rundfunkdefinition in § 2 Abs. 1 RStV vor die schwierige Aufgabe gestellt, die Abgrenzung zwischen Rundfunk und Telemedien – vordergründig – anhand der positiven Tatbestandsmerkmale und Ausnahmen vorzunehmen, ohne aber – hintergründig – den eigentlichen Zweck der Rundfunkregulierung aus den Augen zu verlieren (s. Gesetzesbegründung). Die Praxis wird nicht umhin kommen, anhand der Merkmale der Linearität und der anderen geschriebenen Voraussetzungen des § 2 Abs. 1 RStV und Ausnahmen in Abs. 3 zwischen Rundfunk und Telemedien zu trennen.

In schwierigen Fällen, insbesondere bei neuen Diensten, muss bei der Subsumtion eine Feinjustierung anhand der Meinungsbildungsrelevanz stattfinden. Das Kriterium der Linearität ist nach der neuen Definition eine Mindestvoraussetzung. Die Feinjustierung könnte deshalb lediglich dazu führen, dass lineare Dienste trotz Vorliegens der Voraussetzungen in § 2 Abs. 1 RStV aus der Regulierung auszunehmen sind. In der Regel werden diese Ausnahmefälle durch den neuen Ausnahmenkatalog in § 2 Abs. 3 RStV (dazu unten ausf.) angemessen erfasst. Dieser Katalog ist das entscheidende Werkzeug zur Feinjustierung geworden.

Die Ziele der Rundfunkregulierung als stärkster Regulierungsstufe sind die Sicherung der kommunikativen Chancengleichheit, der Meinungsvielfalt, des Jugendschutzes, des Persönlichkeitsschutzes sowie der wirtschaftlichen Innovationsfähigkeit. Das letztlich entscheidende Abgrenzungskriterium muss – vorbehaltlich der Erfüllung der positiven Tatbestandsmerkmale in § 2 Abs. 1 RStV – also weiterhin die Relevanz für die öffentliche Meinungsbildung sein.[467] Wie die Begründung des 12. RÄndStV offenlegt, hat eine bedeutsame Verschiebung der Tatbestandsmerkmale im Rundfunkbegriff stattgefunden.[468] Vor dem 12. RÄndStV bot das Kriterium der „Darbietung" den Aufhänger für die besondere

---

[467] *Michel*, ZUM 2009, 453, 457 und 460.

[468] Zu den Widersprüchen und Unklarheiten des neuen Rundfunkbegriffes und der Begründung ausführlich *Schütz*, MMR 2009, 229 ff.

Meinungsbildungsrelevanz des Rundfunks.[469] Die rundfunkmäßige Darbietung i.S.v. § 2 Abs. 1 Satz 1 RStV a.F. ist durch eine Meinungsbildungsrelevanz geprägt, die den Telemedien in dieser Intensität fehlt.[470] Obgleich der Begriff „Darbietung“ in der neuen Rundfunkdefinition gestrichen wurde, sollen nach der oben abgedruckten Begründung die darunter gefassten Anforderungen weiterhin gelten. Erforderlich für die Einordnung als Rundfunk ist also weiterhin eine besondere Meinungsbildungsrelevanz, die sich aus Breitenwirkung, Aktualität und Suggestivkraft ergibt.[471] Diese Dienste müssen reguliert werden, damit die Chancengleichheit im „Kampf der Meinungen“ gewährleistet ist.[472]

Die Direktorenkonferenz der Landesmedienanstalten (DLM) hat zur Konkretisierung dieser Anforderungen in ihrem dritten Strukturpapier zur Unterscheidung von Rundfunk und Mediendiensten fünf „offene Typenmerkmale“ des Rundfunks entwickelt: die redaktionelle Gestaltung, die Wirkungsintensität, die Realitätsnähe der Inhalte, die Reichweite und gleichzeitige Rezeptionsmöglichkeit (Breitenwirkung) und schließlich die geringe Interaktivität des Nutzers beim Rezeptionsvorgang.[473] Diese Merkmale eignen sich auch nach dem neuen Rundfunkbegriff sehr gut als Kriterien für die Einordnung, können allerdings praktisch nur noch zur Auslegung der Tatbestandsmerkmale in § 2 Abs. 1 RStV und des Ausnahmenkatalogs in Abs. 2 herangezogen werden.

Ob man die besondere Meinungsbildungsrelevanz nun unter dem Tatbestandsmerkmal „für die Allgemeinheit“ oder als ungeschriebenes Tatbestandsmerkmal des neuen Rundfunkbegriffs nach dem 12. RÄndStV prüft, bedarf hier keiner Entscheidung. Die erstgenannte Lösung würde ermöglichen, dass die von der Rechtsprechung und Literatur über Jahre ausgearbeitete Bedeutung des Merkmals „für die Allgemeinheit“ Bestand

---

[469] *Schulz*, in: Beck'scher Kommentar zum Rundfunkrecht, § 2, Rn. 45 und *Schmitz*, in: Spindler/Schuster, Recht der elektronischen Medien, § 1 TMG, Rn. 31, beide allerdings noch zum RStV in der Fassung des 9. RÄndStV; vgl. zur noch älteren Rechtslage *Holznagel/Stenner,* Rundfunkrecht, S. 36.

[470] Amtliche Begründung zum MDStV, S. 3.

[471] Vgl. BVerfGE 90, 60, 87.

[472] Vgl. *Schulz*, in: Beck'scher Kommentar zum Rundfunkrecht, § 2, Rn. 46, m.w.N.

[473] http://www.alm.de/fileadmin/user_upload/3Strukturpapier.pdf.

haben könnte und nicht mit dem alten Begriff der „Darbietung" vermischt würde.

Für eine Abstufung nach der Meinungsbildungsrelevanz spricht auch die Begründung der ÄnderungsRL 2007/65/EG, durch welche die FernsehRL zur AVMD-RL umgestaltet wurde. Nach Erwägungsgrund 42 der RL 2007/65/EG unterscheiden sich audiovisuelle Mediendienste auf Abruf von Fernsehprogrammen darin, welche Auswahl- und Steuerungsmöglichkeiten der Nutzer hat und welche Auswirkungen sie auf die Gesellschaft haben. Unter diesen Auswirkungen ist offenbar die Meinungsbildungsrelevanz zu verstehen.[474] Da die Neuformulierung von § 2 Abs. 1 RStV der neuen Richtlinie nachempfunden wurde, spricht die Richtlinienbegründung für eine Beibehaltung der Meinungsbildungsrelevanz als Kriterium für den Rundfunkbegriff des RStV.[475]

Das wichtigste Instrument zur „Feinjustierung" bei der Abgrenzung zwischen Rundfunk und Telemedien ist nach neuer Rechtslage der Ausnahmenkatalog in § 2 Abs. 3 RStV. Dort finden sich neue Kriterien zur negativen Abgrenzung vom Rundfunkbegriff:

> „Kein Rundfunk sind Angebote, die
>
> 1. jedenfalls weniger als 500 potenziellen Nutzern zum zeitgleichen Empfang angeboten werden,
> 2. zur unmittelbaren Wiedergabe aus Speichern von Empfangsgeräten bestimmt sind,
> 3. ausschließlich persönlichen oder familiären Zwecken dienen,
> 4. nicht journalistisch-redaktionell gestaltet sind,
> 5. aus Sendungen bestehen, die jeweils gegen Einzelentgelt freigeschaltet werden oder
> 6. Eigenwerbekanäle sind."

[474] *Stender-Vorwachs/Theißen*, ZUM 2007, 613, 615.
[475] So auch *Schütz*, MMR 2009, 228, 231.

Das gemeinsame Kriterium der in Abs. 3 aufgezählten Angebotstypen ist die deutlich eingeschränkte Meinungsbildungsrelevanz.[476] Nach der Begründung soll durch Abs. 3 eine Angleichung an die AVMD-Richtlinie bewerkstelligt werden,[477] womit offenbar eine Orientierung am Begriff der „allgemeinen Öffentlichkeit" aus Art. 1 Abs. 1 lit. a, lit. i der RL gemeint ist. Bei der Erläuterung der Fallgruppen in Abs. 3 wird in der Begründung ausdrücklich auf die Kriterien der Breitenwirkung, Aktualität und Suggestivkraft abgestellt.

Ob der Ausnahmenkatalog in Abs. 3 eine angemessene Feinjustierung nach der Meinungsbildungsrelevanz tatsächlich bewerkstelligt, ob also die Länder ihrer Verantwortung zur Ausgestaltung der verfassungsrechtlich gewährten Rundfunkfreiheit in pflichtgemäßer Weise nachgekommen sind, soll hier nicht weiter erörtert werden. Fest steht, dass der Katalog nach der geltenden Rechtslage ein wichtiger Ansatzpunkt für die Differenzierung ist.

3. Einordnung von DSL-TV

DSL-TV ist Rundfunk im Sinne des Art. 5 Abs. 1 GG. Beim DSL-TV ergeben sich hinsichtlich der gebotenen Darbietungen, nämlich der übermittelten Voll- oder Spartenprogramme, keine Unterschiede zu anderen Übertragungswegen – lediglich die Übertragungstechnik ändert sich.[478] Unter „Allgemeinheit" ist ein nicht individuell bestimmbarer Personenkreis, eine beliebige Öffentlichkeit zu verstehen.[479] Die technische Eigenheit, dass der Nutzer beim DSL-TV das Signal anfordert, bevor es über die DSL-Leitung übermittelt wird, ändert nichts daran, dass die Übertragung an die Allgemeinheit gerichtet ist. Auch die Tatsache, dass DSL-TV über geschlossene und nicht über offene Netzwerke gesendet wird, beein-

---

[476] Begr. zu 12. RÄndStV, abgedr. in *Hartstein/Ring/Kreile/Dörr/Stettner*, RStV, A. 2.10, S. 3.

[477] Begr. zu 12. RÄndStV, abgedr. in *Hartstein/Ring/Kreile/Dörr/Stettner*, RStV, A. 2.10, S. 3.

[478] So, allerdings ohne den Begriff „IPTV" zu verwenden: *Degenhart,* in Abraham/Dolzer, Bonner Kommentar zum GG, Bd. 2, Art. 5, Rn. 673.

[479] *Jarass/Pieroth*, GG, Art. 5, Rn. 36; *Schulze-Fielitz*, in: Dreier, GG, Bd. 1, Art. 5, Rn. 100; *Degenhart,* in Abraham/Dolzer, Bonner Kommentar zum GG, Bd. 2, Art. 5, Rn. 679; *Gersdorf,* Rundfunkbegriff, S. 106.

trächtigt die Rundfunkeigenschaft nicht. DSL-TV ist ein funktionales Äquivalent zum herkömmlichen Broadcasting. Wer die Signale letztendlich empfängt, hängt von keinerlei persönlichen Merkmalen ab – die Streaming-Empfänger sind abgesehen von ihrer technischen Ausstattung, die den Empfang erlaubt, keine abgrenzbare Personengruppe.[480] Da die Multicast-Streams schließlich auch in Form von elektromagnetischen Schwingungen übertragen werden,[481] handelt es sich bei DSL-TV also um Rundfunk i.S.d. Art. 5 Abs. 1 Satz 2, 2. Var. GG.

DSL-TV ist auch Rundfunk i.S.d. § 2 Abs. 1 RStV.[482] Die positiven Tatbestandsmerkmale des § 2 Abs. 1 sind unproblematisch erfüllt, insbesondere ist die Ausstrahlung beim DSL-TV linear. Die Veranstaltung und Verbreitung findet entlang eines Sendeplans statt, denn es handelt sich um die konventionellen Fernsehprogramme, die lediglich anhand einer neuen Methode (via DSL) übermittelt werden. Die Ausnahmen in Abs. 3 greifen nicht ein.

Auch die „Feinjustierung" nach dem Kriterium der Meinungsrelevanz, außerhalb des Ausnahmenkatalogs des § 2 Abs. 3 RStV, führt zu keinem anderen Ergebnis. Beim DSL-TV, also dem linearen Streaming von Fernsehsendungen, werden die gleichen Inhalte wie bei der konventionellen Übertragung vermittelt. Hinsichtlich der Aktualität und Suggestivkraft der vermittelten Inhalte steht die Übertragung mittels Internet-Protokoll über Datennetze den konventionellen Übertragungsarten in nichts nach.[483] Insbesondere garantieren die Datennetze der DSL-TV-Anbieter eine mit dem konventionell übertragenen Fernsehen mindestens vergleichbare

---

480 Vgl. *Gersdorf,* Der verfassungsrechtliche Rundfunkbegriff im Lichte der Digitalisierung der Kommunikation, S. 106 f. – ähnliche Diskussionen kamen bei Einführung des Kabelfernsehens auf, das nur von Personen empfangen werden kann, die einen Kabelanschluss haben; *Holznagel/Kibele,* in: Hoeren/Sieber, Handbuch Multimediarecht, Teil 5, Rn. 28.

481 Vgl. *Degenhart,* in Abraham/Dolzer, Bonner Kommentar zum GG, Bd. 2, Art. 5, Rn. 673.

482 Anders, allerdings zu § 2 Abs. 1 RStV a.F., *Weberling,* AfP 2008, 445, 451: Internet-TV- und Web-TV-Angebote hätten keine besondere Bedeutung für die individuelle und öffentliche Meinungsbildung und seien daher kein Rundfunk i.S.d. RStV.

483 *Bumke/Schulz,* in: Beck'scher Kommentar zum Rundfunkrecht, § 20, Rn. 67.

Qualität.[484] Auch die Breitenwirkung ist den via DSL-TV übermittelten Inhalten nicht abzusprechen, da schon heute eine unbestimmte Vielzahl von Personen DSL-TV-Dienste abonnieren kann. Es ändert sich also lediglich die Technik, mittels derer die Fernsehprogramme übertragen werden. Für die Einordnung eines Dienstes als Rundfunk i.S.d. RStV kann es auf den Verbreitungsweg aber nicht entscheidend ankommen.[485] Die Inhalte sind und bleiben auch bei der Übermittlung via DSL redaktionell gestaltet (und zwar durch die Rundfunksender). DSL-TV ist also Rundfunk i.S.v. § 2 Abs. 1 Satz 1 RStV (in der alten und neuen Fassung).[486]

Mit diesem Ergebnis ist im Hinblick auf DSL-TV die grundsätzlich gewünschte Harmonisierung mit der AVMD-RL hergestellt, denn DSL-TV ist ein linearer audiovisueller Mediendienst („Fernsehprogramm") i.S.v. Art. 1 Abs. 1 lit. e AVMD-RL. Hiergegen spricht nicht, dass der Begriff IPTV – anders als noch in der Begründung der Kommission zur AVMD-RL[487] – nicht in der Liste der Beispiele in ErwG 20 der ÄnderungsRL 2007/65/EG aufgeführt wird. Stattdessen sind dort als Beispiele für Fernsehprogramme das Live-Streaming und das Webcasting genannt. Es ist davon auszugehen, dass der europäische Gesetzgeber es nicht für nötig befunden hat, den Begriff IPTV separat aufzuführen.

II. DSL-TV-Anbieter als Veranstalter des Rundfunks

Bei der Anwendung des RStV muss zwischen der Rundfunkveranstaltung und der Rundfunkverbreitung unterschieden werden, vgl. § 1 Abs. 1 RStV. Veranstalter ist gem. § 2 Abs. 2 Nr. 13 RStV, „wer ein Rundfunkprogramm unter eigener inhaltlicher Verantwortung anbietet". Ergänzend kann die Formel aus der ständigen Rechtsprechung des Bundesverfas-

---

[484] *Borges*, in: Roßnagel, Neuordnung des Medienrechts, S. 53, 61.

[485] *DLM*, 3. Strukturpapier (s. Fn. 114), S. 8; *Borges*, in: Roßnagel, Neuordnung des Medienrechts, S. 53, 61; *Blaue*, ZUM 2005, 30, 34.

[486] Vgl. *Schulz*, in: Hahn, Beck'scher Kommentar zum Rundfunkrecht, § 2, Rn. 55 und *Schmitz,* in: Spindler/Schuster, Recht der elektronischen Medien, § 1 TMG, Rn. 32, allerdings beide noch zum RStV in der Fassung des 9. RÄndStV von 2007.

[487] Vorschlag der Kommission vom 13.12.2005 zur Änderung der FernsehRL 89/552/EWG, KOM/2005/646 endg.

sungsgerichts herangezogen werden, nach welcher derjenige Rundfunkveranstalter ist, wer die Struktur des Rundfunkprogramms festlegt, die Abfolge plant, die Sendungen zusammenstellt und unter einer einheitlichen Bezeichnung dem Publikum anbietet.[488] Diese Formel beabsichtigte der Gesetzgeber des 10. RÄndStV bei Einführung des § 2 Abs. 2 Nr. 13 RStV umzusetzen.[489] Der Rundfunkveranstalter muss mit Blick auf die Ziele des Art. 5 Abs. 1 Satz 2, 2. Var. GG weitergehenden Verpflichtungen unterworfen werden als der Rundfunkverbreiter,[490] nämlich dem Regelungsregime des RStV. Beim DSL-TV (nach derzeitigem Modell) sind *die TV-Sender* Veranstalter der Programme, die übermittelt werden – zumindest solange, wie der DSL-TV-Anbieter keinen Einfluss auf den gesendeten Inhalt nimmt. Verbreiter des DSL-TV ist der DSL-TV-Netzbetreiber. Er ist jedoch nicht Veranstalter. Die Rolle des Veranstalters ist klar von der Rolle des Vermittlers getrennt. Zwar ist denkbar und wahrscheinlich, dass es in Zukunft Geschäftsmodelle geben wird, in denen die beiden Funktionen von demselben Unternehmen wahrgenommen werden oder in denen sich die Plattformbetreiber wirtschaftlich an Veranstaltern beteiligen. In diesen Fällen spricht man von vertikal integrierten Modellen, da dasselbe Unternehmen auf mehreren Ebenen der Wertschöpfungskette auf dem Rundfunkmarkt tätig ist. Solche Modelle sind in der Praxis heute noch nicht vorzufinden. Sie werden im Falle des DSL-TV erst dann Realität werden, wenn die Netzbetreiber beginnen, die übermittelten Programme aus selbst produzierten oder eingekauften Inhalten (Filme, Serien, Sportübertragungen etc.) selbst zusammenzustellen oder Anteile an Veranstaltern zu kaufen. Solche Entwicklungen wären für die heutigen Sendeunternehmen eine unangenehme Vorstellung: Die finanzstarken Netzbetreiber (z.B. Unity Media oder die Telekom) könnten ihre erheblichen Mittel aus dem Netzbetrieb dazu verwenden, auf dem Einkaufsmarkt für Inhalte die Sendeunternehmen auszustechen. Ein Beispiel dafür ist der Erwerb der Internet-Übertragungsrechte für die Bundesliga durch die Telekom.[491]

---

488 BVerfGE 97, 298, 310; siehe auch *Vesting*, in: Beck'scher Kommentar zum Rundfunkrecht, § 1 RStV, Rn. 30 ff., § 2 RStV, Rn. 42 ff.

489 Begründung zum 10. RÄndStV, abgedr. in *Hartstein/Ring/Kreile/Dörr/Stettner*, A. 2.8, S. 3.

490 BVerfGE 73, 118, 197.

491 *Ory*, K&R 2006, 303.

Es bleibt festzuhalten, dass die DSL-Netzbetreiber bei der bloßen Weitersendung von Programmen, die von Dritten (Sendeunternehmen) zusammengestellt wurden, keine Veranstalter i.S.v. § 2 Abs. 2 Nr. 13 und § 20 Abs. 1 Satz 1 RStV sind.

III. Weiterverbreitung gem. § 51b RStV

Statt um eine lizenzpflichtige Veranstaltung von Rundfunkprogrammen handelt es sich beim DSL-TV, sofern nur fremde Programme weitergesendet werden, um eine lizenzfrei zulässige Weiterverbreitung gem. § 51b RStV. Diese Vorschrift ist das rundfunkrechtliche Pendant zu § 20b UrhG, da sie die Voraussetzungen der zeitgleichen und unveränderten Weiterleitung von Sendungen regelt.[492] Während im Urheberrecht eine Lizenz zur Weitersendung erforderlich ist, stellt das deutsche Rundfunkrecht die Weitersendung von Programmen durch § 51b Abs. 1 Satz 1 RStV frei, sofern es sich um Sendungen handelt, die den europarechtlichen Vorgaben entsprechen.

Hintergrund der Vorschrift sind europarechtliche Vorgaben, nach denen die Weiterverbreitung von Fernsehsendungen innerhalb der EU grenzüberschreitend ermöglicht werden muss.[493] Die wichtigsten dieser Vorgaben sind das (ausdrücklich genannte) Europäische Übereinkommen über das grenzüberschreitende Fernsehen von 1989 sowie die Fernsehrichtlinie bzw. Richtlinie über audiovisuelle Mediendienste. Die Freistellung in § 51b Abs. 1 Satz 1 RStV soll daher primär die Weiterverbreitung von Programmen aus dem europäischen Ausland ermöglichen.[494]

Sowohl das Übereinkommen, als auch die Richtlinien betreffen keine rein nationalen Sachverhalte. Trotzdem erfasst § 51b Abs. 1 Satz 1 RStV nicht nur die Weiterverbreitung von Programmen, die aus dem europäischen Ausland zugeführt werden, sondern generell die Weiterleitung europarechtskonformer Programme, also auch solcher, die in Deutschland ausgestrahlt werden. Der Mehrzahl der Programme, die für das deutsche Publikum interessant sind, haben ihren Sendeursprung in Deutschland.

---

[492] *Hartstein/Ring/Kreile/Dörr/Stettner*, RStV, B 5, § 51b, Rn. 9.

[493] *Hartstein/Ring/Kreile/Dörr/Stettner*, RStV, B 5, § 51b, Rn. 12 f.

[494] Begr. zum 10. RÄndStV, abgedr. in *Hartstein/Ring/Kreile/Dörr/Stettner*, RStV, A 2.8, S. 20.

Für eine Einbeziehung dieser Programme in den Regelungsbereich von § 51b RStV sprechen die Überschrift und der Wortlaut der Vorschrift sowie der systematische Zusammenhang. § 51b RStV trägt die Überschrift „Weiterverbreitung“, nicht etwa „Weiterverbreitung ausländischer Programme“. Ferner handelt es sich bei ProSieben und Co. um Programme, die „in Europa in rechtlich zulässiger Weise [...] veranstaltet werden“. Schließlich regelt Abs. 3 der Vorschrift einen rein nationalen Sachverhalt (analoge Kanalbelegung). Folglich ist die Weiterverbreitung von bundesweit empfangbaren inländischen Sendungen von § 51b RStV erfasst. Selbst wenn dies nicht der Fall wäre, bestünde nach dem RStV keine Lizenzpflicht für die Weiterverbreitung (sondern nur für die Veranstaltung).

Programme, die nicht unter die europarechtlichen Vorgaben fallen (also Programme aus dem nichteuropäischen Ausland), dürfen erst nach Anzeige bei der zuständigen Landesmedienanstalt weitergesendet werden, § 51b Abs. 2 RStV. Die Landesmedienanstalt kann die Weiterverbreitung unter bestimmten Voraussetzungen untersagen.

Ob die Weiterverbreitung eines bestimmten europäischen oder nichteuropäischen Programmes in rundfunkrechtlicher Hinsicht unbedenklich ist, oder ob mit einer Untersagung der Weiterverbreitung durch die jeweilige Landesmedienanstalt zu rechnen ist, kann der an der Weitersendung interessierte Netzbetreiber leicht feststellen. Die Kommission für Zulassung und Aufsicht der Landesmedienanstalten (ZAK) veröffentlicht eine „Liste der zugelassenen/ abgestimmten Fernsehprogramme und Telemedien“, die auf den Seiten der Arbeitsgemeinschaft der Landesmedienanstalten (ALM) heruntergeladen werden kann.[495]

Somit ist festzuhalten, dass die DSL-Netz-Betreiber alle deutschen und europäischen europarechtskonform ausgestrahlten bundesweit empfangbaren Fernsehprogramme ohne rundfunkrechtliche Lizenz und ohne Anzeige gegenüber den Landesmediananstalten zeitgleich und unverändert weitersenden dürfen. Vor der Weitersendung außereuropäischer Programme ist eine Anzeige bei der zuständigen Landesmedienanstalt erforderlich. Lediglich in Ausnahmefällen kann die Landesmedienanstalt

495 Derzeit trägt die Datei den Titel „Liste der zugelassenen/ abgestimmten Fernsehprogramme und Telemedien“, Stand 23.02.2010.

gem. § 51b Abs. 1 Satz 2 bzw. Abs. 2 Satz 4 RStV die Weiterverbreitung aussetzen, wenn beispielsweise Jugendschutzvorschriften oder andere Vorgaben schwerwiegend verletzt werden.[496] Von diesen Freiheiten bei der Weiterverbreitung sind aber mögliche rundfunkrechtliche Pflichten zu trennen, die die Netzbetreiber als Plattformbetreiber (§§ 52 ff. RStV) treffen könnten (dazu nachfolgend). In der Praxis werden diejenigen Unternehmen, die Programme weiterverbreiten, gleichzeitig Plattformbetreiber sein, da sie mehrere Programme verbreiten werden. Die Weiterverbreitungsvorschrift § 51b RStV ist daher im Zusammenhang mit §§ 52 ff. RStV zu lesen: Die Weiterverbreitung selbst erzeugt noch keine rundfunkrechtlichen Pflichten (Ausnahme: Anzeigepflicht bei Weiterleitung außereuropäischer Programme), die Stellung als Plattformbetreiber aber sehr wohl.

Die Einhaltung der Anforderungen aus § 51b RStV wird gem. § 7 Abs. 1 Zugangs- und Plattformsatzung nach § 53 RStV von der zuständigen Landesmedienanstalt kontrolliert.

[496] *Hartstein/Ring/Kreile/Dörr/Stettner*, B 5, § 51b, Rn. 14 f.

Frage 11: Welche Pflichten haben die DSL-TV-Betreiber als Plattformbetreiber zu beachten?

Antwort: Die DSL-TV-Betreiber müssen als nicht-privilegierte Plattformbetreiber die Plattform-Vorgaben aus dem RStV, sowie einige technische Vorgaben aus dem TKG beachten. Die wichtigsten Vorgaben betreffen die Belegung der Plattform mit Kanälen, die ein Stück weit vorgeschrieben wird (Must Carry), und den Zugang von Inhalteanbietern zur Plattform. Es sind ferner einige Anzeigepflichten zu beachten.

Obwohl die Netzbetreiber beim Angebot von DSL-TV in Form der Weitersendung fremder Programme nicht selbst Rundfunkveranstalter sind, haben sie dennoch eine Vielzahl von rundfunkrechtlichen Vorgaben einzuhalten. Diese Vorgaben resultieren aus der Stellung der DSL-TV-Anbieter als „Anbieter einer Plattform" gem. § 2 Abs. 2 Nr. 12 RStV. Vom Rundfunkveranstalter unterscheidet den Plattformanbieter, dass er die Inhalte seines Gesamtangebotes nicht verantwortet.[497] Anbieter einer Plattform unterliegen daher nicht den strengen Vorschriften der Abschnitte I. bis IV. des RStV, aber dem Regulierungsregime der §§ 52 ff. RStV, welches zwar eine deutlich geringere Regulierungsdichte als gegenüber Rundfunkveranstaltern aufweist, jedoch trotzdem erhebliche Pflichten und Kontrollmöglichkeiten vorsieht und damit eine schärfere Kontrolle als bei bloßen Telekommunikationsdienstleistern ermöglicht. Immerhin wählen die Plattformbetreiber aus, welche Programme sie an die Zuschauer übermitteln (s. Def. in § 2 Abs. 2 Nr. 12 RStV), beeinflussen dadurch die Zuschaueranteile der Programme und erlangen so einen mittelbaren Einfluss auf die öffentliche Meinungsbildung. Die amtliche Begründung zum 10. RÄndStV verweist ausdrücklich auf die „Auswahlentscheidung über die Zusammenstellung des Angebotes einer Plattform", durch die den Plattformbetreibern eine „vergleichbare Stellung" wie Rundfunkveranstaltern zukomme.[498]

Für die Regulierung der Plattformen sind nicht nur die Regelungen der §§ 52 ff. RStV maßgeblich. Ergänzend sind die Normen aus der „Satzung

---

497 Begr. zum 10. RÄndStV, abgedr. in *Hartstein/Ring/Kreile/Dörr/Stettner*, A 2.8, S. 3.

498 Begr. zum 10. RÄndStV, abgedr. in *Hartstein/Ring/Kreile/Dörr/Stettner*, RStV, A 2.8, S. 22.

über die Zugangsfreiheit zu digitalen Diensten und zur Plattformregulierung gemäß § 53 Rundfunkstaatsvertrag" (im Folgenden: Plattformsatzung) heranzuziehen. § 53 RStV gibt den Landesmedienanstalten ausdrücklich die Möglichkeit, Vorschriften zur Zugangsfreiheit und zur Plattformregulierung zu erlassen, welche die §§ 52 ff. RStV näher ausgestalten. Von dieser Möglichkeit haben die Landesmedienanstalten Gebrauch gemacht und auf Empfehlung der Kommission für Zulassung und Aufsicht (ZAK) unter Einbeziehung der Gremienvorsitzendenkonferenz (GVK) eine entsprechende Satzung erlassen, die am 4.3.2009 in Kraft getreten ist.[499]

Daneben muss der Plattformbetreiber spezielle Vorschriften aus dem TKG beachten, nämlich die Vorschriften zur Rundfunkübertragung, §§ 48-51 TKG. Einige dieser Regeln ergänzen die Vorschriften aus dem RStV, andere sind selbstständig. Welche der TKG-Vorgaben die DSL-TV-Betreiber direkt betreffen, hängt von den Details des Geschäftsmodells ab, vor allem davon, inwieweit sie eigene Zugangsberechtigungssysteme und Anwendungsschnittstellen einsetzen (dazu unten III).

Zu den rundfunkrechtlichen Aspekten von IPTV siehe demnächst auch *Ricke*, IPTV & Mobile TV - Neue Plattformanbieter und ihre rundfunkrechtliche Regulierung.

I. DSL-TV-Anbieter als Plattformbetreiber gem. § 52 RStV

1. Plattformbegriff nach § 2 Abs. 2 Nr. 12 RStV

Ein „Anbieter einer Plattform" ist nach § 2 Abs. 2 Nr. 12 RStV, „wer auf digitalen Übertragungskapazitäten oder digitalen Datenströmen Rundfunk und [lies: „oder" [500]] vergleichbare Telemedien […] auch von Dritten mit dem Ziel zusammenfasst, diese Angebote als Gesamtangebot zugänglich zu machen oder wer über die Auswahl für die Zusammenstellung entscheidet. Plattformanbieter ist nicht, „wer Rundfunk oder vergleichbare Telemedien ausschließlich vermarktet." Im Gegensatz zu früheren Regelungen innerhalb des RStV ist die Plattformregulierung nach §§ 52 ff. technologieneutral, erfasst also nicht nur Kabelanlagen.

---

[499] *Weisser/Glas*, ZUM 2009, 914, 915.

[500] *Hartstein/Ring/Kreile/Dörr/Stettner*, RStV, B 5, § 50, Rn. 50.

Ein Plattformanbieter ist von reinen Telekommunikationsdienstleistern, sowie von Rundfunkveranstaltern abzugrenzen. Es ist jedoch möglich, dass ein Anbieter alle diese Aufgaben in sich vereint.[501] Entscheidend ist, dass der Plattformanbieter über die Zusammenstellung des Gesamtangebotes entscheidet und es anderen zugänglich macht,[502] und damit Einfluss darauf nimmt, welche Programme letztendlich übertragen werden. Der reine Telekommunikationsdienstleister leitet fremde Programme ohne Einfluss auf die Zusammenstellung (also ohne jeden inhaltlichen Einfluss) weiter, und der Rundfunkveranstalter bestimmt die Struktur der einzelnen *Programme*.

Weiteres Merkmal des Plattformbegriffes ist, dass zumindest auch Angebote Dritter und nicht nur eigene (selbst veranstaltete) Angebote verbreitet werden. Dieses Merkmal wird bei DSL-TV-Modellen, bei denen fremde Programme weitergeleitet werden, erfüllt. DSL-TV-Angebote, bei denen ausschließlich selbst produzierte Programme verbreitet werden, sind auf absehbare Zeit nicht zu erwarten, da die Netzbetreiber bislang überhaupt nicht als Veranstalter aufgetreten sind.

Die Zusammenfassung muss außerdem auf einer digitalen technischen Plattform erfolgen. Welche Art von Verbreitungstechnik (Satellit, DSL, Mobile TV etc.) zugrunde liegt, ist unerheblich. Die DSL-basierten Plattformen erfüllen somit auch diese Anforderung.

Typischerweise gehören zu den Tätigkeiten des Plattformbetreibers die Digitalisierung, das Multiplexing und die Verschlüsselung der Signale sowie die Einspeisung in ein Rundfunkübertragungsnetz.[503] In der Regel kontrolliert bzw. besitzt der Plattformbetreiber die Übertragungswege selbst (Beispiel: eigenes DSL-Netz).[504] Daneben sorgt der Plattformbetreiber in der Regel für die Bereitstellung der Empfangsgeräte bei Endkunden (beispielsweise Set-Top-Boxen), sowie für ein Entschlüsselungs-

501 Begr. zum 10. RÄndStV, abgedr. in *Hartstein/Ring/Kreile/Dörr/Stettner*, RStV, A 2.8, S. 3.

502 Begr. zum 10. RÄndStV, abgedr. in *Hartstein/Ring/Kreile/Dörr/Stettner*, RStV, A 2.8, S. 3.

503 *Christmann*, ZUM 2009, 7, 8.

504 *Christmann*, ZUM 2009, 7, 11.

system (z.B. Smart-Card-System) und die übrige erforderliche Hard- und Software.[505]

Das derzeit auf dem Markt befindliche Geschäftsmodell von DSL-TV, bei dem fremde Programme zu Paketen zusammengestellt und simultan weitergeleitet werden, erfüllt die Anforderungen des Plattformbegriffs. Die derzeitigen bundesweit tätigen DSL-TV-Anbieter HanseNet und die Deutsche Telekom verbreiten den von Dritten (den Sendeunternehmen) veranstalteten Rundfunk zeitgleich über ihre DSL-Leitungen und machen die Programme der Öffentlichkeit als Paket zugänglich. Durch diese Tätigkeit werden die DSL-Netzbetreiber also zu Plattformanbietern i.S.v. § 2 Abs. 2 Nr. 12 RStV. Sie sind ein typisches Beispiel von „Gatekeepern", deren Tätigkeit durch die §§ 52 ff. RStV reguliert werden soll.

2. Keine Ausnahme nach § 52 Abs. 1 Satz 2 RStV (privilegierte Plattformen)

Allerdings bestehen bei der Plattformregulierung, ähnlich wie bei der Regulierung von Rundfunk und Telemedien, verschiedene Regulierungsstufen: Solche Plattformen, die einen großen Empfängerkreis haben und einen potenziell größeren Effekt auf die öffentliche Meinungsbildung, werden strenger reguliert als kleinere oder weniger meinungsrelevante Plattformen. Die Abstufung wird durch die Bereichsausnahmen in § 52 Abs. 1 Satz 2 Nr. 1-4 RStV (konkretisiert in § 1 Abs. 2 Plattformsatzung) bewerkstelligt. Die dort genannten Angebote sind zwar Plattformen i.S.v. § 2 Abs. 2 Nr. 12 RStV, sollen aber nur die Grundbedingungen für den Plattformbetrieb aus § 52a RStV erfüllen und gem. § 52f RStV der Aufsicht durch die zuständige Landesmedienanstalt unterliegen. Die Vorgaben zur Belegung (§ 52b), zur technischen Zugangsfreiheit (§ 52c) und zu den Entgelten und Tarifen (§ 52d) müssen sie nicht beachten.

Als privilegierte Plattformen zählt § 52 Abs. 1 Satz 2 RStV auf:

> „1. Plattformen in offenen Netzen (Internet, UMTS oder vergleichbare Netze), soweit sie dort über keine marktbeherrschende Stellung verfügen,

---

[505] *Christmann*, ZUM 2009, 7, 8.

2. Plattformen, die sich auf die unveränderte Weiterleitung eines Gesamtangebotes beschränken, das den Vorgaben dieses Abschnitts entspricht,

3. drahtgebundenen Plattformen mit in der Regel weniger als 10.000 angeschlossenen Wohneinheiten oder

4. drahtlosen Plattformen mit in der Regel weniger als 20.000 Nutzern."

Die Ausnahme für Plattformen in offenen Netzen unter Nr. 1 ist für IPTV von größter Bedeutung, und zwar im Hinblick auf die Abgrenzung zwischen DSL-TV und Web-TV. DSL-TV wird nach dem hier zugrunde gelegten Begriffsverständnis nicht über offene, sondern geschlossene Netzwerke verbreitet. In einem offenen Netz wie dem Internet ist der Zugang jedermann möglich. In offenen Netzen werden zur Verbreitung von Inhalten im Grunde keine Plattformen benötigt, da jeder Anbieter seine Inhalte verbreiten kann, ohne sie vorher zusammenzufassen und in eine bestimmte Netzinfrastruktur (wie ein proprietäres Kabelnetz) einzuspeisen. Diesen Aspekt betont auch § 1 Abs. 2 Nr. 2 Satz 2 der Satzung gem. § 53 RStV (Plattformsatzung): offene Netze seien dadurch gekennzeichnet, „dass keine Vorauswahl durch einen Plattformanbieter erfolgt, so dass Anbieter von Rundfunk und vergleichbaren Telemedien ihre Angebote unmittelbar bereit stellen können." Die Plattformanbieter in offenen Netzen werden nicht so stark reguliert, weil sie keine „Gatekeeper"-Stellung einnehmen und keine „Bottleneck"-Situation vorliegt.[506] Sie gebieten lediglich über die Aufnahme in ihren Dienst, nicht aber über die Aufnahme in die Netzinfrastruktur als solche. DSL-TV wird über geschlossene Netzwerke, nicht über das „offene" Internet verbreitet. Dadurch wird der „Quality of Service" erreicht, der zur zuverlässigen Übertragung der umfangreichen Video-Datenströme erforderlich ist. DSL-TV fällt also (anders als Web-TV) nicht unter die Bereichsausnahme in § 52 Abs. 1 Satz 2 Nr. 1 RStV.[507]

Die Nr. 2 klammert Anbieter aus, die sich auf die Weiterleitung eines bereits bestehen Gesamtpaketes beschränken. In solchen Fällen besteht

[506] Vgl. *Hartstein/Ring/Kreile/Dörr/Stettner*, RStV, B 5, § 52, S. 1.

[507] Insofern missverständlich *Hartstein/Ring/Kreile/Dörr/Stettner*, RStV, B 5, § 52, S. 6.

kein Regulierungsbedarf, da derjenige, der das Paket zusammengestellt hat, den Regelungen in den §§ 52 ff. RStV bereits genügen muss.[508] DSL-TV Anbieter, die ein eigenes Programmpaket zusammenstellen (wie die derzeitigen Anbieter Deutsche Telekom und HanseNet), betreiben keine bloße Weiterleitung von Gesamtpaketen.

Gemäß Nr. 3 werden *drahtgebundene* Plattformen mit in der Regel weniger als 10.000 angeschlossenen Wohneinheiten ausgeklammert. In der Plattformsatzung wird der Grund der Privilegierung ausdrücklich genannt: die Bedeutung dieser Netze für die öffentliche Meinungsbildung sei als gering einzustufen, § 1 Abs. 2 Nr. 3 Satz 1 Plattformsatzung. Auf dem deutschen Breitbandkabelmarkt (Koaxialkabelnetze) gab und gibt es solche regional begrenzten Kleinstnetze.[509] DSL-TV nutzt die proprietären DSL-Netze der jeweiligen Anbieter und ist daher als drahtgebundene Plattform im Sinne der Nr. 3 anzusehen. Für Netzbetreiber, die DSL-TV anbieten wollen, ist die Überschreitung dieser Grenze im Einzelfall zu prüfen. Problematisch ist, dass die Regelung nicht erkennen lässt, ob bereits solche Wohneinheiten an die Plattform „angeschlossen" sind, die einen Netzzugang beim jeweiligen Plattformbetreiber – sofern er gleichzeitig Netzzugangsanbieter ist – haben (Bsp.: Netzzugang bei der Telekom, ohne Nutzung des Telekom-Angebots Entertain), oder ob die Wohneinheiten tatsächlich das jeweilige Produkt, also die Plattform, nutzen müssen (Bsp.: Entertain). Die Ausgestaltung der RStV-Vorgaben in § 1 Abs. 2 Nr. 3 Plattformsatzung spricht für die erstgenannte Lösung, denn die Satzung geht davon aus, dass „Netze" privilegiert werden, nicht Plattformen. Insofern konsequent ist die Regelung in § 1 Abs. 2 Nr. 3 Satz 3 Plattformsatzung: danach werden bei der Berechnung der 10.000er- und der 20.000er-Grenze „alle einem Betreiber zurechenbaren Netze zusammengefasst betrachtet".[510]

Aus Gründen der Rechtsklarheit und der Verhältnismäßigkeit der Regulierung sollten in § 52 Abs. 1 Satz 2 Nr. 3 RStV aber nur solche Haushal-

---

508 Begr. zum 10. RÄndStV, abgedr. in *Hartstein/Ring/Kreile/Dörr/Stettner*, RStV, A 2.8, S. 3.

509 Begr. zum 10. RÄndStV, abgedr. in *Hartstein/Ring/Kreile/Dörr/Stettner*, RStV, A 2.8 S. 22.

510 Kritisch zu dieser Zusammenrechnungsregel, die § 52 RStV nicht vorsieht: *Weisser/Glas*, ZUM 2009, 914, 919.

te eingerechnet werden, die tatsächlich das jeweilige Produkt beziehen *können*, also nicht pauschal alle Netzkunden des jeweiligen Anbieters. Es wäre beispielsweise fragwürdig, einem Netzbetreiber, der aufgrund mangelnden Netzausbaus nur wenigen hundert Kunden tatsächlich sein DSL-TV-Produkt anbieten kann, aber mehrere zehntausend Kunden mit Anschlüssen versorgt, die gar nicht DSL-TV-fähig sind, die Privilegierung in § 52cAbs. 1 Nr. 3 RStV zu versagen. Diese Vorschrift knüpft ausdrücklich an den Anschluss an die Plattform an, nicht an den Anschluss an das Netz der Plattformbetreibers.

Ein Argument für diese Auslegung liefert auch Art. 31 Universaldienstrichtlinie (UDRL). Nach dieser Vorschrift können die Mitgliedstaaten

> „zur Übertragung bestimmter Hör- und Fernsehrundfunkkanäle [...] den ihrer Rechtshoheit unterliegenden Unternehmen, die für die öffentliche Verbreitung von Hörfunk-und Fernsehrundfunkkanälen genutzte elektronische Kommunikationsnetze betreiben, zumutbare Übertragungspflichten auferlegen, wenn *eine erhebliche Zahl von Endnutzern diese Netze als Hauptmittel zum Empfang von Hörfunk- und Fernsehrundfunkkanälen nutzt.* Solche Pflichten dürfen nur auferlegt werden, soweit sie zur Erreichung der von den einzelnen Mitgliedstaaten ausdrücklich festgelegten Ziele von allgemeinem Interesse *erforderlich* sind, und sie müssen *verhältnismäßig* und transparent sein"[511] (im Original nicht kursiv).

Obwohl die Begründung im 10. RÄndStV nicht auf Art. 31 UDRL verweist, beeinflusst diese Vorschrift dic Auslegung der Ausnahmevorschriften in § 52 Abs. 1 Satz 2 RStV. Wenn nämlich eine Plattform privilegiert ist, muss sie die Belegungsvorgaben aus § 52b Abs. 1 RStV nicht einhalten. Art. 31 UDRL fordert als Voraussetzung für Belegungsvorgaben, dass die jeweiligen Netze als Hauptmittel für den Rundfunkempfang *tatsächlich genutzt* werden. Übertragen auf DSL-TV-Plattformbetreiber bedeutet dies, dass bei der Bagatellgrenze in § 52 Abs. 1 Satz 2 Nr. 3 RStV lediglich die Netze bzw. Netzteile berücksichtigt werden sollten, die überhaupt DSL-TV-fähig sind. Mit dieser Auslegung ist außerdem dem Verhältnismäßigkeitserfordernis aus Art. 31 UDRL genügt.

---

[511] RL 2002/22/EG, in der Fassung der ÄnderungsRL 2009/136/EG.

In der Praxis werden die DSL-TV-Anbieter dennoch selten nach der Privilegierung streben, da sich der Aufbau eines DSL-TV-Angebots, für das leistungsstarke Netze eingerichtet und teure Lizenzen erworben werden müssen, dauerhaft nur bei größeren Anschlusszahlen als 10.000 rechnen wird. Die derzeitigen DSL-TV-Anbieter HanseNet und Deutsche Telekom überschreiten deutlich die Grenze von 10.000 Plattformnutzern.

Die Ausnahmevorschrift § 52 Abs. 1 Satz 2 Nr. 4 RStV ist nicht einschlägig, da DSL-TV drahtgebunden verbreitet wird.

Im Ergebnis sind die DSL-TV-Anbieter, solange ihre DSL-TV-fähigen Netze nicht weniger als 10.000 Wohneinheiten umfassen, daher nicht nach dem Ausnahmenkatalog in § 52 Abs. 1 Satz 2 Nr. 1-4 RStV aus der Plattformregulierung auszuklammern.

Die ALM hält auf ihrer Website eine jeweils aktuelle Liste der Plattformanbieter bereit. Darin werden alle Plattformanbieter aufgelistet, die der „vollen" Plattformregulierung unterfallen, sowie jene „privilegierte" Plattformen, die unter die Ausnahmevorschriften in § 52 Abs. 1 Satz 2 Nr. 1-4 RStV fallen und daher nur eingeschränkt reguliert werden. Nach der Liste in der Fassung vom 23.2.2010 sind als Plattformanbieter unter anderem die aktuellen DSL-TV-Anbieter Deutsche Telekom und HanseNet erfasst. Zur Veröffentlichung dieser Liste haben sich die Landesmedienanstalten in § 1 Abs. 5 Plattformsatzung selbst verpflichtet. Ferner überprüft die ZAK nach § 1 Abs. 4 Plattformsatzung regelmäßig die Bedeutung einzelner Plattformen für die öffentliche Meinungsbildung nach § 53 Satz 2 RStV. Vor der Entscheidung sollen die Beteiligten angehört werden.

II. Pflichten für Plattformbetreiber nach dem RStV

Wichtigste Pflichten der Plattformbetreiber nach RStV

Grundanforderungen/Aufnahme des Plattformbetriebs:

- Anforderungen an Betreiber, § 52 Abs. 2 iVm § 20a Abs. 1, 2
- Anzeige des Plattformbetriebs, § 52 Abs. 3
- Anzeige der Weiterleitung außereuropäischer Programme, § 51b Abs. 2
- keine inhaltlichen Vorgaben, außer § 52a Abs. 1, 2

Belegung der Plattformkapazitäten:

- Belegungspflichten, § 52b Abs. 1-3
- Anzeige der Belegung, § 52b Abs. 4

Zugang der Inhalteanbieter zur Plattform:

- Gewährung des technischen Zugangs zur Plattform, § 52c Abs. 1
- Anzeige der Verwendung best. technischer Einrichtungen, § 52c Abs. 2
- Änderungs- und Entbündelungsverbot, § 52a Abs. 3

Entgelte und Tarife ggü. Inhalteanbietern:

- angemessene Entgelte und Tarife, § 52d Satz 1, 2
- Offenlegung der Entgelte und Tarife, § 52d Satz 3

Zum Vergleich: Pflichten der Rundfunkveranstalter

- Anforderungen an Betreiber, § 20a bzw. Landesrecht
- Zulassungspflicht, §§ 20, 20a
- inhaltliche Vorgaben, v.a. Programmgrundsätze gem. § 41 u.a. und Vorgaben zu Werbung, Sponsoring, Teleshopping, §§ 7, 8, 43 ff. u.a.
- Sicherung der Meinungsvielfalt, §§ 25 ff.

dazu auch §§ 48-51 TKG

Die regulativen Vorschriften für Plattformanbieter lassen sich grob in vier Kategorien einteilen: Grundanforderungen, Belegungsvorgaben, Gewährung von Zugang, und Vorgaben zu den Entgelten und Tarifen (s. Grafik).

Da die Vorschriften zur Plattformregulierung (sowohl die §§ 52 ff. RStV, als auch die Ausgestaltungsvorschriften in der Plattformsatzung) primär den Zweck verfolgen, die Tätigkeit der Plattformbetreiber als „Gatekeeper" zu überwachen und einen zu großen bzw. einseitigen Einfluss auf die öffentliche Meinungsbildung zu verhindern, sind die Plattformbetreiber die *Verpflichteten* der §§ 52 ff. RStV, während die Anbieter von Rundfunk und vergleichbaren Telemedien durch viele der dortigen Vorschriften *berechtigt* werden.

1. Anbieter-Voraussetzungen nach § 52 Abs. 2 i.V.m. § 20a Abs. 1 und 2 RStV

Wird ein Dienst als Plattform im Sinne des § 2 Abs. 2 Nr. 12 RStV eingestuft, so muss der Betreiber die Grundanforderungen aus § 20a Abs. 1 und 2 RStV erfüllen, § 52 Abs. 3 Nr. 1 RStV. Dies gilt unabhängig davon, ob die Bereichsausnahmen in § 52 Abs. 1 Satz 2 RStV eingreifen (was beim DSL-TV ohnehin nicht der Fall ist, sofern mehr als 10.000 Wohneinheiten das Angebot beziehen können).

§ 20a Abs. 1 und 2 RStV beschreiben demnach die Grundanforderungen an die natürlichen oder juristischen Personen, die DSL-TV betreiben wollen. Diese Absätze lauten:

> „(1) Eine Zulassung darf nur an eine natürliche oder juristische Person erteilt werden, die
>
> 1. unbeschränkt geschäftsfähig ist,
> 2. die Fähigkeit, öffentliche Ämter zu bekleiden, nicht durch Richterspruch verloren hat,
> 3. das Grundrecht der freien Meinungsäußerung nicht nach Artikel 18 des Grundgesetzes verwirkt hat,
> 4. als Vereinigung nicht verboten ist,
> 5. ihren Wohnsitz oder Sitz in der Bundesrepublik Deutschland, einem sonstigen Mitgliedstaat der Europäischen Union oder einem anderen Vertragsstaat des Abkommens über den Europäischen Wirtschaftsraum hat und gerichtlich verfolgt werden kann,
> 6. die Gewähr dafür bietet, dass sie unter Beachtung der gesetzlichen Vorschriften und der auf dieser Grundlage erlassenen Verwaltungsakte Rundfunk veranstaltet.

(2) Die Voraussetzungen nach Absatz 1 Nr. 1 bis 3 und 6 müssen bei juristischen Personen von den gesetzlichen oder satzungsmäßigen Vertretern erfüllt sein. Einem Veranstalter in der Rechtsform einer Aktiengesellschaft darf nur dann eine Zulassung erteilt werden, wenn in der Satzung der Aktiengesellschaft bestimmt ist, dass die Aktien nur als Namensaktien oder als Namensaktien und stimmrechtslose Vorzugsaktien ausgegeben werden dürfen."

Obwohl in § 52 Abs. 2 RStV eine pauschale Verweisung auf § 20a Abs. 1 und 2 RStV erfolgt, kann § 20a Abs. 1 Nr. 6 RStV auf Plattformbetreiber eigentlich nicht angewendet werden, da sich diese Vorschrift ausdrücklich auf die Veranstaltung von Rundfunk bezieht. Der Verweis aus § 52 Abs. 3 Nr. 1 RStV ist insofern unglücklich.[512] § 20a Abs. 1 Nr. 6 RStV sollte für Plattformbetreiber dahingehend ausgelegt werden, dass die Anbieter sich an die *für sie* geltenden Vorschriften und Anweisungen halten müssen.[513]

Auch staatliche Einrichtungen können unproblematisch Plattformbetreiber sein. Aufgrund von § 20a Abs. 3 RStV dürfen sie keinen *Rundfunk* veranstalten. Mit dieser Vorschrift wird dem verfassungsrechtlich Erfordernis der Staatsferne des Rundfunks entsprochen. DSL-TV Betreiber sind (zumindest in den bisherigen Geschäftsmodellen) keine Rundfunkveranstalter, sondern Plattformbetreiber. Die für Plattformbetreiber geltende Vorschrift § 52 Abs. 2 RStV verweist aber gerade nicht auf Abs. 3 von § 20a RStV. Nach der amtlichen Begründung ist dies dadurch gerechtfertigt, „dass es bei Plattformen auf den verschiedensten Ebenen Beteiligungen aus dem staatlichen Bereich geben kann"[514]. Die Parteien des Staatsvertrages haben erkannt, dass die derzeitigen staatlichen Beteiligungsverhältnisse an Netzstrukturen einen legitimen Plattformbetrieb in vielen Fällen erheblich erschweren würden, wenn § 20a Abs. 3 RStV auf Plattformen Anwendung fände. Auch von diesen faktischen Umständen abgesehen ist die Ausnahme aber zweckmäßig, da Plattformbetreiber eben keine vergleichbare Meinungsmacht entwickeln wie Rundfunkveranstalter.

---

[512] *Hartstein/Ring/Kreile/Dörr/Stettner*, RStV, B 5, § 52, Rn. 10.

[513] *Hartstein/Ring/Kreile/Dörr/Stettner*, RStV, B 5, § 52, Rn. 10.

[514] Begr. zum 10. RÄndStV, abgedr. in *Hartstein/Ring/Kreile/Dörr/Stettner*, RStV, A 2.8, S. 23.

Probleme im Zusammenhang mit staatlichem Einfluss würden sich also beim DSL-TV nur ergeben, wenn der Plattformbetreiber Einfluss auf die inhaltliche Gestaltung der Programme hätte und damit Rundfunkveranstalter würde. Die Netzbetreiber müssten in dem Fall ihre Beteiligungsverhältnisse überprüfen. Ein Problem würde beispielsweise für die Telekom entstehen, deren Geschäftsanteile noch immer zu großen Teilen in staatlicher Hand liegen.[515] Der Plattformbetrieb kann der Telekom dagegen nicht versagt werden; sie ist derzeit als Plattformbetreiberin angemeldet.

2. Anzeige des Plattformbetriebs, § 52 Abs. 3 RStV, und Auskunftspflichten

Private Anbieter, die eine Plattform mit Rundfunk und vergleichbaren Telemedien anbieten wollen, müssen „dies mindestens einen Monat vor Inbetriebnahme der zuständigen Landesmedienanstalt anzeigen“, § 52 Abs. 3 Satz 1 RStV. Die Landesmedienanstalten haben eine Kommission für Zulassung und Aufsicht (ZAK) gebildet (§ 35 Abs. 2 Nr. 1 RStV), die unter anderem für die Entgegennahme der Anzeige des Plattformbetriebes zuständig ist, § 36 Abs. 2 Nr. 4 RStV. Die Anzeige selbst ist nach den geltenden Verfahrensvorschriften aber nicht an die ZAK, sondern an die zuständige Landesmedienanstalt zu richten (§§ 52 Abs. 3, 35 Abs. 1, 36 Abs. 1, 37 Abs. 1 RStV, § 10 Plattformsatzung). Welche Landesmedienanstalt zuständig ist, soll sich aus § 36 RStV in Verbindung mit § 10 Plattformsatzung ergeben: Demnach ist diejenige Landesmedienanstalt zuständig, bei der die Anzeige eingeht. Bei genauerem Hinsehen ergibt sich aus den Vorschriften also keine für die Entgegennahme der Anzeige zuständige Anstalt. Letztlich hat es der Plattformbetreiber selbst in der Hand, die örtliche Zuständigkeit zu bestimmen;[516] er kann die Landesmedienanstalt frei auswählen. Die jeweilige Landesmedienanstalt zieht anschließend die ZAK hinzu, die der Anstalt als Organ zur Aufgabenerfüllung dient, § 11 Abs. 1 Plattformsatzung. Sachlich zuständig ist also in jedem Falle die ZAK.

---

515 Zur rundfunkrechtlichen Lizenzfähigkeit der Deutschen Telekom ausf. *Gersdorf*, AfP 2008, 259.

516 *Hartstein/Ring/Kreile/Dörr/Stettner*, RStV, B 5, § 36, Rn. 3.

Die Anzeige muss die Angaben gem. § 20a RStV zu den Grundvoraussetzungen des Anbieters enthalten, sowie eine „Darlegung, wie den Anforderungen der §§ 52a bis 52d RStV entsprochen werden soll", § 52 Abs. 3 Satz 2 RStV. Es handelt sich nicht um einen Antrag auf Zulassung, der genehmigt werden müsste, sondern nur um eine Anzeige, die der zuständigen Landesmedienanstalt die Aufsicht erleichtern soll.

Die Anforderungen an die Anzeige sind in § 5 Plattformsatzung ausführlich beschrieben.

Zur Erleichterung der Anmeldung hat die ZAK ein „Merkblatt für die Anzeige von Plattformanbietern nach § 52 Abs. 3 RStV" erstellt, das auf der Website der ALM abgerufen werden kann. Diese und die weiteren Dokumente und Zusatzinformationen für den Plattformbetrieb finden sich auf der ALM-Website derzeit unter www.alm.de/plattformanzeige. Diese Adresse ist die optimale Anlaufstelle für potenzielle Plattformbetreiber. Das Merkblatt enthält eine Checkliste der einzureichenden Unterlagen.[517] Bei der Angabe der auf der Plattform vertretenen Sender dürfen die Plattformanbieter laut dem Merkblatt auf eine Senderdatenbank der ZAK verweisen, in der die ZAK alle relevanten Sender erfassen will (derzeit im Aufbau). Auf diese Datenbank weist auch § 5 Abs. 2 Satz 2 Plattformsatzung hin. Durch den Verweis auf die Liste (Senderdatenbank) erspart sich der Plattformanbieter weitere Erläuterungen zu dem jeweiligen Programm, denn die gelisteten Programme und ihre wichtigsten Eigenschaften (Beteiligungen, Lizenz etc.) sind der ZAK bereits bekannt.

Neben der Pflicht zur Anzeige des Plattformbetriebes nach § 53 Abs. 3 RStV müssen die Anbieter auch den Auskunftspflichten nach § 52e RStV und § 6 Plattformsatzung nachkommen. Nach § 52e Abs. 1 RStV sind die Plattformanbieter verpflichtet, „die erforderlichen Unterlagen den zuständigen Landesmedienanstalten auf Verlangen vorzulegen". Diese Vorschrift bezieht sich auf die Pflichten beim Plattformbetrieb aus §§ 52-52d RStV (Belegung der Kapazitäten, technische Zugangsfreiheit etc.), aber auch auf die Pflichten aus § 51b RStV bezüglich der Weiterleitung – dies stellt § 6 Abs. 1 Plattformsatzung klar. § 52e Abs. 1 RStV verweist auf die §§ 21-24 RStV. Innerhalb dieser Paragraphen wird der Umfang der Auskunftspflichten detailliert dargelegt. In Ergänzung dazu

[517] Vgl. *Hartstein/Ring/Kreile/Dörr/Stettner*, RStV, B 5, § 52, Rn. 13.

führt § 6 Abs. 2 Plattformsatzung aus, dass die zuständige Landesmedienanstalt folgende Angaben verlangen kann:

1. alle technischen Parameter, deren Kenntnis für die Beurteilung des Zugangs nach § 52 c Absatz 1 RStV erforderlich ist,
2. die geforderten Entgelte und Tarife, die ihrer Berechnung zugrunde liegenden Daten, sowie soweit vorhanden Unterlagen, aus denen hervorgeht, dass hinsichtlich verschiedener Zugangsdienste eine getrennte Rechnungsführung besteht,
3. zwischen dem Verpflichteten und Berechtigten getroffene Vereinbarungen, insbesondere soweit die Weiterverbreitung von Rundfunk oder vergleichbaren Telemedien betroffen ist.

Nach § 6 Abs. 1 Plattformsatzung kann die Landesmedienanstalt die genannten, weitreichenden Auskünfte „auf Verlangen", also offenbar ohne einen bestimmten Anlass einfordern, was in der Literatur als problematisch angesehen wird.[518] Für bedenklich gehalten wird auch die Pflicht zur getrennten Rechnungslegung in § 6 Abs. 2 Nr. 2 Plattformsatzung, die im RStV nicht vorgesehen ist.[519]

Wurden die Anmeldeformulare bei einer Landesmedienanstalt eingereicht, leitet diese die Formulare unverzüglich an die Kommission für Zulassung und Aufsicht (ZAK) weiter, § 11 Abs. 1 Satz 2 Plattformsatzung. Die ZAK überprüft – ggf. in Absprache mit der Bundesnetzagentur, § 9 Plattformsatzung – die angezeigte Plattform auf das Vorliegen der Anforderungen aus den §§ 51 b, 52, 52 a-d RStV und den Vorrausetzungen der Plattformsatzung. Stellt die ZAK fest, dass die Anforderungen nicht erfüllt werden, kann die Landesmedienanstalt gemäß § 7 Abs. 2 Satz 1 Plattformsatzung Gelegenheit zur Nachbesserung geben. Wenn das Angebot anschließend immer noch nicht den Vorgaben entspricht, kann die Landesmedienanstalt die „erforderlichen Maßnahmen" gemäß § 52f i.V.m. § 38 Abs. 2 RStV, § 7 Abs. 2 Satz 2 Plattformsatzung treffen, insbesondere das Angebot untersagen.

---

518 *Weisser/Glas*, ZUM 2009, 914, 922.
519 *Weisser/Glas*, ZUM 2009, 914, 922.

3. Verantwortlichkeit der Plattformbetreiber, § 52a Abs. 1 und 2 RStV

§ 52a Abs. 1 und 2 RStV enthalten die wenigen auf die Programminhalte bezogenen Vorgaben für Plattformbetreiber.

Nach § 52a Abs. 1 RStV gelten für Angebote in Plattformen die verfassungsmäßige Ordnung, die allgemeinen Gesetze und die Gesetze zum Schutz der persönlichen Ehre. All dies ist selbstverständlich, die Vorschrift ist deklaratorisch.[520]

Auch der in § 52a Abs. 2 Satz 1 RStV niedergelegte Grundsatz, nach der Plattformanbieter für eigene Programme und Dienste verantwortlich sind, ist selbstverständlich und bedürfte keiner besonderen Erwähnung. Wenn Plattformanbieter selbst Rundfunk veranstalten oder Telemedien anbieten, trifft sie die volle Verantwortlichkeit für diese Angebote.

Von größerer Relevanz sind dagegen die Anordnungen zur Verantwortlichkeit für die weitergeleiteten Programme fremder Veranstalter in § 52a Abs. 2 Satz 2 und 3 RStV:

> „Bei Verfügungen der Aufsichtsbehörden gegen Programme und Dienste Dritter, die über die Plattform verbreitet werden, sind [die Plattformbetreiber] zur Umsetzung dieser Verfügung verpflichtet. Sind Maßnahmen gegenüber dem Verantwortlichen [...] nicht durchführbar oder nicht Erfolg versprechend, können Maßnahmen zur Verhinderung des Zugangs von Programmen und Diensten auch gegen den Plattformanbieter gerichtet werden, sofern eine Verhinderung technisch möglich und zumutbar ist."

Satz 2 (erster Satz im Zitat) verpflichtet also zur Umsetzung einer gegen den Veranstalter gerichteten Maßnahme (z.B. eine Sperrung), und Satz 3 (zweiter Satz im Zitat) ermöglicht in bestimmten Fällen sogar die unmittelbare Inanspruchnahme des Plattformbetreibers als Störer (auch hier wird es regelmäßig um eine Sperrung gehen). Diese Störerhaftung findet sich im RStV auch im Bereich der Telemedien, § 59 Abs. 4.[521] Nach der

---

520 Begr. zum 10. RÄndStV, abgedr. in *Hartstein/Ring/Kreile/Dörr/Stettner*, RStV, A 2.8, S. 23.

521 Begr. zum 10. RÄndStV, abgedr. in *Hartstein/Ring/Kreile/Dörr/Stettner*, RStV, A 2.8, S. 23.

amtlichen Begründung zum 10. RÄndStV ist vor der direkten Inanspruchnahme des Plattformanbieters gem. Satz 3 die Verhältnismäßigkeit der Maßnahme in Bezug auf den Verstoß zu prüfen.[522]

4. Änderungs- und Entbündelungsverbot, § 52a Abs. 3 RStV

§ 52 a Abs. 3 RStV enthält ein Änderungs- und Entbündelungsverbot.[523] Diese zum Schutz der Inhalteanbieter eingeführte Regelung untersagt es Plattformbetreibern, ohne Zustimmung der jeweiligen Veranstalter deren Programme und vergleichbare Telemedien inhaltlich oder technisch zu verändern (Änderungsverbot) oder einzelne ihrer Programme in Programmpakete aufzunehmen oder in anderer Weise zu vermarkten (Entbündelungsverbot). § 52a Abs. 3 S. 2 RStV nimmt solche technischen Änderungen aus dem Verbot heraus, die ausschließlich einer effizienteren Kapazitätsnutzung dienen, jedoch den vereinbarten Qualitätsstandard nicht beeinträchtigen. Diese Ausnahme ist für die Weiterleitung unerlässlich, da ein zugelieferter Multiplex eine andere Codierung haben kann als der vom Plattformanbieter verwendete.[524] Die Erlaubnis einer Veränderung ist gerade in Bezug auf die Vorgaben zur Belegung einer Plattform aus § 52b RStV wichtig, denn der Plattformbetreiber darf nicht zu einer ineffizienten Verbreitungsmethode gezwungen werden können. Dagegen wird eine Verschlüsselung der Signale nicht ohne Zustimmung der Inhalteanbieter erlaubt sein.

5. Vorgaben für die Belegung der Plattform, § 52b RStV

Die folgenreichsten Vorschriften für Plattformbetreiber sind diejenigen zur Plattformbelegung in § 52b RStV. Seit Inkrafttreten des 10. RÄndStV am 1.9.2008 gelten die Belegungsvorgaben technologieunabhängig für alle Arten von Plattformen, solange die Übertragung in digitaler Form stattfindet. Zuvor enthielt § 52 Abs. 3 RStV a.F. Belegungsvorgaben lediglich für die digitale Verbreitung von Fernsehprogrammen in Kabelanlagen. Nach der Begründung zum 10. RÄndStV sind diese Vorschriften

---

[522] Begr. zum 10. RÄndStV, abgedr. in *Hartstein/Ring/Kreile/Dörr/Stettner*, RStV, A 2.8, S. 24.

[523] *Hartstein/Ring/Kreile/Dörr/Stettner*, RStV, B 5, § 52a, Rn. 8.

[524] *Hartstein/Ring/Kreile/Dörr/Stettner*, RStV, B 5, § 52a, Rn. 10.

Ausfluss der Sozialpflichtigkeit des Eigentums.[525] Sie sollen primär die Verbreitung gebührenfinanzierter Angebote und solcher Angebote gewährleisten, die für die Sicherung der Meinungsvielfalt als unverzichtbar angesehen werden.[526] DSL-TV-Anbieter müssen in ihrer Eigenschaft als Plattformbetreiber die Belegungsvorschriften befolgen. Auf den ersten Blick scheinen sie ganz erheblich die freie Zusammenstellung der Programmpakete zu behindern, da für bis zu zwei Drittel der Gesamtkapazität Belegungsvorgaben existieren und nur ein Drittel frei belegt werden kann. Auf den zweiten Blick bedeuten die Vorgaben allerdings keine große Beeinträchtigung, da jeder Plattformbetreiber ohnehin ein Interesse daran haben wird, die Programmkapazitäten ähnlich den Vorgaben zu belegen (beispielsweise die öffentlich-rechtlichen Programme weiterzuleiten), um das Angebot attraktiv zu machen.

---

525 Abgedr. in *Hartstein/Ring/Kreile/Dörr/Stettner*, RStV, B 5, § 52b, S. 2.
526 Abgedr. in *Hartstein/Ring/Kreile/Dörr/Stettner*, RStV, B 5, § 52b, S. 3.

a) Dreistufige Belegungsvorgaben: Must-Carry, Vielfaltsbereich, Free-Carry

Die Belegungsvorgaben enthalten drei Stufen: Den Must-Carry Bereich, § 52b Abs. 1 Satz 1 Nr. 1 a)-d) RStV, den Bereich für ein vielfältiges Privatsender-Angebot (auch "Can-Carry-Bereich" genannt), § 52b Abs. 1 Satz 1 Nr. 2 RStV, und den Free Carry Bereich (auch "Non-Must-Carry-Bereich genannt), § 52b Abs. 1 Satz 1 Nr. 3 RStV.

Must-Carry-Bereich Höchstens 1/3 der für die Rundfunkübertragung zur Verfügung stehenden Kapazitäten:	• gesetzlich bestimmte gebührenfinanzierte Programme (s. § 11b RStV) • private Fernsehprogramme, die Regionalfenster gemäß § 25 RStV enthalten (derzeit RTL und Sat.1) • regionale und lokale Fernsehprogramme, offenen Kanäle
Bereich für vielfältiges Privatsender-Angebot Höchstens 1/3 der für die Rundfunkübertragung zur Verfügung stehenden Kapazitäten:	„Vielzahl von Programmveranstaltern sowie ein vielfältiges Programmangebot", d.h. ein ausgewogenes Angebot an Privatsendern (v.a. kostenlose Programme, Spartenprogramme, fremdsprachliche Programme, auch Pay-TV)
Free-Carry Bereich Alle übrigen Kapazitäten:	Freie Belegung („nach Maßgabe der allgemeinen Gesetze")

Mit der „Gesamtkapazität", von der im Must-Carry-Bereich (§ 52b Abs. 1 Satz 1 Nr. 1 RStV) und im Bereich für ein vielfältiges Privatsender-Angebot (§ 52b Abs. 1 Satz 1 Nr. 2 RStV) jeweils ein Drittel als Obergrenze heranzuziehen ist, ist nicht die Übertragungskapazität der gesamten Plattform gemeint, sondern nur die Kapazität, die für die digitale Verbreitung von Rundfunk vorgesehen ist.[527] Beim DSL-TV ist die Bezugsgröße nicht die Übertragungsbandbreite des gesamten DSL-Netzes, in dem beispielsweise auch große Kapazitäten für die Internetnutzung oder die Telefonie reserviert werden können. Es geht lediglich um den Ausschnitt aus der Bandbreite, die für die Rundfunkangebote im relevanten Plattform-Angebot genutzt werden. Wie groß diese Bandbreite sein soll, kann der DSL-TV-Anbieter selbst bestimmen. Aus technischer Sicht bestimmt sich die Bezugsgröße nach der Bandbreite, die im Betreibernetz dauerhaft für das Multicasting belegt wird – auf dem letzten Netzabschnitt vom Multicast-Anschlusspunkt zum Endnutzer wird nur das Programm übermittelt, das der Nutzer gerade angefordert hat.

Die praktisch wichtigsten Belegungsvorgaben sind die Must-Carry-Pflichten aus § 52b Abs. 1 Satz 1 Nr. 1 RStV. Welches die in lit. a dieser Vorschrift gemeinten „gesetzlich bestimmten" Programme sind, ergibt sich aus § 11b RStV. Welches die zum gegenwärtigen Zeitpunkt unter lit. b (Privatsender mit Regionalfenstern, derzeit: RTL und Sat.1) und lit. c (Regionalsender und Offene Kanäle) fallenden Programme sind, sollte bei der zuständigen Landesmedienanstalt nachgefragt werden. Sofern dem Plattformbetreiber große Kapazitäten zur Verfügung stehen, können die Vorgaben aus dem Must-Carry-Bereich umgesetzt werden, ohne dass ein Drittel der Gesamtkapazität ausgenutzt wird.[528] Die Restkapazität fällt dann in den Free-Carry-Bereich (§ 52b Abs. 1 Satz 1 Nr. 3 RStV). Das genannte Drittel ist nur eine Obergrenze.

Im Falle knapper Übertragungskapazitäten (die beim DSL-TV eher unwahrscheinlich sind) ist § 52b Abs. 1 Satz 2 RStV zu beachten: Ist die Gesamtkapazität des Anbieters so klein, dass die Must-Carry-Pflichten innerhalb eines Drittels der Kapazität nicht umgesetzt werden könnten, haben die gebührenfinanzierten öffentlich-rechtlichen Programme Vorrang. In der Begründung zum 10. RÄndStV wird von einer „verhältnismäßigen Kürzung" der Belegungsvorgaben gesprochen, die allerdings

---

[527] S. Wortlaut von § 52b Abs. 1 Nr. 1 RStV und ausdr. die Begr. zum 10. RÄndStV, abgdr. bei *Hartstein/Ring/Kreile/Dörr/Stettner*, RStV, A 2.8, S. 24.

[528] Begr. zum 10. RÄndStV, abgedr. in *Hartstein/Ring/Kreile/Dörr/Stettner*, RStV, B 5, § 52b, S. 3.

nicht zur gänzlichen Verdrängung der privaten Programme gem. lit. a und lit. b im Must-Carry-Bereich führen dürfe.[529] Genauere Vorgaben für die Fälle des Kapazitätsmangels liefern die Vorschriften leider nicht. Die konkreten Belegungspflichten in Mangelfällen werden von den Landesmedienanstalten jeweils im Einzelfall zu entscheiden sein.[530]

Neben den zu übertragenden Sendern (Must-Carry) soll ein vergleichbar großer Kapazitätsanteil (max. ein Drittel) mit einem ausgewogenen, vielfältigen Angebot an Privatsendern belegt werden (§ 52b Abs. 1 Satz 1 Nr. 2 RStV, häufig Can-Carry-Bereich genannt). Die Existenz dieses Bereichs geht auf das duale Rundfunksystem der Bundesrepublik Deutschland zurück. Maßstab für die Ausgewogenheit im diesem Bereich ist einerseits das Interesse der angeschlossenen Teilnehmer,[531] andererseits die Vielfalt von Programmkategorien und Programmen. Die Vorlieben der Zuschauer (festzustellen nach Zuschauerquoten) sind als Ausgangspunkt für ein Privatsenderangebot zu betrachten, das vom Plattformbetreiber anschließend nach Vielfaltsgesichtspunkten ergänzt werden muss. Ein Angebot ist insbesondere dann *nicht* vielfältig, wenn nur oder ganz überwiegend Programme eines einzelnen Veranstalters verbreitet werden.

Eigene Angebote des Plattformbetreibers oder solche, die ihm gemäß § 28 RStV zugerechnet oder von ihm exklusiv vermarktet werden, bleiben gem. § 52b Abs. 4 Satz 2 RStV bei der Erfüllung der Anforderungen im Must-Carry-Bereich und im Bereich für ein vielfältiges Privatsender-Angebot außer Betracht. Das vielfältige Privatsenderangebot muss also vollständig (auch) durch fremde Angebote gewährleistet sein. Da die heutigen DSL-TV-Betreiber sich noch darauf beschränken, fremde Angebote weiterzuleiten, ist die Vorschrift heute noch nicht von Belang. Auf solchen vertikal integrierten Plattformen, bei denen die Netzbetreiber auch die Rolle des Veranstalters einnehmen, besteht ein besonderes Bedürfnis für die Sicherstellung von Grundversorgung und Meinungsvielfalt.

---

529 Begr. zum 10. RÄndStV, abgedr. in *Hartstein/Ring/Kreile/Dörr/Stettner*, RStV, B 5, § 52b, S. 3.

530 *Grewenig*, ZUM 2009, 15, 19.

531 Begr. zum 10. RÄndStV, abgedr. in *Hartstein/Ring/Kreile/Dörr/Stettner*, RStV, B 5, § 52b, S. 3.

Die übrigen Kapazitäten (die je nach dem Umfang der Gesamtkapazität größer oder kleiner sein können) können vom Plattformanbieter unter Berücksichtigung der allgemeinen Vorgaben frei belegt werden (Free-Carry, auch Non-Must-Carry genannt).

Neben den Belegungsvorschriften in § 52b RStV, die sich auf die Belegung mit Einzelprogrammen beziehen, existiert in § 16 Plattformsatzung („Bündelung und Vermarktung") eine schwer verständliche Vorgabe zur Belegung mit Programm*bouquets*. Demnach sollen Plattformbetreiber, die eigene oder ihnen zurechenbare Programmbouquets vermarkten, entsprechende Angebote Dritter bei der Belegung nach § 52b Abs. 1 Satz 1 Nr. 2 RStV (Vielfaltsbereich) berücksichtigen.[532] Wie die Landesmedienanstalten diese zweifelhafte, weil im RStV nicht vorgesehene Vorgabe handhaben werden, bleibt abzuwarten. In der Regel wird der DSL-TV-Betreiber seine Schuldigkeit damit getan haben, wenn er den Vorgaben aus § 52b Abs. 1 Satz 1 RStV zur Belegung mit einzelnen Programmen Folge geleistet hat.

b) Entscheidung über die Belegung und Anzeige der Belegung, § 52b Abs. 4 RStV

Die Entscheidung über die Belegung obliegt dem Plattformanbieter, § 52b Abs. 4 Satz 1 RStV. Allerdings hat er der zuständigen Landesmedienanstalt die Belegung spätestens einen Monat vor Beginn anzuzeigen, § 52b Abs. 4 Satz 3 RStV, so dass die Kontrolle praktisch doch ex ante erfolgen kann. Die Landesmedienanstalt setzt ihre Belegungsentscheidung an die Stelle derjenigen des Anbieters, wenn der Anbieter die Belegungsvorgaben nicht erfüllt, § 52b Abs. 4 Satz 4 RStV. Zuvor ist ihm eine angemessene Frist zu setzen, § 52b Abs. 4 Satz 5 RStV.

c) Befreiung von den Belegungsvorgaben, § 52b Abs. 3 RStV

Gem. § 52b Abs. 3 RStV ist eine Befreiung von den Belegungsvorgaben vorgesehen, wenn der Empfang und die Vielfalt des Angebots auf eine andere Art und Weise gesichert ist. Dies kann der Fall sein, wenn „das Gebot der Meinungsvielfalt und Angebotsvielfalt bereits im Rahmen der Zuordnungs- oder Zuweisungsentscheidung nach §§ 51 oder 51a berück-

---

532 Kritisch dazu auch *Weisser/Glas*, ZUM 2009, 914, 921.

sichtigt wurde“ (Nr. 2). §§ 51 und 51a RStV betreffen die Zuweisung von drahtlosen Übertragungskapazitäten, sind also für DSL-TV-Betreiber nicht von Relevanz.

Interessant könnte für DSL-TV-Betreiber allerdings die Ausnahmeregel in § 52b Abs. 3 Nr. 1 RStV sein. Demnach kommt eine Befreiung auch dann in Betracht, wenn „der Anbieter [...] nachweist, dass er selbst oder ein Dritter den Empfang der entsprechenden Angebote auf einem gleichartigen Übertragungsweg und demselben Endgerät unmittelbar und ohne zusätzlichen Aufwand ermöglicht“. Der DSL-TV-Betreiber könnte also unter bestimmten Voraussetzungen argumentieren, dass er selbst oder ein anderer Anbieter bereits ein Programm übermittelt, dass den Vielfalts-Vorgaben entspricht, und es daher nicht erforderlich ist, sein eigenes Angebot ebenfalls entsprechend auszubauen. Es müsste dazu

- ein den Belegungsvorgaben entsprechendes eigenes oder fremdes Angebot existieren
- das auf einem gleichartigen Übertragungsweg wie DSL-TV
- und auf *dasselbe* Endgerät wie DSL-TV übermittelt wird
- ohne zusätzlichen Aufwand zu erzeugen.

Für DSL-TV-Betreiber bietet sich also die Möglichkeit, durch entsprechende Konfiguration der Empfangsboxen, die dem Nutzer zum DSL-TV-Empfang zur Verfügung gestellt werden, möglicherweise den Belegungsvorgaben zu entgehen, wenn nämlich über die Empfangsbox und das angeschlossene Endgerät weitere Plattformen und/oder Einzelangebote empfangen werden können, die den Belegungsvorgaben entsprechen. Die Verwendung des gleichen Endgeräts (also des an die DSL-TV-Set-Top-Box angeschlossenen Bildschirms) ist die Mindestvoraussetzung.

Der Empfang der Programme müsste außerdem auf einem „gleichartigen Übertragungsweg“ stattfinden. Wann hiervon gesprochen werden kann, wird im Rundfunkstaatsvertrag und seiner Begründung leider nicht präzisiert, obgleich diese Voraussetzung von entscheidender Bedeutung ist. Wenn man nämlich annimmt, dass DVB-T ein „gleichartiger Übertragungsweg“ wie DSL-TV ist, dann könnte der DSL-TV-Anbieter sog. hybride Empfangsboxen bereitstellen, die sowohl das DSL-TV-Signal, als auch das DVB-T-Signal an das Endgerät übermitteln können. Nach *Christmann* soll dieses Vorgehen tatsächlich zu einer Freizeichnung von den Belegungsverpflichtungen führen.[533] Allerdings ist fragwürdig, warum das kabellose DVB-T und das kabelgebundene DSL-TV als gleichartige Übertragungswege angesehen werden sollten. Zudem bietet DVB-T keinen Rückkanal. Die beiden Übertragungswege haben abgesehen von der Digitaltechnik wenig gemein. Plausibler wäre eine Gleichordnung von digitalem Kabelfernsehen (DVB-C) und DSL-TV. Allerdings ist DVB-C kostenpflichtig, so dass diese Angebote nicht „ohne zusätzlichen Aufwand" zu empfangen wären, wie es die Ausnahme fordert. Ein finanzieller Mehraufwand soll nach der Begründung zum 10. RÄndStV die Befreiung ausschließen.[534] Denkbar wäre weiterhin, dass der DSL-TV-Anbieter seine Set-Top-Boxen kompatibel mit fremden DSL-TV-Angeboten macht (beispielsweise mit dem Entertain-Angebot der Deutschen Telekom). Es ist aber nicht zu erwarten, dass die Telekom oder andere DSL-TV-Anbieter hier mitspielen würden. Außerdem sind die DSL-TV-Angebote ebenfalls kostenpflichtig, so dass ein „zusätzlicher Aufwand" entsteht. Schließlich ist auch das offene Internet aufgrund der erheblich geringeren Signalzuverlässigkeit derzeit kein „gleichartiger Übertragungsweg", so dass auch die Zugänglichmachung von Web-TV-Angeboten zu keiner Freistellung führen würde.

Es bleibt also unklar, welche Fälle die Parteien des Rundfunkstaatsvertrages mit der Ausnahme in § 52b Abs. 3 Nr. 1 RStV erfassen wollten. Denkbar wären Anwendungsfälle beim Mobilfunk. DSL-TV-Betreiber sollten diese Vorschrift mit Vorsicht genießen und sich in jedem Falle bei der ZAK absichern, ob eine DVB-T-Hybrid-Lösung oder andere Hybridmodelle tatsächlich zu einer Freistellung von den Belegungsvorschriften führen würden.

In der „Liste der Plattformanbieter", die gem. § 1 Abs. 5 Plattformsatzung auf der Website der ALM bereit gehalten wird,[535] sind diejenigen Plattformbetreiber, die nach § 52b Abs. 3 RStV von den Belegungsvorschriften befreit sind, in einer gesonderten Kategorie (sog. Programmplattformen) aufgeführt. In der aktuellen Fassung der Liste vom 23.2.2010 sind unter anderem die Unternehmen Sky und Arena als Programmplattformen aufgeführt.

---

533 *Christmann*, ZUM 2009, 7, 12; vgl. auch *Potthast*, ZUM 2007, 443, 446.
534 *Hartstein/Ring/Kreile/Dörr/Stettner*, RStV, B 5, § 52b, S. 4.
535 www.alm.de/plattformanzeige.

6. Zugang zur Plattform für die Anbieter der Inhalte

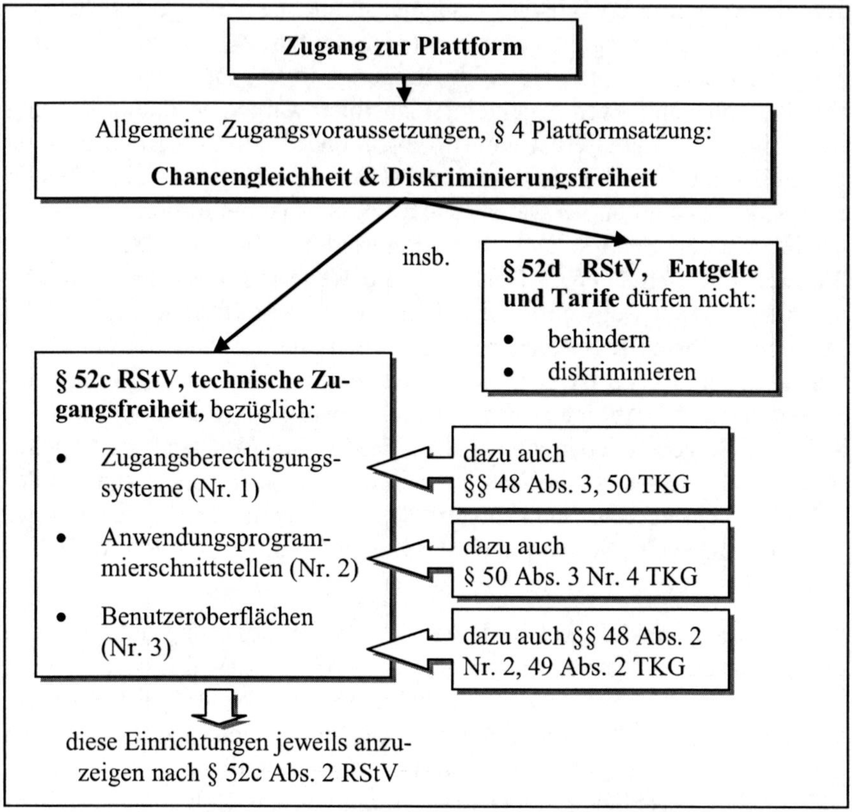

In § 4 Plattformsatzung werden allgemeine Anforderungen für den Zugang zur Plattform aufgestellt (Chancengleichheit und Diskriminierungsfreiheit). § 52c RStV soll die „technische Zugangsfreiheit" zur Plattform gewährleisten. § 52d RStV verbietet die Behinderung oder Diskriminierung durch die Ausgestaltung von Entgelten und Tarifen, die der Plattformbetreiber von den Inhalteanbietern für die Verbreitung verlangt.

a) Allgemeine Chancengleichheit und Diskriminierungsfreiheit beim Zugang zur Plattform, § 4 Plattformsatzung

§ 4 Plattformsatzung enthält allgemeine Vorgaben für den Zugang zur Plattform. Die Plattformbetreiber müssen den Anbietern von Rundfunk und vergleichbaren Telemedien unter Wahrung der Chancengleichheit und Diskriminierungsfreiheit einen Zugang zur Plattform bieten, § 4 Satz 1. Diese Grundsätze gelten in Interesse der Sicherung der Meinungs- und Angebotsvielfalt, § 4 Satz 2.

Der gesamte Zugang muss zu angemessenen Bedingungen gewährt werden. Chancengleichheit ist in der Gestalt zu Gewährleisten, dass die Berechtigten weder unmittelbar noch mittelbar bei der Verbreitung ihrer Angebote behindert werden und dass im Rahmen des technischen Möglichen und wirtschaftlich Zumutbaren eine reale Chance auf Zugang geboten wird (vgl. § 4 Abs. 2 Plattformsatzung). Unter Diskriminierungsfreiheit ist das Recht zu verstehen, vom selben Plattformanbieter nicht ohne einen sachlichen Grund unterschiedlich behandelt zu werden (vgl. § 4 Abs. 3 Plattformsatzung). Diskriminierungsfreier Zugang bedeutet nicht kostenfreier Zugang.[536]

Für die Angemessenheit der Bedingungen liefert § 4 Abs. 4 Plattformsatzung einige Anhaltspunkte. Danach sind Bedingungen in der Regel angemessen, wenn der Verpflichtete:

1. ein Vertragsangebot macht, das alle relevanten Punkte enthält,
2. Zugangsdienste soweit möglich entbündelt und unabhängig vom Netzzugang anbietet,
3. Entgelte für Zugangsdienste und die Verbreitung von Rundfunk und vergleichbaren Telemedien über digitale Übertragungswege nach Maßgabe des § 17 anbietet, und
4. keinen Einfluss auf die inhaltliche Gestaltung der Angebote des Berechtigten ausübt.

Problematisch im Zusammenhang mit dem heutigen Angebot von DSL-TV ist die Regelung in Nr. 2 („entbündelt und unabhängig").[537] In den üblichen Geschäftsmodellen werden Zugangsdienstleistungen wie beispielsweise Programmierschnittstellen und Zugangsberechtigungssysteme gerade nicht unabhängig vom Netzzugang angeboten, denn die Inhaltean-

---

536 *Christmann*, ZUM 2009, 7, 13.

537 So auch *Weisser/Glas*, ZUM 2009, 914, 920.

bieter benötigen für den Zugang zur Plattform in der Regel ein Gesamtpaket dieser Leistungen. Eine Nachfrage nach den einzelnen Diensten ist praktisch nicht vorhanden.

b) Technische Zugangsfreiheit, § 52c RStV

Die Plattformanbieter, die als Torwächter zwischen den Rundfunkveranstaltern und den Nutzern fungieren,[538] „haben zu gewährleisten, dass die eingesetzte Technik ein vielfältiges Angebot ermöglicht", § 52c Abs. 1 Satz 1 RStV. Die Vorschriften über die technische Zugangsfreiheit richten sich ausdrücklich nur an Anbieter von Plattformen, die Rundfunk *und* vergleichbare Telemedien verbreiten, also nicht an Plattformen, auf denen nur die einen oder die anderen Dienste verbreitet werden. Hintergrund ist, dass Anbieter, die ausschließlich Mediendienste verbreiten (z.B. diverse Mobilfunkanbieter), nicht erfasst werden sollen.[539] DSL-TV-Anbieter verbreiten Rundfunkprogramme und müssen daher § 52c RStV beachten.

Die technische Zugangsfreiheit dient der „Sicherung der Meinungsvielfalt und Angebotsvielfalt", § 52c Abs. 1 Satz 2 RStV. Berechtigte sind die Rundfunkveranstalter und die Anbieter vergleichbarer Telemedien. Im Telekommunikationsgesetz (TKG) existieren in §§ 48-51 Parallelvorschriften über die technischen Aspekte der Rundfunkübertragung, die vom Plattformbetreiber ebenfalls berücksichtigt werden müssen (zum TKG unten III). Die Zugangsvorschriften in §§ 48-51 TKG sind als sektorspezifisches Wettbewerbsrecht zu betrachten, während die rundfunkrechtliche Gewährleistung des Zugangs zur Plattform aus Gründen der Sicherung der Meinungsvielfalt erfolgt.[540]

In § 52c Abs. 1 Satz 2 Nr. 1-4 RStV werden die Anforderungen an die technischen Einrichtungen der Plattform präzisiert. Demnach „dürfen die

---

538 *Hartstein/Ring/Kreile/Dörr/Stettner*, RStV, B 5, § 52c, S. 4.

539 So ausdrücklich die Begr. zum 9. RÄndStV, abgedr. in *Hartstein/Ring/Kreile/Dörr/Stettner*, RStV, B 5, § 52c, S. 4, s. dort auch Rn. 12; dagegen wird das „und" in § 2 Abs. 2 Nr. 12 RStV (Definition des Plattformbetreibers) wie ein „oder" gelesen, *Hartstein/Ring/Kreile/Dörr/Stettner*, RStV, B 5, § 2, Rn. 50.

540 *Hartstein/Ring/Kreile/Dörr/Stettner*, B 5, § 52c, Rn. 6.

Anbieter von Rundfunk und vergleichbaren Telemedien einschließlich elektronischer Programmführer weder unmittelbar noch mittelbar

1. durch Zugangsberechtigungssysteme,
2. durch Schnittstellen für Anwendungsprogramme,
3. durch Benutzeroberflächen, die den ersten Zugriff auf Angebote herstellen, oder
4. durch sonstige technische Vorgaben zu den Nummern 1 bis 3 auch gegenüber Herstellern digitaler Rundfunkempfangsgeräte bei der Verbreitung ihrer Angebote unbillig behindert oder gegenüber gleichartigen Anbietern ohne sachlich gerechtfertigten Grund unterschiedlich behandelt werden."

Mit dieser Aufzählung sollen die „entscheidenden Übergabestellen" erfasst werden, „an denen eine Diskriminierung technisch möglich wird".[541]

aa) Adressat des § 52c RStV

Adressat der Vorgaben in § 52c RStV ist – anders als in den TKG-Vorschriften - ausschließlich der Plattformbetreiber, der die technischen Einrichtungen auf seiner Plattform verwendet, nicht aber der Hersteller der Einrichtungen, etwa der Zugangsberechtigungssysteme.[542] Der Plattformbetreiber muss also selbst sicherstellen, dass die von ihm verwendeten Zugangsberechtigungssysteme, Schnittstellen und Benutzeroberflächen den Vorgaben entsprechen. Nichts anderes ergibt die Hinzuziehung der Sonderregel in § 52c Abs. 1 Satz 2 Nr. 4 RStV, nach der die Inhalteanbieter nicht „durch sonstige technische Vorgaben [...] auch gegenüber Herstellern digitaler Rundfunkempfangsgeräte" behindert werden dürfen. Diese Regel statuiert mitnichten eine Haftung der Hersteller

---

[541] Begr. zum 3. RÄndStV, zu § 53 a.F., abgedr. bei *Hartstein/Ring/Kreile/Dörr/Stettner*, RStV, B 5, § 52c, S. 3.

[542] *Hartstein/Ring/Kreile/Dörr/Stettner*, B 5, § 52c, Rn. 13; *Merkel/Roßnagel/Scheuer/Schweda*, Sicherung der Interoperabilität als Ziel der Regulierung der Rundfunkübertragung, S. 83; kritisch *Christmann*, ZUM 2009, 7, 15.

selbst.[543] Die Begründung zum 10. RÄndStV gibt Aufschluss: „Nummer 4 betrifft den besonderen Fall der mittelbaren Diskriminierung. Einer Diskriminierungshandlung des Plattformbetreibers steht es gleich, wenn der beauftragte Gerätehersteller Zugangsberechtigungssysteme, Schnittstellen oder Benutzeroberflächen auf dessen Veranlassung hin diskriminierend ausgestaltet."[544] Verpflichteter des § 52c ist folglich allein der Plattformbetreiber, der seine Zulieferer bzw. Lizenzgeber anhalten muss, den Vorgaben entsprechende Lösungen zu entwickeln. Wie weit diese Pflicht des Plattformbetreibers zur Beeinflussung seiner Lieferanten geht, ist schwer zu beurteilen.[545] Im Umkehrschluss aus § 52c Abs. 1 Satz 2 Nr. 4 RStV ergibt sich eigentlich, dass der Plattformbetreiber nicht für die von Dritten hergestellte Geräte und Systeme verantwortlich ist, wenn er gegenüber den Herstellern keine technischen Vorgaben gemacht hat. Darauf deutet auch § 15 Abs. 3 Plattformsatzung hin, wo ausdrücklich – und ausnahmsweise – auch die Verwender und Verbreiter von Benutzeroberflächen verpflichtet werden. Auch hier könnte im Umkehrschluss gefolgert werden, dass im Übrigen nur die Hersteller verpflichtet sind. *Weisser/Glas* schlagen dementsprechend vor, die Verantwortlichkeit der Plattformbetreiber für die von Dritten hergestellten Geräte und Systeme grundsätzlich auf den in § 52c Abs. 1 Satz 2 Nr. 4 RStV beschriebenen Fall zu beschränken, dass der Plattformbetreiber Vorgaben gemacht hat.[546] Damit aber das Behinderungs- und Diskriminierungsverbot aus § 52c nicht vollständig durch Verweis auf die Inflexibilität der Lieferanten ausgehöhlt werden kann, wird man unterstellen dürfen, dass der Plattformbetreiber jedenfalls bei Sonderanfertigungen seinen Einfluss geltend machen kann und muss. Es kommt darauf an, ob der Plattformbetreiber die Spezifikationen der Geräte und Systeme tatsächlich beeinflussen kann. Der Plattformbetreiber sollte damit rechnen, dass die Landesmedienanstalten ihm die möglichen Defizite der Geräte und Systeme in den meisten Fällen werden anlasten wollen.

---

[543] *Merkel/Roßnagel/Scheuer/Schweda*, Sicherung der Interoperabilität als Ziel der Regulierung der Rundfunkübertragung, S. 83.

[544] Abgedr. in *Hartstein/Ring/Kreile/Dörr/Stettner*, RStV, B 5, § 52c, S. 5.

[545] Vgl. dazu auch *Weisser/Glas*, ZUM 2009, 914, 920 f.

[546] ZUM 2009, 914, 921.

bb) Zugangsberechtigungssysteme (Conditional Access)

Zu den Zugangsberechtigungssystem (§ 52c Abs. 1 Satz 2 Nr. 1) ist in der Begründung zum 10. RÄndStV zu lesen: „Von Nummer 1 erfasst werden alle technischen Vorkehrungen, die die Berechtigung verwalten, ein Rundfunk- oder Telemedienangebot zu nutzen. Eine Beeinträchtigung liegt auch dann vor, wenn anbieterseitige Berechtigungssysteme nicht funktionieren.“ [547]

Für die Definition kann außerdem § 3 Nr. 33 TKG herangezogen werden: danach sind Zugangsberechtigungssysteme „technische Verfahren oder Vorrichtungen, welche die erlaubte Nutzung geschützter Rundfunkprogramme von einem Abonnement oder einer individuellen Erlaubnis abhängig machen“. Darunter fallen auch alle Arten von DRM-Systemen (digital rights management), die bei IPTV eingesetzt werden können; dies hat der Gesetzgeber mit der Neuformulierung von § 48 Abs. 3 Nr. 1, 2. HS TKG klargestellt.

Die geläufigere Bezeichnung für Zugangsberechtigungssysteme lautet „Conditional Access“ (Zugangskontrolle, Abk.: CA).[548] Gemeint ist der Zugang zu einem Dienst (hier: Rundfunk- oder Telemediendienst). Beim DSL-TV wären damit die Verfahren oder Vorrichtungen gemeint, die sicherstellen, dass bestimmte Rundfunkprogramme oder Telemedien lediglich von denjenigen Nutzern konsumiert werden können, die ein entsprechendes Abonnement haben, sonstige Sondergebühren entrichtet oder andere besonderen Eigenschaften haben. Die Zugangskontrolle kann hardware- oder softwarebasiert sein. Der Anbieter verschlüsselt sein Sendesignal, welches dann auf Seiten des Kunden wieder entschlüsselt wird. Im Bereich der Verschlüsselung werden verschiedene Systeme eingesetzt, wobei häufig mit einer SmartCard auf Seiten des Kunden gearbeitet wird, die der Kunde in seinen Decoder einstecken muss. Das Entschlüsselungssystem errechnet sodann einen Kontrollwert aus den Daten aus dem gesendeten Stream und den Daten aus der SmartCard. Bei einem positiven Ergebnis wird der Stream entschlüsselt. Das SmartCard-System ist

---

[547] Abgedr. in *Hartstein/Ring/Kreile/Dörr/Stettner*, RStV, B 5, § 52c, S. 5.

[548] Begr. zum 3. RÄndStV, zu § 53 a.F., abgedr. bei *Hartstein/Ring/Kreile/Dörr/Stettner*, RStV, B 5, § 52c, S. 3.

bereits seit vielen Jahren die gängige Verschlüsselungsmethode beim digitalen Kabelfernsehen (DVB-C).

Für Zugangsberechtigungssysteme gilt nach § 14 Abs. 1 Plattformsatzung:

> „1. allen Rundfunkveranstaltern und Anbietern vergleichbarer Telemedien ist die Nutzung der benötigten technischen Dienste zur Nutzung dieser Systeme zu ermöglichen sowie die dafür erforderlichen Auskünfte zu chancengleichen, angemessenen und nichtdiskriminierenden Bedingungen zu erteilen;
>
> 2. soweit auch eine Abrechnung gegenüber dem Endnutzer erfolgt, ist diesem vor Abschluss eines entgeltpflichtigen Vertrages eine Entgeltliste auszuhändigen;
>
> 3. über diese Tätigkeit als Anbieter dieser Systeme ist getrennt Rechnung zu führen."

Verpflichtete der Vorgaben zu den Zugangsberechtigungssystem aus § 52c Abs. 1 Nr. 1 und § 14 Abs. 1 Plattformsatzung sind die Plattformanbieter, s. § 3 Abs. 1 Plattformsatzung. Sie sind die Adressaten möglicher Maßnahmen der Landesmedienanstalten.

Die Kardinalpflicht des Plattformbetreibers in Bezug auf die Zugangsberechtigungssysteme ist, wie sich aus § 14 Abs. 1 Nr.1 Plattformsatzung ergibt, die Ermöglichung deren Verwendung durch die Inhalteanbieter. Ein DSL-TV-Betreiber muss also gewährleisten, dass die Programmzulieferer den Zugang zu bestimmten Inhalten wirksam kontrollieren und von Zugangsvoraussetzungen abhängig machen können. Dies ist notwendige Voraussetzung für das Angebot besonderer kostenpflichtiger Inhalte. Auf technischer Ebene werden die besonderen Inhalte dem Nutzer in der Regel dadurch zugänglich gemacht, dass die individuelle Identifizierungsnummer der im Decoder eingesteckten SmartCard im Netzwerk für das besondere Angebot „freigeschaltet" wird, also vom Netzwerk als „berechtigt" erkannt wird. Eine andere technische Lösung ist die Passworteingabe.

Von großem Interesse für fremde Anbieter von Zugangsberechtigungssystemen ist insbesondere die Nutzung genormter, allgemeiner Schnittstellen (Common Interface, CI). Das CI ist eine standardisierte Lösung des DVB-Projektes, also ein offener Standard.[549] Beim DSL-TV sind vor allem die Steckplätze der Empfangshardware für Hardwareerweiterungen von Bedeutung, wie man sie beispielsweise auch von Personal Computern kennt. Eine Hardware, die mit der CI-Schnittstelle verbunden werden kann, wird als CI-Modul bezeichnet. Im Bereich des DSL-TV kann ein solches Modul insbesondere ein Conditional Access Modul sein, welches zur Verschlüsselung genutzt wird und Platz für die SmartCard bietet. So könnte eine DSL-TV-Set-Top-Box mit verschiedenen CA-Modulen betrieben werden.[550] Die Set-Top-Box selbst muss also gar nicht auf ein bestimmtes Verschlüsselungssystem festgelegt sein. Wenn die Set-Top-Box des DSL-TV-Anbieters nur ein CI statt eines konkreten Zugangsberechtigungssystems enthält, ist der DSL-TV-Anbieter insofern gar nicht Anbieter des Zugangsberechtigungssystems. Ihn könnte dann nur eine Verantwortlichkeit nach § 52c Abs. 1 Satz 2 Nr. 4 RStV in Bezug auf den Hersteller treffen.

In § 50 Abs. 3 TKG findet sich eine Parallelvorschrift zu § 52c RStV, die in Bezug auf die Zugangsberechtigungssysteme die gleichen Verpflichtungen vorschreibt, aber einen weiteren Adressatenkreis hat, in dem sie alle „Anbieter und Verwender" von Zugangsberechtigungssystemen mit einbezieht (ausf. zum TKG unten III.).

Der Betrieb von Zugangsberechtigungssystemen ist vom Plattformbetreiber gem. § 52c Abs. 2 RStV unverzüglich der Landesmedienanstalt anzuzeigen (vgl. auch die Pflicht zur Anzeige der Bedingungen an die Bundesnetzagentur nach § 50 Abs. 3 Nr. 4 TKG).

cc) Schnittstellen für Anwendungsprogramme (Application Programming Interface, API)

„Nach Nummer 2 müssen Schnittstellen so konfiguriert oder offengelegt sein, dass alle Programme eines Anbieters vom Nutzer mit den dafür

---

[549] Ausf. zum Common Interface *Merkel/Roßnagel/Scheuer/Schweda*, Sicherung der Interoperabilität als Ziel der Regulierung der Rundfunkübertragung, S. 46 ff.

[550] *Hartstein/Ring/Kreile/Dörr/Stettner*, RStV, B 5, § 52c, S. 11.

vorgesehenen Empfangseinrichtungen genutzt werden können“, so die Begründung zu § 52c Abs. 1 Satz 2 Nr. 2 RStV.[551]

§ 3 Nr. 2 TKG definiert die Anwendungsprogrammierschnittstelle als „die Software-Schnittstelle zwischen Anwendungen und Betriebsfunktionen digitaler Fernsehempfangsgeräte“. Die englische Bezeichnung für die hier gemeinten Programmierschnittstellen lautet (Application Programming Interface, API). Funktion einer Programmierschnittstelle ist es, fremden Herstellern zu ermöglichen, ihre Software in das jeweilige System (hier: in das technische System der DSL-TV-Übermittlung an die Nutzer) einzubinden. Damit zum Beispiel ein Anbieter von Rundfunk oder vergleichbaren Telemedien seine Anwendungsprogramme auf der DSL-TV-Empfangshardware (Set-Top-Box, Decoder) dem Nutzer zur Verfügung stellen kann, muss er die Steuerungssoftware seiner Dienste an die Betriebssoftware auf der verwendeten Hardware anpassen. Dies ermöglicht ihm auf Softwareebene das API; sie macht also den Programmierern aufseiten der fremden Anbieter die Funktionen der Hardware und Betriebssoftware des DSL-TV-Decoders zugänglich.

Dritten, die ein berechtigtes Interesse geltend machen, sind auf angemessene, chancengleiche und nichtdiskriminierende Weise und gegen angemessene Vergütung alle Informationen zur Verfügung zu stellen, die es diesen ermöglichen, sämtliche durch die Schnittstellen für Anwendungsprogramme unterstützten Dienste voll funktionsfähig anzubieten, § 14 Abs. 2 Plattformsatzung.

Es geht also wiederum um das Verhältnis zwischen Plattformbetreibern und Inhalte-Anbietern: die Anbieter sollen alle Informationen erhalten, die dafür notwendig sind, Dienste über die Plattform dem Nutzer anzubieten. Dass seine Dienste auf der Plattform überhaupt „funktionieren“, ist für den Inhalteanbieter essenziell.

dd) Benutzeroberflächen

Zu § 52c Abs. 1 Satz 2 Nr. 3 RStV (Benutzeroberflächen, die den ersten Zugriff auf Angebote herstellen) ist in der Begründung zu lesen: „Nummer 3 dient dem Anliegen, aufgrund der großen Zahl verfügbarer Rundfunkprogramme oder Angebote dem Nutzer übergreifende Orientierung

---

[551] Abgedr. in *Hartstein/Ring/Kreile/Dörr/Stettner*, B 5, § 52c, S. 5.

zu ermöglichen. Die Führung durch die Programmangebote soll nicht durch Reihung oder andere Besonderheiten die freie Entscheidung des Nutzers beeinflussen. Dies gilt aber nur für einen Einstieg in die Nutzung und eine erste Auswahl. Nicht betroffen sind Systeme, die der Nutzer selbst einsetzt oder elektronische Programmführer, die in einer zweiten Stufe einsetzen."[552]

§ 2 Abs. 2 Plattformsatzung liefert eine Definition: „Benutzeroberflächen im Sinne von § 52c Abs. 1 Satz 2 Nr. 3 RStV sind voreingestellte Systeme und Dienste, die dem Nutzer eine übergreifende Orientierung über die Rundfunk- und vergleichbare[n] Telemedienangebote sowie deren Auswahl ermöglichen. Unter erstem Zugriff im Sinne von § 52c Abs. 1 Satz 2 Nr. 3 RStV werden dabei alle Schritte des Nutzers bis zu der jeweils direkten Programmwahl gesehen. Insbesondere das Aufrufen von Zusatzinformationen oder -funktionen fällt nicht mehr hierunter."

Die gemeinten Benutzeroberflächen für den ersten Zugriff können mit dem früher geläufigen Begriff des „Basisnavigators" gleichgesetzt werden.[553] Die Begriffe Navigator und Electronic Program Guide (EPG) haben dagegen unterschiedliche Bedeutungen. Navigatoren, auch Basisnavigatoren genannt, bilden nur die oberste Stufe einer Benutzeroberfläche. Der Navigator stellt in der Regel eine Liste mit Sendern dar, aus welcher der Nutzer ein Programm oder eine Sendung auswählen kann, um weitere Informationen zu erhalten. In diesem Schritt gelangt er in der Regel zur nächsten Ebene: dem EPG. Der EPG bietet die weiteren Informationen zu den Inhalten regelmäßig in Textform an, in Zukunft wahrscheinlich vermehrt auch in Bildern und Videos.[554]

Die „Benutzeroberflächen" i.S.v. § 52c RStV sind also streng von den elektronischen Programmführern (EPGs) zu unterscheiden, die eine detaillierte Verwaltung der Inhalte nebst mehr oder weniger umfangreichen Zusatzinformationen (Programminformationen) erlauben.[555] Die EPGs

---

[552] Begr. zum 10. RÄndStV, abgedr. in *Hartstein/Ring/Kreile/Dörr/Stettner*, RStV, B 5, § 52c, S. 5.

[553] Bis zum 8. RÄndStV wurde im RStV anstatt „Benutzeroberfläche" der Begriff „Navigator" verwendet, s. Begr. zum 8. RÄndStV, abgedr. in *Hartstein/Ring/Kreile/Dörr/Stettner*, RStV, B 5, § 52c, S. 4.

[554] *Janik*, in: Schwartmann, 1.5, Rn. 64.

[555] *Hartstein/Ring/Kreile/Dörr/Stettner*, RStV, B 5, § 52c, Rn. 23.

selbst sind – als Angebote, die regelmäßig von den *Inhalteanbietern* zur Verfügung gestellt werden – in § 52c RStV als *zu verbreitende Inhalte* genannt.[556] Bei den Benutzeroberflächen handelt es sich hingegen um die Software, die den ersten Zugriff des Nutzers auf die Programmebene zulässt.[557]

§ 15 Plattformsatzung stellt umfangreiche Regeln für den Zugang zu Benutzeroberflächen für den ersten Zugriff auf. Nach § 15 Satz 1 muss der Plattformbetreiber bei Bereitstellung der Nutzeroberflächen gewährleisten:

- den chancengleichen und diskriminierungsfreien *Zugang* der Rundfunk- und Telemedienangebote, einschl. EPGs, zur Plattform,
- die chancengleiche und diskriminierungsfreie *Auffindbarkeit* der Angebote
- sowie die freie *Programmwahl* durch den Zuschauer.

Alle verfügbaren Angebote sind anzuzeigen und nach Maßgabe des § 4 Plattformsatzung (s.o.) hinsichtlich der *Anzeige* und der *Sortierung* gleich zu behandeln, § 15 Abs. 1 Satz 2 und 3 Plattformsatzung.

Die Chancengleichheit und Diskriminierungsfreiheit (vgl. § 4 Plattformsatzung, s.o.) sind die zentralen Vorgaben im Hinblick auf die Benutzeroberflächen. Nach § 15 Abs. 2 Plattformsatzung sind Chancengleichheit und Diskriminierungsfreiheit hinsichtlich der Benutzeroberflächen jedenfalls dann gewährleistet, wenn

1. nebeneinander mehrere Listen mit verschiedenen Sortierkriterien angeboten werden,
2. der Nutzer die Möglichkeit hat, die Reihenfolge der Angebote in der Liste zu verändern oder eine eigene Favoritenliste anzulegen und

---

556 Dazu kritisch *Christmann*, ZUM 2009, 7, 14.

557 *Hartstein/Ring/Kreile/Dörr/Stettner*, RStV, B 5, § 52c, Rn. 23, mit Verweis auf Hans-Bredow-Institut, Docu-Watch Digitales Fernsehen, 2/2005, S. 6.

3. eine angebotene Favoritenliste ohne Voreinstellungen angeboten wird.

Die Benutzung fremder Benutzeroberflächen ist dem Nutzer zu ermöglichen, § 15 Abs. 3 Plattformsatzung. Diese Vorgabe richtet sich, anders als die anderen Vorgaben zu Benutzeroberflächen in der Plattformsatzung, ausdrücklich an denjenigen, der Benutzeroberflächen „verwendet oder verbreitet". Somit trifft den Plattformbetreiber diese Verpflichtung, auch wenn er nicht Hersteller der Benutzeroberfläche ist und inhaltlich keinen Einfluss darauf hat.[558] Er muss daher den Hersteller der Benutzeroberfläche zur Erfüllung der Vorgabe anhalten.

Ferner sind die Benutzeroberflächen im Rahmen des technisch Möglichen so auszugestalten, dass der Nutzer jedes Programm unmittelbar einschalten und aus dem Programm unmittelbar in die Benutzeroberfläche zurückwechseln kann, § 15 Abs. 4 Plattformsatzung.

§ 15 Abs. 5 Plattformsatzung verlangt eine gleichgewichtige Präsentation von öffentlich-rechtlichen und privaten Programmen. Um möglichen Fehlbelegungen innerhalb der Benutzeroberfläche entgegenzuwirken, haben sich ARD und ZDF, sowie die privaten Rundfunkveranstalter in Form des Verbands der Privaten Rundfunkveranstalter VPRT auf eine Empfehlung für Anforderungen an Navigatoren/EPGs geeinigt.[559] Diese Empfehlungen sollen den Marktgegebenheiten, der technischen Umsetzbarkeit, den Nutzungsgewohnheiten, sowie den rundfunkrechtlichen Anforderungen hinsichtlich Chancengleichheit und Diskriminierungsfreiheit entsprechen. Die Empfehlung berücksichtigt Darstellung, Inhalte und Funktionalität. Die bestehende Empfehlung datiert auf das Jahr 2006, zurzeit finden Gespräche zwischen den Rundfunkveranstaltern über eine Neuauflage statt. Sie wird von der Gemeinsamen Stelle Digitaler Zugang der Landesmedienanstalten und dem VPRT ausgearbeitet.[560]

---

558 *Weisser/Glas*, ZUM 2009, 914, 921.

559 Abrufbar beispielsweise auf der Seite des VPRT, derzeit unter: www.vprt.de/get_pdf.php?m=positions&langkey=de&id=34.

560 Anmerkungen des VPRT zum Entwurf der GSDZ für ein fortentwickeltes Navigationspapier nach § 13 Abs. 5 Zugangssatzung http://www.vprt.de/index.html/de/positions/article/id/8/?or=0&year={0}&page=5.

Bezüglich der Benutzeroberflächen ist ferner eine technische Vorgabe zu beachten: Die Service-Informationen im Datenstrom sollen von jedermann verwendet werden können, der Anwendungen für den Decoder herstellen will, § 15 Abs. 6 Plattformsatzung.

ee) Anzeige und Verfahren in Bezug auf die technischen Einrichtungen

Die Verwendung eines oder mehrerer der in § 52c RStV genannten technischen Einrichtungen (Zugangsberechtigungssysteme, Schnittstellen für Anwendungsprogramme, Benutzeroberflächen für den ersten Zugriff) muss der DSL-TV-Betreiber der zuständigen Landesmedienanstalt unverzüglich (ohne schuldhaftes Zögern) anzeigen, § 52c Abs. 2 Satz 1 RStV. Die Anzeige muss spätestens bei Aktivierung der technischen Einrichtung erfolgen, möglichst jedoch schon zuvor.[561] Zu beachten ist, dass die Anzeigepflicht in der Parallelvorschrift in § 50 Abs. 3 Nr. 4 TKG früher einsetzt: Demnach ist der Betrieb von Zugangsberechtigungssystemen *vorher* anzuzeigen, was allerdings nicht bedeutet, dass eine Rückmeldung der Bundesnetzagentur abgewartet werden müsste, bevor mit dem Betrieb begonnen wird.[562]

Soweit Zugangsberechtigungssysteme und Anwendungsprogrammierschnittstellen betroffen sind, leitet die Landesmedienanstalt die Anzeige an die Bundesnetzagentur weiter, bei der das weitere Verfahren geführt wird, § 5 Abs. 3 Plattformsatzung.

c) Entgelte und Tarife, § 52d RStV

Der Zugang von Rundfunkveranstaltern und Telemedienanbietern wird nicht nur durch die technische Zugangsfreiheit gewährleistet, sondern auch durch eine Kontrolle der Entgelte und Tarife, die der Plattformanbieter für die Einspeisung verlangt. Die Anbieter von Rundfunk und vergleichbaren Telemedien dürfen vom Plattformbetreiber im Hinblick auf die Ausgestaltung der Entgelte und Tarife nicht unbillig behindert und nicht ohne sachlichen Grund unterschiedlich behandelt werden, § 52d

---

[561] *Hartstein/Ring/Kreile/Dörr/Stettner*, RStV, B 5, § 52c, Rn. 26;

[562] *Holznagel/Behle/Schumacher*, in: Gedanken zu den Medien und ihrer Ordnung, Festschrift für Dr. Victor Henle, 97, 99 f.

Satz 1 RStV. Die Verbreitung im Must-Carry-Bereich und im Vielfaltsbereich (§ 52b Abs. 1 Satz 1 RStV) hat zu angemessenen Bedingungen zu erfolgen, § 52d Satz 2 RStV. Angemessen sind nach der amtlichen Begründung Verbreitungskosten, die nicht höher ausfallen als die Kosten einer effektiven Leistungserbringung, oder die marktüblich erhoben werden.[563] Auch regionale und lokale Angebote müssen zu angemessenen und chancengleichen Bedingungen verbreitet werden können, § 52d Satz 4 RStV.

Die Entgelte und Tarife, die für die Weiterleitung nach den Belegungsvorschriften in § 52b Abs. 1 Satz 1RStV erhoben werden, müssen offen gelegt werden, § 52d Satz 3 RStV. Dieser Pflicht wird genügt, wenn auf Nachfrage der Landesmedienanstalt eine entsprechende Information erfolgt.[564] Eine Veröffentlichung für die Allgemeinheit ist nicht erforderlich.[565] Zusätzlich muss der Plattformbetreiber bereits bei Aufnahme des Plattformbetriebes die Tarife und Entgelte anzeigen, § 52 Abs. 3 Satz 2 Nr. 2 RStV i.V.m. § 5 Abs. 1 Satz 3 Nr. 4 Plattformsatzung.

§ 17 Plattformsatzung konkretisiert § 52d RStV in der Hinsicht, dass eine entgeltbezogene Ungleichbehandlung gleichartiger Rundfunk- oder Telemedienanbieter vor dem Leitziel der Sicherung der Meinungsvielfalt Bestand haben muss. Dieser Zusatz stellt an die Rechtfertigung einer Ungleichbehandlung strenge Anforderungen.

Die Landesmedienanstalten selbst legen keine Entgelte oder Tarife fest,[566] die Kontrolle erfolgt im Nachhinein. Die Landesmedienanstalten stimmen sich gem. § 52c Abs. 2 RStV und § 9 Abs. 1 Plattformsatzung mit der Bundesnetzagentur ab. In der amtlichen Begründung findet sich der Hinweis, dass die Bundesnetzagentur („Regulierungsbehörde für Telekommunikation") für die Festlegung der Entgelte und Tarife zustän-

563 Begr. zum 10. RÄndStV, abgedr. bei *Hartstein/Ring/Kreile/Dörr/Stettner*, RStV, B 5, § 52d, S. 1.

564 Begr. zum 10. RÄndStV, abgedr. bei *Hartstein/Ring/Kreile/Dörr/Stettner*, RStV, B 5, § 52d, S. 1.

565 *Hartstein/Ring/Kreile/Dörr/Stettner*, RStV, B 5, § 52d, Rn. 10.

566 Begr. zum 10. RÄndStV, abgedr. bei *Hartstein/Ring/Kreile/Dörr/Stettner*, RStV, B 5, § 52d, S. 1.

dig sei.[567] Gemeint ist damit die allgemeine telekommunikationsrechtliche Entgeltregulierung nach §§ 27 ff. TKG,[568] die freilich nur stattfinden darf, wenn die dort beschriebenen Regulierungsvoraussetzungen (Plattformanbieter ist TK-Netzbetreiber, hat beträchtliche Marktmacht etc.) vorliegen. In diesem Zusammenhang ist anzumerken, dass die Bundesnetzagentur in zwei Beschlüssen vom 1.9.2009 davon ausgegangen ist, dass die großen Kabelregionalgesellschaften (hier: KabelBW und Kabel Deutschland) in ihren „netzweiten Märkten" für die „Einspeisung von Rundfunksignalen in ihre Breitbandkabelnetze" über beträchtliche Marktmacht verfügen und der nachträglichen Entgeltregulierung gem. § 38 Abs. 2 bis 4 TKG unterworfen werden.[569]

In diesen und anderen Fällen der Doppelzuständigkeit von Bundesnetzagentur und Landesmedienanstalten in Bezug auf die Entgelte ergeht nur insoweit eine eigenständige Entscheidung durch die zuständige Landesmedienanstalt, als der zu prüfende Sachverhalt aus medienrechtlichen Gründen zu einer von der Bundesnetzagentur abweichenden Bewertung führt, § 7 Abs. 3 der Satzung und Eckpunkt Nr. 3 des Eckpunktepapiers nach § 9 Abs. 2 Plattformsatzung (zum Verfahren unten IV.)

d) Kein Zugang zur Plattform nach allgemeiner TKG-Zugangsregulierung

Die Inhalteanbieter können den Zugang zur Plattform nicht anhand der allgemeinen telekommunikationsrechtlichen Zugangsregulierung in Teil 2 Abschnitt 2 (§§ 16-26 ff.) des TKG, insb. § 21 TKG (Zugangsverpflichtungen), erzwingen.[570] Die Zugangsregulierung in diesen Vorschriften ist auf eine reine Vorleistungsregulierung beschränkt, d.h. die Zugangs-Interessenten müssen die Einrichtungen und Dienste der TK-Netzbetreiber für die Erbringung eigener Telekommunikationsdienste in

---

567 Begr. zum 10. RÄndStV, abgedr. bei *Hartstein/Ring/Kreile/Dörr/Stettner*, RStV, B 5, § 52d, S. 1.

568 *Hartstein/Ring/Kreile/Dörr/Stettner*, RStV, B 5, § 52d, Rn. 9.

569 BK 3b-06-014, ABl. der BNetzA 17/2009, 3247 – Kabel Deutschland, und BK 3b-06-017, ABl. der BNetzA 17/2009, S. 3263 – KabelBW.

570 Vgl. *Christmann*, ZUM 2009, 7, 12.

Anspruch nehmen.[571] Wie die Gesetzesbegründung ausdrücklich klarstellt, fallen

> „Programmanbieter, die von Kabelnetzbetreibern Transportdienstleistungen nachfragen, selbst aber nicht beabsichtigen, mithilfe dieser Leistungen Endkunden Telekommunikationsdienste anzubieten, nicht unter das Zugangsregime des Zweiten Teils Zweiter Abschnitt.“[572]

III. TKG-Vorgaben zu Anwendungsprogrammierschnittstellen und Zugangsberechtigungssystemen

In den §§ 48-51 TKG existieren weitere technische Vorgaben für die Weitersendung von Rundfunksignalen über Telekommunikationsnetze. Sie gehen, wie auch § 52c RStV, überwiegend auf telekommunikationsrechtliche EU-Richtlinien zurück, namentlich auf Art. 24 der Universaldienstrichtlinie (2002/22/EG), Art. 18 der Rahmenrichtlinie (2002/21/EG) und Art. 6 der Zugangsrichtlinie (2002/19/EG).[573] Ziel der Vorschriften ist vor allem die Sicherstellung der Interoperabilität der Systeme. Die Vorschriften betreffen unter anderem Zugangsberechtigungssysteme und Anwendungsprogrammierschnittstellen, haben aber teilweise andere Zielrichtungen und Adressatenkreise als § 52c RStV. Adressaten der Vorschriften sind primär die Hersteller von Geräten und Vorrichtungen, da sie die Spezifikationen kontrollieren und ändern können; die Plattformbetreiber werden unter bestimmten Voraussetzungen allerdings ebenfalls in die Pflicht genommen.

---

571 *Thomaschki/Neumann*, in: Säcker, Berliner Kommentar zum TKG, § 21, Rn. 113, m.w.N.

572 Begr. zum TKG 2004, BT-Drs. 15/2316, S. 64 (zu § 19).

573 Vgl. *Merkel/Roßnagel/Scheuer/Schweda*, Sicherung der Interoperabilität als Ziel der Regulierung der Rundfunkübertragung, Studie, Mai 2009, S. 11; s. dort auch die ausf. Erläuterung auf S. 159 ff. und die Gesetzesübersichten und Synopsen auf S. 263 ff.

	TKG-Vorgaben	DSL-TV-Anbieter verpflichtet?
Anwendungs-programmier-schnittstellen (API)	**§ 48 Abs. 2 Nr. 2:** API muss Mindestanforderungen eines anerkannten Standards erfüllen	Ja, sofern er die Decoder verkauft oder vermietet
	§ 49 Abs. 2: Zurverfügungstellen der Informationen über API für Dritte	Sofern er Rechteinhaber der API ist
Zugangs-berechtigungs-systeme (Conditional Access, CA)	**§ 48 Abs. 3 Nr. 1:** CA-System muss Common-Scrambling-kompatibel sein	Ja, sofern er die Decoder verkauft oder vermietet
	§ 48 Abs. 3 Nr. 2: CA-System muss auch unverschlüsselte Signale darstellen können	Ja, sofern er die Decoder verkauft oder vermietet
	§ 50 Abs. 1: CA-Systeme technisch so auszulegen, dass Fremdnutzung möglich (Interoperabilität)	Sofern er „Anbieter" des CA-Systems ist, das System also verantwortet
	§ 50 Abs. 2: gerechte Lizenzvergabe bzgl. des CA-Systems	Sofern er Inhaber der gewerbl. Schutzrechte am CA-System ist
	§ 50 Abs. 3: Zugang für die Rundfunkveranstalter zu den CA-Systemen; außerdem Abrechnungssystem, Rechnungsführung	Ja, da Anbieter und Verwender der CA-Systeme verpflichtet werden

Daneben sollte der DSL-TV-Betreiber die Vorschrift in § 49 Abs. 1 TKG (Weiterverbreitung im 16:9 Format) beachten, auf die hier nicht näher eingegangen wird.

1. Anwendungsprogrammierschnittstellen, § 48 Abs. 2 Nr. 2 und § 49 Abs. 2 TKG

Die Anwendungs-Programmierschnittstellen (APIs), die in digitalen Fernsehempfangsgeräten verwendet werden, müssen gem. § 48 Abs. 2 Nr. 2 TKG bestimmte Mindestanforderungen zur Kompatibilität erfüllen. Die APIs müssen nach § 48 Abs. 2 Nr. 2 TKG „die Mindestanforderungen einer solchen Schnittstelle erfüllen, die von einer anerkannten europäischen Normenorganisation angenommen wurde oder einer gemeinsamen, branchenweiten, offenen Schnittstellenspezifikation entspricht und die Dritten unabhängig vom Übertragungsverfahren Herstellung und Betrieb eigener Anwendungen erlaubt.“ Ein solcher anerkannter Standard sind beispielsweise der MHP-Standard und der MHEG5-Standard.[574] Gebräuchlich ist auch der HTML-Standard.[575] Verpflichtete der Vorschrift sind einerseits die Hersteller der Empfangsgeräte, andererseits auch die Plattformbetreiber, welche die Set-Top-Boxen im Rahmen ihrer Angebote verkaufen oder vermieten.[576]

Die Regelungen aus § 48 Abs. 2 und Abs. 3 TKG beziehen sich nicht nur auf den Fernseher als Endgerät, sondern stellen auch Anforderungen an digitale Decoder. Die Legaldefinition in § 3 Nr. 7 TKG stellt klar: ein "digitales Fernsehempfangsgerät" ist demnach „ein Fernsehgerät mit integriertem digitalem Decoder oder ein an ein Fernsehgerät anschließbarer digitaler Decoder zur Nutzung digital übertragener Fernsehsignale, die mit Zusatzsignalen, einschließlich einer Zugangsberechtigung, angereichert sein können.“ Beim DSL-TV werden die Decoder derzeit noch als Set-Top-Boxen geliefert. In Zukunft können sie theoretisch auch in die Fernsehgeräte integriert werden, wie heute schon DVB-C und DVB-T-Receiver. Ob auch PCs und Mobiltelefone Endgeräte im Sinne der Vorschrift sind, wird unten (3) separat erörtert werden.

§ 49 Abs. 2 TKG verpflichtet Rechteinhaber von Anwendungs-Programmierschnittstellen (APIs, legaldefiniert in § 3 Nr. 2 TKG), Herstellern von digitalen Fernsehempfangsgeräten sowie Dritten die Informationen zur Verfügung zu stellen, die zur Nutzung der Schnittstelle erforderlich sind. Rechteinhaber der APIs der DSL-TV-Set-Top-Boxen sind

---

[574] *Becker*, in: Scheurle/Mayen, TKG, § 48 Rn. 6; *Gersdorf*, in: Spindler/Schuster, Recht der elektronischen Medien, § 48 TKG, Rn. 15; ausf. *Merkel/Roßnagel/Scheuer/Schweda*, Sicherung der Interoperabilität als Ziel der Regulierung der Rundfunkübertragung, Studie, Mai 2009, S. 50 ff.; zu den Problemen bei Verwendung der MHP-Standards s. auch *Flatau*, ZUM 2007, 1, 6 und *Janik*, in: Beck'scher TKG-Kommentar, § 48, Rn. 18.

[575] *Gersdorf*, in: Spindler/Schuster, Recht der elektronischen Medien, § 48, TKG, Rn. 15.

[576] *Janik*, in: Beck'scher TKG-Kommentar, § 48, Rn. 25.

zum einen die Hersteller der API als ursprüngliche Rechteinhaber, es können aber auch Unternehmen sein, die eine Lizenz an der API erworben haben,[577] z.B. DSL-TV-Betreiber. Häufig werden die Inhalteanbieter diejenigen sein, die ein Interesse an der API haben.[578] § 49 Abs. 2 TKG hat im Wesentlichen den gleichen Inhalt wie § 14 Abs. 2 Plattformsatzung, wobei die Satzung generell die Plattformbetreiber verpflichtet, auch wenn sie nicht die Rechteinhaber sind (vgl. § 52c Abs. 1 Satz 2 Nr. 4 RStV). Sie wird in der Praxis nur Bedeutung entfalten, wo entgegen § 48 Abs. 2 Nr. 2 TKG (s. vorangehend) keine gemeinverfügbaren, offenen Standards verwendet werden.

Entstehen zwischen der Rechteinhabern an der API und den Dritten (beispielsweise den Rundfunkveranstaltern) Streitigkeiten über die Einhaltung von § 49 Abs. 2 TKG, kann gem. § 49 Abs. 3 TKG die Bundesnetzagentur angerufen werden (vgl. § 8 Abs. 2 der Satzung nach § 53 RStV).

2. Zugangsberechtigungssysteme, §§ 48 Abs. 3, 50 TKG

a) Common Scrambling-Kompatibilität, § 48 Abs. 3 Nr. 1 TKG

Nach § 48 Abs. 3 Nr. 1 TKG muss jedes digitale Fernsehempfangsgerät, das für eine Zugangsberechtigung vorgesehen ist, Signale darstellen können, die dem einheitlichen europäischen Kodieralgorithmus „Common Scrambling“ entsprechen. Common Scrambling ist Teil des DVB-Systems.[579] Bei den Set-Top-Boxen, die für DSL-TV verwendet werden, handelt es sich um digitale Fernsehempfangsgeräte i.S.v. §§ 3 Nr. 7, 48 Abs. 2 und Abs. 3 TKG. Verpflichtete der Vorschrift sind – wie bei § 48 Abs. 2 – einerseits die Hersteller der Empfangsgeräte, andererseits auch die Plattformbetreiber, welche die Set-Top-Boxen im Rahmen ihrer Angebote verkaufen oder vermieten.[580]

---

577 *Schmits*, in: Berliner Kommentar zum TKG, § 49, Rn. 7.

578 *Frevert*, MMR 2005, 23, 26.

579 Amtliche Begründung zum TKG 2004, BT-Drs. 15/2316, S. 74; ausf. *Merkel/Roßnagel/Scheuer/Schweda*, Sicherung der Interoperabilität als Ziel der Regulierung der Rundfunkübertragung, S. 39 ff., 68 ff.

580 *Frevert*, MMR 2005, 23, 26; vgl. *Janik*, in: Beck'scher TKG-Kommentar, § 48, Rn. 25.

Bei der Anwendung von § 48 Abs. 3 Nr. 1 TKG stellten sich bis zum Inkrafttreten der letzten TKG-Novelle am 24. Februar 2007[581] IPTV-spezifische Probleme. § 48 Abs. 3 Nr. 1 TKG forderte in seiner alten Fassung, dass ausnahmslos alle Fernsehempfangsgeräte, die für eine „Zugangsberechtigung“ (§ 3 Nr. 33 TKG) vorgesehen sind, Signale darstellen können, die dem „Common Scrambling“-Algorithmus (CSA) entsprechen. Zugangsberechtigungssysteme sind gem. § 3 Nr. 33 TKG technische Verfahren oder Vorrichtungen, welche die Nutzung geschützter Rundfunkprogramme von einem Abonnement oder einer individuellen Erlaubnis abhängig machen. Die Set-Top-Boxen in DSL-TV-Angeboten (z.B. im Telekom/Microsoft-Angebot) nutzen ein solches System, da die übermittelten DSL-TV-Signale in einer bestimmten Weise codiert sind und der Empfang nur durch die spezielle Hardware des jeweiligen Plattformbetreibers möglich ist.

Zwar existiert seit 2001 mit dem DVB-IPI-Standard (DVB-IPTV)[582] ein offener, Common-Scrambling-kompatibler Übertragungsstandard für IPTV, jedoch wird dieser Standard von den deutschen DSL-TV-Anbietern momentan nur partiell eingesetzt, nämlich bei der Übermittlung der Programme von ARD und ZDF.[583] Diese beiden Rundfunkanstalten hatten vor dem Start des Telekom-Angebots in den Verhandlungen mit der Telekom durchgesetzt, dass ihre Programmbouquets von der Telekom in dem Standard DVB-IPI übertragen werden. Offenbar haben sie diese Strategie auch gegenüber HanseNet verfolgt. Im Übrigen werden beim DSL-TV seit Beginn der kommerziellen deutschen Angebote 2006 nach wie vor überwiegend proprietäre Signalcodierungen verwendet.[584]

---

581 Gesetz zur Änderung telekommunikationsrechtlicher Vorschriften vom 18. Februar 2007, BGBl. I Nr. 5 vom 23. Februar; das Gesetz trat am 24. Februar 2007 in Kraft.

582 Technische Informationen auf der Website des DVB-Projekts: www.dvb.org/technology/standards/.

583 *Merkel/Roßnagel/Scheuer/Schweda*, Sicherung der Interoperabilität als Ziel der Regulierung der Rundfunkübertragung, S. 127 f.

584 *Merkel/Roßnagel/Scheuer/Schweda*, Sicherung der Interoperabilität als Ziel der Regulierung der Rundfunkübertragung, S. 128.

Die DSL-TV-Anbieter behaupteten beim Start ihrer Dienste im Jahr 2006, der Common-Scrambling-Algorithmus werde den technischen Gegebenheiten der neuen Technologie IPTV nicht gerecht.[585] Sie konnten die Bundesnetzagentur, und schließlich auch den Gesetzgeber von dieser Ansicht überzeugen. Um die neuen technologischen Entwicklungen auf dem Fernsehübertragungsmarkt nicht im Keim zu ersticken, hat die Bundesnetzagentur im Juli 2006 entschieden, den „Einsatz von Set-Top-Boxen, die nicht den Anforderungen des § 48 Abs. 3 Nr. 1 erster Halbsatz TKG entsprechen und mittels eines Digital Rights Management (DRM) Systems Fernsehsignale entschlüsseln, die mit DSL-Technik übertragen werden, befristet bis zum 01.07.2009“ zu dulden.[586] Hintergrund der Entscheidung war eine Beschwerde der Telekom, deren IPTV-Spezifikationen sich an dem von Microsoft entwickelten IPTV-Standard orientieren. Sobald ein europäischer Standard geschaffen sei, müssten die DSL-TV-Anbieter ihre Systeme entsprechend umstellen.

Anschließend zog der Gesetzgeber nach fügte mit der TKG-Novelle 2007[587] folgenden Halbsatz in § 48 Abs. 3 Nr. 1 TKG ein:

> „für Geräte, bei denen die Zugangsberechtigung mittels eines Digital Rights Management (DRM) Systems realisiert wird, kann die Bundesnetzagentur abweichende Anordnungen und andere geeignete Maßnahmen zur Sicherstellung der Interoperabilität für digitale Fernsehempfangsgeräte treffen.“

Diese Freistellung, die zwar neutral formuliert wurde, aber auf die DSL-TV-Betreiber gemünzt ist, begründete der Gesetzgeber wie folgt:

> „Herkömmliche Zugangsberechtigungssysteme basieren auf dem Prinzip, dass mit Hilfe des Common Scrambling Algorithmus ver-

---

[585] *Merkel/Roßnagel/Scheuer/Schweda*, Sicherung der Interoperabilität als Ziel der Regulierung der Rundfunkübertragung, S. 216 f.

[586] Mitteilung Nr. 251/2006, ABl. Nr. 13/2006, S. 1813; dazu auch *Becker*, in: Scheurle/Mayen, TKG, § 48, Rn. 10; ausf. auch *Merkel/Roßnagel/Scheuer/Schweda*, Sicherung der Interoperabilität als Ziel der Regulierung der Rundfunkübertragung, S. 69 f.

[587] Gesetz zur Änderung telekommunikationsrechtlicher Vorschriften vom 18. Februar 2007, BGBl. I Nr. 5 vom 23. Februar; das Gesetz trat am 24. Februar 2007 in Kraft.

schlüsselte Informationen zusammen mit individualisierten Schlüsselinformationen im selben Transportstrom zum digitalen Fernsehempfangsgerät übertragen werden. Die Interoperabilitätsanforderungen greifen daher auf Endgeräteebene. Neue Digital Rights Management (DRM) Systeme dagegen bieten die Möglichkeit, die Zugangsberechtigung vollständig interaktiv im Netz zu administrieren. Dabei werden zunächst individuell die Berechtigung des Abrufs von Inhalten überprüft und dann dem Kunden die erforderlichen Schlüssel und Rechteinformationen getrennt von den verschlüsselten Inhalten übermittelt. Forderungen internationaler Rechteverwerter entsprechend können so die individualisierten Rechte zur Inhalteverwertung umfangreich und flexibel spezifiziert werden.“[588]

Ob die Ausnahmeregelung tatsächlich notwendig und zweckmäßig ist, soll hier nicht weiter hinterfragt werden.[589]

In Folge der Gesetzesänderung hat die Bundesnetzagentur ihre Duldung, nunmehr gestützt auf die Ausnahmevorschrift, im Jahre 2008 bis zum 30. September 2009 verlängert.[590] Da sich im Jahr 2009 abzeichnete, dass immer noch kein IPTV-Standard etabliert sein würde, hat die Bundesnetzagentur die Frist noch einmal bis zum 31.3.2012 verlängert.[591] Die Entscheidung lautet:

> „[Die] befristete Duldung wird nunmehr bis zur Fertigstellung und Veröffentlichung eines Standards durch eine Standardisierungsorganisation (insbesondere ETSI) für ein einheitliches Content Security System (CS-System) für IPTV-Dienste, die über geschlossene Netze angeboten werden verlängert, längstens jedoch bis zum 31.03.2012 und mit folgenden Auflagen versehen:

---

588 Beschlussempfehlung und Bericht des Ausschusses für Wirtschaft und Technologie zum RegE, BT-Drs. 16/3536, S. 44 f.

589 Mit kritischer Tendenz *Merkel/Roßnagel/Scheuer/Schweda*, Sicherung der Interoperabilität als Ziel der Regulierung der Rundfunkübertragung, S. 216 f.

590 Mitteilung Nr. 366/2008, ABl. 13/2008, S. 1528; *Smits*, in: Berliner Kommentar zum TKG, § 48, Rn. 19.

591 Mitteilung Nr. 543/2009, ABl. 21/2009, S. 4338.

1. Die Begünstigten sind verpflichtet, in den einschlägigen Standardisierungsgremien mitzuarbeiten, die einen Standard für ein CS-System für IPTV-Dienste entwickeln.
2. Die Begünstigten haben halbjährlich, beginnend mit dem 31.12.2009 der Bundesnetzagentur über ihre Mitarbeit in den vorstehend bezeichneten Standardisierungsgremien zu berichten, insbesondere über Entwicklungen, die die tatsächliche Berücksichtigung von Interoperabilitätsanforderungen aus Endkundensicht betreffen.
3. Nach Fertigstellung und Veröffentlichung des Standards ist der Bundesnetzagentur zu berichten, wie die Migration der vom jeweiligen Begünstigten eingesetzten technischen Lösung[en] zu einer die Vorschrift des § 48 Abs. 3 Nr. 1 TKG einhaltenden technischen Lösung erfolgen soll. […]“[592]

Die DSL-TV-Anbieter sind demnach mindestens bis zum 31.03.2012 von der Pflicht der Anpassung ihrer Set-Top-Boxen an den Common-Scrambling-Algorithmus befreit. Derzeit arbeitet die ITU-T Studiengruppe 9 an weiteren Standards für die IPTV-Übertragung.[593]

Der europäische Gesetzgeber hat durch die seit 19.12.2009[594] geltende Neuformulierung des Anhangs VI der Universaldienstrichtlinie, in dem sich die direkte Vorgabe für die deutsche Vorschrift § 48 Abs. 3 Nr. 1 TKG befindet, die „Moratoriumslösung“ der Bundesnetzagentur und des deutschen Gesetzesgebers (§ 48 Abs. 3 Nr. 1, 2. HS TKG) praktisch nachträglich legitimiert. Nunmehr verlangt Anhang VI Nr. 1 den einheitlichen Verschlüsselungsalgorithmus nur noch für „alle für den Empfang von konventionellen Digitalfernsehsignalen […] vorgesehenen Verbrauchergeräte“, so dass nun europarechtlich keine Pflicht mehr besteht, die Set-Top-Boxen für DSL-TV der Common-Scrambling-Vorschrift zu unterwerfen (s.u. Punkt 3).

---

592 Mitteilung Nr. 543/2009, ABl. 21/2009, S. 4338.

593 *Merkel/Roßnagel/Scheuer/Schweda*, Sicherung der Interoperabilität als Ziel der Regulierung der Rundfunkübertragung, S. 130.

594 Inkrafttreten der RL 2009/136/EG.

b) Darstellung unverschlüsselter Signale, § 48 Abs. 3 Nr. 2 TKG

Nach § 48 Abs. 3 Nr. 2 muss jedes digitale Fernsehempfangsgerät, das für eine Zugangsberechtigung vorgesehen ist, außerdem auch Signale darstellen können, die keine Zugangsberechtigung erfordern, die also unverschlüsselt sind. Diese Vorschrift erscheint zunächst marginal, könnte für DSL-TV-Betreiber aber einige Unklarheiten bringen, da sie von der Prämisse ausgeht, dass – bis auf die Verschlüsselung – alle sonstigen Voraussetzungen zur korrekten Signaldarstellung gegeben sind, also vor allem die Kompatibilität mit den verwendeten Modulationsverfahren, Kodierungsalgorithmen und Multiplexingsystemen.[595] Diese Prämisse mag auf den mittlerweile erfreulich standardisierten DVB-Markt (Terrestrik, Satellit, Kabel) zutreffen, nicht jedoch für DSL-TV, wo noch keine Standards existieren bzw. allgemein akzeptiert sind. Man wird aus § 48 Abs. 3 Nr. 2 TKG aber keine generelle Pflicht zur Standardisierung beim DSL-TV herauslesen können; die Regel bezieht sich tatsächlich nur auf Zugangsberechtigungssysteme.

c) Schlüsselwechsel, Lizenzen, Zugang, § 50 TKG

Die Anforderungen aus § 50 Abs. 1-3 TKG verfolgen das Ziel, dass die eingesetzten Zugangsberechtigungssysteme nicht zur Marktabschottung missbraucht werden[596] und somit die „Verfügbarkeit einer großen Bandbreite an Programmen und Dienstleistungen sichergestellt" ist.[597] Abs. 1 betrifft den sog. Schlüsselwechsel, Abs. 2 die Vergabe von Lizenzen, und Abs. 3 den allgemeinen, chancengleichen Zugang.

§ 50 Abs. 1 TKG fordert: „Anbieter von Zugangsberechtigungssystemen müssen diese technisch so auslegen, dass sie die kostengünstige Übergabe der Kontrollfunktionen gestatten und damit Betreibern öffentlicher Kommunikationsnetze auf lokaler oder regionaler Ebene die vollständige Kontrolle der Dienste ermöglichen, die solche Zugangsberechtigungssysteme nutzen." Zum einen stellt diese Vorschrift sicher, dass sich die eingesetzten Zugangsberechtigungssysteme mit verhältnismäßigem Auf-

---

[595] *Merkel/Roßnagel/Scheuer/Schweda*, Sicherung der Interoperabilität als Ziel der Regulierung der Rundfunkübertragung, S. 70.

[596] *Schmits*, in: Berliner Kommentar zum TKG, § 50, Rn. 1.

[597] Amtl. Begr. zum TKG 2004, BT-Drs. 15/2316, S. 75.

wand auch in Angebote fremder Anbieter integrieren lassen.[598] Zum anderen ermöglicht sie technische Prüfungsmaßnahmen, etwa zur Fehlerortung.[599] Technisch geht es um den sog. „Schlüsselwechsel“.[600] Sofern der Common-Scrambling-Algorithmus verwendet wird, ist der Schlüsselwechsel in der Regel mit geringem Aufwand gewährleistet.[601] Von größerer Bedeutung ist die Vorschrift, wenn – wie bei DSL-TV häufig – anderweitige DRM-Mechanismen verwendet werden.[602] Die Norm richtet sich an die „Anbieter von Zugangsberechtigungssystemen“. Der Gesetzgeber hat nicht klar definiert, wer „Anbieter“ des Systems ist. Gemessen an dem Zweck der Vorschrift, Interoperabilität zu schaffen, muss maßgeblich sein, wer für das System verantwortlich ist, wer also die Spezifikationen beeinflussen kann. Dies muss nicht unbedingt der Hersteller sein. Zumeist hat der Plattformbetreiber einen bestimmenden Einfluss auf das System, auch wenn es von Dritten entwickelt wurde. Beim DSL-TV ist zu unterscheiden: wenn die Netzbetreiber selbst Zugangsberechtigungssysteme einsetzen und kontrollieren, sind sie selbst Adressaten[603]; wenn sie fremde Systeme einsetzen bzw. verschlüsselte Signale nur weiterleiten, ohne das Zugangsberechtigungssystem zu verantworten, sind die Hersteller (Entwickler) oder die jeweiligen Anbieter (z.B. Rundfunkveranstalter) die Adressaten[604]. Die Vorschrift richtet sich – ausweislich der Begründung – auch an „Anbieter solcher Systeme, die zwar die Programmangebote bündeln und als Abonnement-Pakete vermarkten, selbst

---

598 Amtl. Begr. zum TKG 2004, BT-Drs. 15/2316, S. 75; *Schmits*, in: Berliner Kommentar zum TKG, § 50 Rn. 6.

599 Amtl. Begründung zum TKG 2004, BT-Drs. 15/2316, S. 75, *Stolzenburg-Wiemer*, in: Wissmann, Telekommunikationsrecht, Kap. 15, Rn. 50.

600 *Merkel/Roßnagel/Scheuer/Schweda*, Sicherung der Interoperabilität als Ziel der Regulierung der Rundfunkübertragung, S. 72.

601 *Merkel/Roßnagel/Scheuer/Schweda*, Sicherung der Interoperabilität als Ziel der Regulierung der Rundfunkübertragung, S. 72.

602 *Merkel/Roßnagel/Scheuer/Schweda*, Sicherung der Interoperabilität als Ziel der Regulierung der Rundfunkübertragung, S. 73.

603 Vgl. amtl. Begr. zum TKG 2004, BT-Drs. 15/2316, S. 75; zur generellen Anwendbarkeit von § 50 auf IPTV *Smits*, in: Berliner Kommentar zum TKG, § 50, Rn. 7.

604 Vgl. *Janik*, in: Beck’scher TKG-Kommentar, § 50, Rn. 47 und *Stolzenburg-Wiemer*, in: Wissmann, Telekommunikationsrecht, Kap. 15, Rn. 50.

aber keine Betreiber öffentlicher Kommunikationsnetze sind."[605] Der Adressatenkreis dieser Vorschrift ist also verschieden von demjenigen in § 52c RStV, wo nur Plattformbetreiber erfasst sind.

§ 50 Abs. 2 TKG enthält Voraussetzungen für die Vergabe von Lizenzen für Zugangsberechtigungssysteme, welche vor allem eine Diskriminierung von Lizenznehmern bzw. Interessenten verhindern sollen. § 50 Abs. 2 TKG richtet sich an „Inhaber gewerblicher Schutzrechte an Zugangsberechtigungssystemen". Der Begriff erfasst auch Inhaber abgeleiteter Rechte:[606] Adressaten der Vorschrift sind also auch DSL-TV-Netzbetreiber oder Rundfunkveranstalter, die Lizenzen für die Zugangsberechtigungssysteme von den ursprünglichen Rechteinhabern erworben haben.

§ 50 Abs. 3 TKG sichert den Rundfunkanbietern eine chancengleiche Nutzungsmöglichkeit der Zugangsberechtigungssysteme (Nr. 1) und stellt bestimmte Pflichten gegenüber den Endnutzern auf (Nr. 2 und 3). Diese Verpflichtungen sind fast wortidentisch mit den Anforderungen in § 14 Abs. 1 der Satzung nach § 53 RStV (s.o.).[607] Während § 50 Abs. 1 TKG lediglich die Anbieter von Zugangsberechtigungssystemen verpflichtet, und § 52c Abs. 1 RStV nur die Plattformbetreiber, sind Adressaten des § 50 Abs. 3 TKG „Anbieter und Verwender von Zugangsberechtigungssystemen". Die Vorschrift hat also wiederum einen anderen Adressatenkreis.[608] Wenn sie ein Zugangsberechtigungssystem selbst verantwortlich betreiben, sind die DSL-TV-Betreiber bereits „Anbieter". Als „Verwender" sind alle Unternehmen erfasst, welche die Zugangsberechtigungssysteme operativ betreiben,[609] also z.B. die DSL-TV-Netzbetreiber, wenn sie von Dritten entwickelte und kontrollierte Systeme in ihrem Angebot benutzen bzw. weiterleiten.

Da § 48 Abs. 2 Nr. 2 TKG zur Verwendung offener Anwendungsprogrammierschnittstellen verpflichtet (s. nachfolgend), ist der Zugriff und

---

605 Amtl. Begr. zum TKG 2004, BT-Drs. 15/2316, S. 75.
606 *Schmits*, in: Berliner Kommentar zum TKG, § 50, Rn. 11.
607 Die amtl. Begr., BT-Drs. 15/2316, S. 75, verweist ausdr. auf § 53 RStV.
608 *Janik*, in: Beck'scher TKG-Kommentar, § 50 Rn. 68.
609 *Schmits*, in: Berliner Kommentar zum TKG, § 50, Rn. 24.

die Nutzung der Zugangsberechtigungssysteme häufig schon auf diese Weise sichergestellt.[610]

Die Aufnahme oder Änderung seines Angebots in Bezug auf Zugangsberechtigungssysteme muss der DSL-TV-Anbieter gem. § 50 Abs. 3 Nr. 4 TKG bei der Bundesnetzagentur *vorher* anzeigen (vgl. die Parallelvorschrift in § 52c Abs. 2, die lediglich eine *unverzügliche* Anzeige vorschreibt[611]). Die Bundesnetzagentur unterrichtet anschließend die zuständige Landesmedienanstalt und koordiniert mit ihr das weitere Vorgehen, § 50 Abs. 4 TKG.

In Bezug auf die Verpflichtungen aus § 50 Abs. 1-3 TKG ist zu beachten, dass gem. § 50 Abs. 5 die Bundesnetzagentur die Möglichkeit hat, in dem Fall, in dem der Normadressat (also der Anbieter oder Verwender) nicht über beträchtliche Marktmacht verfügt, die Anforderungen abzuändern oder gänzlich wegfallen zu lassen.

3. Personal Computer, Mobiltelefone und Co. als „digitale Fernsehempfangsgeräte" i.S.v. §§ 48, 49 TKG?

Für DSL-TV-Betreiber ist die Frage interessant, ob auch Personal Computer, TV-fähige Mobiltelefone und andere Multifunktionsgeräte als „Fernsehgeräte" den vorangehend beschriebenen Vorschriften in §§ 48, 49 TKG zu Anwendungsprogrammierschnittstellen und zum Common-Scrambling-Algorithmus unterfallen. Anders als beim Empfang von konventionellen Kabelfernsehsignalen am Computer über einen TV-Tuner (TV-Tuner-Karte oder externes Gerät) kann beim DSL-TV der Computer *selbst* das Endgerät sein, das die Signale direkt über das DSL-Kabel bezieht. Der PC wählt bei diesem Direktempfang bestimmte Multicast-Adressen an.[612]

---

[610] Amtl. Begründung zu TKG 2004, BT-Drucks. 15/2316, S. 75.

[611] *Holznagel/Behle/Schumacher*, in: Gedanken zu den Medien und ihrer Ordnung, Festschrift für Dr. Victor Henle, 97, 99 f.

[612] Die Multicastadressen von ARD und ZDF sind aufgeführt auf www.ard-digital.de/14026.

Aus den Entscheidungen der Bundesnetzagentur zum DSL-TV[613] ist nicht erkennbar, wie die Bundesnetzagentur zur Frage der Einbeziehung von PCs als Endgeräten steht, denn in beiden Entscheidungen ging es um Set-Top-Boxen. Allerdings deutet eine im Netz verfügbare Präsentation aus dem Jahr 2006 von Annegret Kübler-Bork, leitende Regierungsdirektorin bei der Bundesnetzagentur, darauf hin, dass zumindest damals Tendenzen bestanden, Mobiltelefone oder PCs zum Kreis der regulierten Geräte zu zählen.[614]

Dem wäre jedoch zu widersprechen. Angesichts des eindeutigen Zuschnitts der deutschen Regelungen §§ 48, 49 TKG auf „Fernsehgeräte" sollte keine Anwendung auf PCs, Mobiltelefone und ähnliche Geräte stattfinden.[615] Zur Erinnerung: Nach § 3 Nr. 7 TKG ist ein "digitales Fernsehempfangsgerät" ein

> „Fernsehgerät mit integriertem digitalem Decoder oder ein an ein Fernsehgerät anschließbarer digitaler Decoder zur Nutzung digital übertragener Fernsehsignale, die mit Zusatzsignalen, einschließlich einer Zugangsberechtigung, angereichert sein können."

Als „Fernsehgeräte" kann man zwar auch solche Geräte einordnen, die neben der Fernsehfunktion außerdem noch Zusatzdienste erlauben, wie beispielsweise E-Mail, Spiele oder Browserprogramme, solange ihr Pri-

---

613 Mitteilung der BNetzA Nr. 251/2006, ABl. 13/2006, S. 1813; Mitteilung Nr. 366/2008, ABl. 13/2008; Mitteilung Nr. 543/2009, ABl. 21/2009, S. 4338.

614 Die Vorschriften zur Rundfunkübertragung im TKG – Anwendung in der Praxis 2006, Workshop „Zugangsfreiheit im digitalen Fernsehen und IP-TV", Düsseldorf, 30.10.2006. Auf S. 9 der Präsentation ist zu lesen: „Anwendung dieser Bestimmung auf innovative mobile TV-Plattformen und die dabei zum Einsatz kommenden Geräte? Die Universaldienstrichtlinie erfasst ‚alle für den Empfang von Digitalfernsehsignalen vorgesehenen Verbrauchergeräte'. Dies lässt keine Einschränkung auf Fernsehgeräte im klassischen Sinne erkennen, sondern weist auf eine Offenheit für die zukünftige Entwicklung neuer Nutzungsformen von Fernsehsignalen hin. DVB-H-fähige Endgeräte sind für den Empfang digitaler Fernsehsignale vorgesehen und fallen daher in den Anwendungsbereich dieser Bestimmung."

615 Offen für ein weites Verständnis wohl *Merkel/Roßnagel/Scheuer/Schweda*, Sicherung der Interoperabilität als Ziel der Regulierung der Rundfunkübertragung, S. 155, 209 f.

märzweck in der Wiedergabe von Fernsehsignalen besteht.[616] Personal Computer, Mobiltelefone und Laptops hingegen können zwar die *Funktion* eines Fernsehgerätes erfüllen, sie sind nach dem normalen Sprachgebrauch aber davon zu unterscheiden.

Auch die Berücksichtigung der europarechtlichen Vorgaben führt zu keinem anderen Ergebnis. Die Verpflichtung zu offenen API-Standards in § 48 Abs. 2 Nr. 2 TKG geht auf Art. 18 Abs. 1 lit. b der Rahmenrichtlinie (2002/21/EG) zurück. Nach dieser Vorschrift müssen die Mitgliedstaaten dafür Sorge tragen,

> „dass die Anbieter aller *erweiterter digitaler Fernsehgeräte*, die für den Empfang digitaler interaktiver Fernsehdienste auf interaktiven digitalen Fernsehplattformen *bestimmt sind*, die Mindestanforderungen der einschlägigen Normen und Spezifikationen einer offenen API erfüllen“[617] (im Original nicht kursiv).

Die „erweiterten digitalen Fernsehgeräte“ werden wiederum in Art. 2 lit. o Rahmenrichtlinie wie folgt definiert:

> „Set-top-Boxen zur Verbindung mit Fernsehgeräten und integrierte digitale Fernsehgeräte zum Empfang digitaler interaktiver Fernsehdienste“[618].

Besonders das Erfordernis der *Bestimmung* zum Fernsehempfang im voran zitierten Art. 18 Abs. 1 lit. b Rahmenrichtlinie spricht für eine Eingrenzung auf die klassischen Fernsehgeräte (unter Einbeziehung von Set-top-Boxen).

---

616 *Merkel/Roßnagel/Scheuer/Schweda*, Sicherung der Interoperabilität als Ziel der Regulierung der Rundfunkübertragung, S. 209; *Robert/Janik*, in: Beck'scher TKG-Kommentar, § 3, Rn. 24.

617 Englisch: "Member States shall encourage [...] providers of all enhanced digital television equipment deployed for the reception of digital interactive television services on interactive digital television platforms to comply with an open API in accordance with the minimum requirements of the relevant standards or specifications".

618 Englisch: "'enhanced digital television equipment' means set-top boxes intended for connection to television sets or integrated digital television sets, able to receive digital interactive television services."

Die Verpflichtung aus § 48 Abs. 3 Nr. 1 TKG zur Common-Scrambling-Kompatibilität geht auf Art. 24 i.V.m. Anhang VI Nr. 1 UniversaldienstRL (2002/22/EG) zurück. Diese Vorschrift lautete bis zum 19.12.2009[619]:

> „1. Einheitlicher Verschlüsselungsalgorithmus und unverschlüsselter Empfang
>
> *Alle für den Empfang von Digitalfernsehsignalen vorgesehenen Verbrauchergeräte,* die in der Gemeinschaft zum Verkauf, zur Miete oder anderweitig angeboten werden und in der Lage sind, Digitalfernsehsignale zu entschlüsseln, müssen über die Fähigkeit verfügen, Signale zu entschlüsseln, die dem einheitlichen europäischen Verschlüsselungsalgorithmus entsprechen, wie er von einer anerkannten europäischen Normenorganisation, derzeit ETSI, verwaltet wird; [...]" (im Original nicht kursiv).

Diese Formulierung wäre offener für eine Einbeziehung von PCs und Mobilfunkgeräten als die Begrifflichkeit „erweiterte digitale Fernsehgeräte" in der Rahmenrichtlinie. Jedoch spricht der EU-Gesetzgeber in Erwägungsgrund 33 der UniversaldienstRL von „digitalen Fernsehgeräten" und offenbart damit, dass er in der Universaldienstrichtlinie kein weiteres Begriffsverständnis als in der Rahmenrichtlinie zugrunde gelegt hat, sondern auch hier „Fernsehgeräte" als Zielobjekte meinte.

Ein Argument für die enge Auslegung der europarechtlichen Begrifflichkeit des „Fernsehgerätes" liefert ferner die neue Richtlinie 2009/136/EG zur Änderung des geltenden TK-Richtlinienpakets von 2002. Dort wird der Anhang VI der UniversaldienstRL neugefasst. Anhang VI lautet:

> „1. Einheitlicher Verschlüsselungsalgorithmus und unverschlüsselter Empfang
>
> *Alle für den Empfang von konventionellen Digitalfernsehsignalen (d. h. terrestrische, kabelgebundene oder satellitengestützte Übertragung eines Sendesignals, das hauptsächlich für den ortsfesten Empfang bestimmt ist) vorgesehenen Verbrauchergeräte,* die in der Gemeinschaft zum Verkauf, zur Miete oder anderweitig angeboten

---

[619] An diesem Tag trat die Richtlinie 2009/136/EG zur Änderung des TK-Richtlinienpaktes in Kraft, dazu nachfolgend.

werden und in der Lage sind, Digitalfernsehsignale zu entschlüsseln, müssen über die Fähigkeit verfügen, Signale zu entschlüsseln, die einem einheitlichen europäischen Verschlüsselungsalgorithmus entsprechen, wie er von einer anerkannten europäischen Normenorganisation, derzeit ETSI, verwaltet wird; […]" (im Original nicht kursiv).

Diese Neufassung des Anhangs VI der UniversaldienstRL ist seit dem 19.12.2009 (Inkrafttreten der Richtlinie 2009/136/EG) geltendes Recht und zeugt unmissverständlich vom engen Begriffsverständnis des EU-Gesetzgebers, der durch die ausdrückliche Begrenzung auf die konventionellen Übertragungswege der Entwicklung hin zu IPTV und Mobile TV Rechnung getragen hat. Der EU-Gesetzgeber hat erkannt, dass PCs, Mobiltelefone und andere Geräte zum Fernsehen verwendet werden können und daher eine Klarstellung erforderlich war. Zwar bezieht sich diese konkrete Vorgabe nur auf die Verschlüsselung, und beispielsweise nicht auf Anwendungsprogrammierschnittstellen, jedoch gibt sie einen maßgeblichen Anhaltspunkt dafür, was der europäische Gesetzgeber als „Fernsehgerät" versteht.

In den „Eckpunkten zur TKG-Novelle 2010"[620] hat das Bundesministerium für Wirtschaft und Technologie unter Punkt IV. angekündigt, dass sowohl dem geänderten europäischen Rechtsrahmen als auch den Entwicklungen im Rundfunk durch Änderungen des TKG Rechnung getragen werden müsse. Insbesondere sei der neue Anhang VI Nr. 1 der UniversaldienstRL umzusetzen. Man darf gespannt sein, wann und in welcher Form die Umsetzung geschehen wird.

Der deutsche Gesetzgeber wäre, wollte er Personal Computer und andere Multifunktionsgeräte in den §§ 48, 49 TKG als Endgeräte erfassen, zu einer Neuformulierung im Gesetzestext aufgefordert.[621] Eine solche Ausweitung wäre aufgrund der seit dem 19.12.2009 geltenden Fassung des Anhangs VI der UniversaldienstRL europarechtlich nicht erforderlich. Der deutsche Gesetzgeber würde über die EU-Vorgaben „hinausschießen". Dies bleibt dem deutschen Gesetzgeber zwar unbenommen – es ist aber zu bezweifeln, ob die Ausweitung der Interoperabilitätsvor-

---

[620] Verfügbar auf der Website des BMWI, www.bmwi.de.

[621] So auch *Merkel/Roßnagel/Scheuer/Schweda*, Sicherung der Interoperabilität als Ziel der Regulierung der Rundfunkübertragung, S. 210.

schriften überhaupt sinnvoll wäre. Zu bedenken ist, dass Personal Computer und moderne Mobilfunkgeräte eben nicht primär auf den Rundfunkempfang ausgerichtet sind und daher nicht in jeder Hinsicht mit Fernsehgeräten gleichbehandelt werden sollten. Personal Computer und Mobilfunkgeräte bieten in der Regel bereits sehr „offene" technische Plattformen und verfügen zumeist über diverse offene Schnittstellen. Die Kompatibilitätsfragen knüpfen sehr viel stärker an die Software, insbesondere das Hauptbetriebssystem, an. Zwar können Plattformbetreiber auf diesen Geräten durch die Softwarekonfiguration leicht Barrieren aufbauen, jedoch scheinen die bestehenden Regelungen zu Verschlüsselungssystemen und APIs für diese Geräte nicht sachgerecht.

IV. Maßnahmen der Landesmedienanstalt (§ 52f RStV) und der Bundesnetzagentur, Verfahren und Zusammenarbeit

Die Landesmedienanstalten haben die Möglichkeit, bei Verstößen gegen die Anforderungen an Plattformanbieter die „erforderlichen Maßnahmen" zu treffen, insbesondere eine Beanstandung oder Untersagung des Plattformbetriebs auszusprechen, § 52f i.V.m. § 38 Abs. 2 RStV.

Nach § 9 Plattformsatzung stimmen sich die Landesmedienanstalten mit der Bundesnetzagentur und dem Bundeskartellamt ab:

> Abs. 1: „Über die Rechtmäßigkeit von Zugangsberechtigungssystemen (§ 52 c Absatz 1 S. 2 Nr. 1 RStV), Schnittstellen für Anwendungsprogramme (§ 52 c Absatz 1 S. 2 Nr. 2 RStV) und die Ausgestaltung von Entgelten (§ 52 d RStV) entscheidet die zuständige [Landesmedienanstalt] im Benehmen mit der Bundesnetzagentur (§ 52 e Absatz 2 RStV). Entscheidungen des Bundeskartellamts und der Bundesnetzagentur sind bei der Prüfung durch die zuständige Landesmedienanstalt zu berücksichtigen."

> Abs. 2: „Für Zugangsberechtigungssysteme und Schnittstellen für Anwendungsprogramme gelten die vorstehenden Verfahrensbestimmungen nach Maßgabe der zwischen den Landesmedienanstalten und der Bundesnetzagentur vereinbarten Eckpunkte für das gemeinsame Verfahren nach § 49 Absatz 3[,] § 50 Absatz 4 und § 51 Absatz 3 TKG zur Zugangsoffenheit von Anwendungsprogrammierschnittstellen und Zugangsberechtigungssystemen, wie sie im Amtsblatt der Bundesnetzagentur und auf der Internet-Seite der ALM veröffentlicht sind."

Die Eckpunkte für das gemeinsame Verfahren wurden am 19.12.2005 beschlossen.[622] Eckpunkt Nr. 1 lautet:

> „Die Verfahren nach § 49 Abs. 3, § 50 Abs. 4 und § 51 Abs. 3 TKG zur Prüfung der Zugangsoffenheit von Anwendungsprogrammierschnittstellen und Zugangsberechtigungssystemen werden zentral bei der Bundesnetzagentur geführt. Anlauf hierfür ist das Referat 423 der Bundesnetzagentur […]"

Das Eckpunktepapier verweist noch auf die ehemalige Gemeinsame Stelle Digitaler Zugang (GSDZ) der Landesmedienanstalten, deren Funktion nun die Kommission für Zulassung und Aufsicht (ZAK) erfüllt. Das Eckpunktepapier ist entsprechend zu interpretieren.

Soweit Zugangsberechtigungssysteme, Schnittstellen für Anwendungsprogramme sowie Entgelte und Tarife betroffen sind, ergeht nur insoweit eine eigenständige Entscheidung durch die zuständige Landesmedienanstalt, als der zu prüfende Sachverhalt aus medienrechtlichen Gründen zu einer von der Bundesnetzagentur abweichenden Bewertung führt, § 7 Abs. 3 Plattformsatzung und Eckpunkt Nr. 3 des Eckpunktepapiers.

Die Bundesnetzagentur hat auf ihrer Website unter Sachgebiete/Regulierung Telekommunikation/Technische Regulierung Telekommunikation/Rundfunkübertragung, Verwaltungsverfahren gemäß Teil 4 TKG wertvolle Informationen über das Verfahren zusammengestellt. Dort finden sich beispielsweise Übersichten über die Anforderungen der §§ 48-51 TKG und detaillierte Beschreibungen der Verfahrensabläufe, unter anderem eine „Verfahrensbeschreibung – Verwaltungsverfahren nach Anrufung der Bundesnetzagentur gemäß § 49 Abs. 3 und 4 TKG" und eine „Verfahrensbeschreibung – Verwaltungsverfahren zur Prüfung der Anzeige nach § 50 Abs. 3 Nr. 4 TKG gemäß § 50 Abs. 4 TKG" (Stand jeweils 19.12.05).

---

622 Abrufbar auf www.bundesnetzagentur.de unter Sachgebiete/Telekommunikation/ Technische Regulierung/ Rundfunkübertragung, in der Fassung vom 19.12.2005.

V. Beschwerderecht der Inhalteanbieter und Schlichtungsverfahren

Die Anbieter der auf den Plattformen verbreiteten Medien, beim DSL-TV also die Veranstalter der verbreiteten Rundfunkprogramme und ggf. die Telemedienanbieter, haben gem. § 8 Satz 1 der Satzung die Möglichkeit, bei der zuständigen Landesmedienanstalt Beschwerde einzulegen, wenn der Plattformanbieter seine den Inhalteanbieter begünstigenden Pflichten nicht erfüllt, also die Bestimmungen nach § 51b RStV (Weiterverbreitung), § 52 Absatz 2 und § 52a RStV (Anforderungen an Plattformen), nach § 52b RStV (Anforderungen an die Belegung von Plattformen), nach § 52c RStV (Technische Zugangsfreiheit) sowie nach § 52d RStV (Anforderungen an die Entgelte und Tarife) oder der Plattformsatzung. Soweit Zugangsberechtigungssysteme oder Schnittstellen für Anwendungsprogramme betroffen sind, leitet die Landesmedienanstalt die Beschwerde an die Bundesnetzagentur weiter, bei der das weitere Verfahren geführt wird, § 8 Abs. 1 Satz 2 Plattformsatzung (vgl. § 49 Abs. 3 und § 50 Abs. 4 TKG und Nr. 1 Eckpunktepapier über das gemeinsame Verfahren). In diesen Fällen kann nach § 51 TKG ein Schlichtungsverfahren bei der Bundesnetzagentur durchgeführt werden (s. den Wortlaut der Vorschrift).

Wichtig ist die Einhaltung von § 8 Abs. 2 Plattformsatzung: Danach hat der Beschwerdeführer bei Einlegung der Beschwerde darzulegen, dass er zuvor auf eine einvernehmliche Lösung hingearbeitet hat.

Hält die zuständige Landesmedienanstalt die Beschwerde für begründet, so gibt sie dem Verpflichteten die Möglichkeit, der Beschwerde abzuhelfen, § 8 Abs. 3 Satz 2 Plattformsatzung; wird dieser Möglichkeit nicht nachgegangen, kann die Landesmedienanstalt Maßnahmen gem. § 8 ergreifen, deren Voraussetzungen und Inhalte von der Satzung allerdings nicht, insbesondere nicht durch einen Verweis wie in § 7 Abs. 2 Plattformsatzung, klar beschrieben werden. Bei dauerhaften oder wiederkehrenden Verstößen kann die zuständige Landesmedienanstalt den Dienst untersagen, § 8 Abs. 4 Plattformsatzung.

VI. Unbedenklichkeitsbescheinigung, § 7 Abs. 4 der Satzung

Gemäß § 7 Abs. 4 der Satzung haben die Plattformbetreiber die Möglichkeit, sich von der ZAK eine „Unbedenklichkeitsbescheinigung“ für ihre Plattform ausstellen zu lassen: Die ZAK stellt auf Antrag fest, ob und in welchem Umfang ein Angebot den Regelungen über den Plattformbetrieb entspricht bzw. ob es überhaupt darunter fällt.

Frage 12: Was ist beim Angebot elektronischer Programmführer (EPGs) zu beachten?

Antwort: Für die Verwendung fremder Programm-Zusatzinformationen wie Filmbeschreibungen und Bilder werden die entsprechenden Urheberrechte benötigt. Urheberrechtliche Schranken greifen nicht ein. Die bloßen Sendeinformationen (Programmfolgen) dagegen sind nicht schutzfähig. Bezüglich der Lizenzierungspraxis durch Verwertungsgesellschaften bestehen Unklarheiten.

I. Betroffene Schutzgegenstände und Verwertungsrechte bei der Verwendung fremder Inhalte

Werden im Rahmen eines Basisnavigators oder im Rahmen eines elektronischen Programmführers (Electronic Program Guide, EPG) Inhalte Dritter verwendet, wie etwa Programmbeschreibungen, Bilder oder Filmausschnitte, so sind durch diese Verwendung möglicherweise fremde Urheberrechte betroffen. Urheberrechtlichen Schutz genießen gemäß § 2 Abs. 2 UrhG nur „persönliche geistige Schöpfungen". Bloße Daten und Informationen – wie Anfangszeit, Filmlänge, Produktionsjahr, Regisseur, Hauptdarsteller – sind für sich betrachtet nicht schutzfähig.[623] Häufig werden in den Programmführern jedoch diese Angaben um Texte (Inhaltsbeschreibungen, Bewertungen etc.), Bilder oder Videos ergänzt, die sehr wohl geistige Schöpfungen darstellen oder Leistungsschutzrechte begründen. Zur genaueren Einschätzung muss jeder Einzelfall betrachtet werden. Bilder und Videos genießen, wenn sie die Schwelle der persönlichen geistigen Schöpfung nicht erreichen, zumindest Leistungsschutz nach § 72 bzw. § 95 UrhG. Filmausschnitte können ferner als Teile eines Filmwerkes gem. § 2 Abs. 1 Nr. 6 UrhG geschützt sein. Die Texte sind als Schriftwerke gem. § 2 Abs. 1 Nr. 2 UrhG geschützt, wenn sie ein Mindestmaß an eigenschöpferischer Prägung aufweisen (sog. kleine

---

[623] *Loewenheim*, in Schricker, § 2, Rn. 105; LG Köln, Urt. v. 23.12.2009, 28 O 479/08, Rn. 175.

Münze).[624] Bei Filmbewertungen sollte dies zumeist unproblematisch zu bejahen sein, da sie die Meinung des Autors wiedergeben und daher individuell ausgestaltet werden. Auch Filmbeschreibungen werden regelmäßig als Textwerke schutzfähig sein, solange sie wenigstens einige Sätze lang sind.[625] Zum Vergleich: In § 49 UrhG wird davon ausgegangen, dass Zeitungsartikel und Rundfunkkommentare urheberrechtlich schutzfähig sein können.[626] Im Einzelfall ist zu prüfen, inwieweit der beschreibende Autor seinen schöpferischen Spielraum ausnutzt und eigene Akzente setzt, die seine Beschreibung von einer fremden Beschreibung des gleichen Films unterscheiden würden.[627] Gerade die prägnante Zusammenfassung eines wesentlichen Inhaltes kann die Schöpfungshöhe begründen.[628] Bei Filmbeschreibungen kommt es darauf an, den Inhalt kurz und prägnant darzustellen und dabei ein Interesse des Zuschauers an der jeweiligen Sendung zu wecken.[629]

Rechteinhaber der Filmbeschreibungen und Filmbewertungen ist der jeweilige Verfasser, § 7 UrhG, der seinem Arbeitgeber regelmäßig die entsprechende Lizenz eingeräumt haben wird. Häufig erhalten letztendlich die Sendeunternehmen die Filmbeschreibungen zu den von ihnen produzierten oder eingekauften Filmen und Sendungen, so dass sie die richtigen Ansprechpartner sind, um an eine Filmbeschreibung zu gelangen.[630] Will der DSL-TV-Betreiber fremde Bilder, Videos oder Texte für seinen EPG verwenden, müsste er die entsprechenden Lizenzen einholen (dazu unten).

---

[624] *Schulze*, in: Dreier/Schulze, UrhG, § 2, Rn. 25; *Nordemann*, in: Fromm/Nordemann, UrhR, § 2, Rn. 58.

[625] Den Schutz von in EPGs verwendeten Programminformationen haben bejaht: OLG Dresden, ZUM 2010, 362, 364; LG Köln, Urt. v. 23.12.2009, 28 O 479/08, Rn. 176; LG Leipzig, ZUM 2009, 980, 982 f.

[626] Vgl. *Nordemann*, in: Fromm/Nordemann, UrhR, § 2, Rn. 58; zum Schutz von Rundfunkkommentaren und Zeitungsartikeln auch BGH, GRUR 1997, 459, 461.

[627] Ähnlich *Castendyk*, ZUM 2008, 916, 918; vgl. *Pleister/v. Einem*, ZUM 2007, 904; vgl. auch OLG Dresden, ZUM 2010, 362, 364.

[628] LG Köln, Urt. v. 23.12.2009, 28 O 479/08, Rn. 176.

[629] LG Köln, Urt. v. 23.12.2009, 28 O 479/08, Rn. 176.

[630] *Pleister/v. Einem*, ZUM 2007, 904, 905.

Neben diesem Schutz der Bilder, Videos und Texte wollen einige Autoren die Sendefolge, also die Abfolge der Einzelsendungen im Programm eines Rundfunksenders, als tauglichen Schutzgegenstand betrachten, nämlich als Sammelwerke gem. § 4 Abs. 1 Satz 1 UrhG.[631] Es geht um die Frage, ob die Programmfolge als solche, also die Kombination und die zeitliche Abfolge aus Serien, Shows und anderen Sendungen schutzfähig ist. „Urheber" der Sendefolge wären die Programmredakteure bei den Sendeunternehmen. Auch reine Daten und Informationen, die für sich betrachtet nicht schutzfähig sind, können Bestandteil eines Sammelwerkes sein.[632] Wäre die Sendefolge geschützt, könnten die Anbieter von EPGs nicht einmal die „nackten" Sendedaten ohne Erlaubnis abbilden.

Ob die Gestaltung einer Sendefolge eine persönliche geistige Schöpfung begründet, kann aber bezweifelt werden.[633] In der Auswahl oder der Anordnung der gesammelten Inhalte müsste sich ein „neuer geistiger Gehalt" manifestieren, „der über die bloße Summe der Inhalte der einzelnen Elemente hinausgeht".[634] Die Zusammenstellung der Sendungen zu einer Sendefolge ist lediglich eine, wenn auch erhebliche, organisatorische Leistung.[635] Der geistige Gehalt eines Gesamtprogramms wird ausschließlich durch den Wert der einzelnen Sendungen bestimmt.[636] Der Fernsehzuschauer trifft seine Senderwahl nicht an dem Gesamtprogramm, sondern nach den Einzelsendungen.[637] Sendepläne passen nicht in die Reihe der Schutzobjekte, die der Gesetzgeber bei Einführung des Schutzes von Sammelwerken vor Augen hatte, nämlich Lexika, Enzyklopädien, Anthologien, Kochbücher und Adressbücher als Beispiele.[638] Während sämtliche dieser Sammelwerke wenigstens vom Umfang her offen sind, geht es bei Sendeplänen letztlich nur darum, den Sendezeitraum auszufüllen. Der Schutz von Sendefolgen würde nicht nur dazu

---

631 *Pleister/v. Einem*, ZUM 2007, 904.

632 *Pleister/v. Einem*, ZUM 2007, 904, 905.

633 Mit ausf. Begründung *Hoeren*, ZUM 2008, 271, 272; eher ablehnend auch LG Köln, Urt. v. 23.12.2009, 28 O 479/08, Rn. 174: die Schöpfungshöhe der Sendefolgen sei im konkreten Fall nicht hinreichend dargelegt.

634 *Dreier*, in: Dreier/Schulze, UrhG, § 4, Rn. 11.

635 So bereits *Krause*, GRUR 1959, 346, 349.

636 Schweizerisches Bundesgericht, GRUR Int 1981, 642, 643.

637 Schweizerisches Bundesgericht, GRUR Int 1981, 642, 643.

638 RegE von 1962 zum UrhG, BT-Drs. IV/270, S. 39.

führen, dass man diese Folge in einem eigenen Programm nicht imitieren dürfte (diese Rechtsfolge erscheint noch akzeptabel), sondern sogar dazu, dass die reine Abfolge auch nicht mehr ohne Lizenz an irgendeiner Stelle abgebildet werden dürfte (was überzogen erscheint). Dem großen Schutzumfang des § 4 UrhG muss insofern Rechnung getragen werden.[639] Sendepläne sollten ebenso wenig schutzfähig sein wie Theaterprogramme oder vergleichbare Inhaltsverzeichnisse.[640]

Für einen Schutz der Sendefolge wird angeführt, dass gerade die Programmbelegung eine Kernkompetenz eines Senders darstellt, mit der er sich von anderen Sendern abgrenzt und die den Rezipienten dazu veranlasst, bei diesem Sender zu bleiben.[641] Durch die Auswahl des Inhalts versuchen die Sender, sich ein individuelles Gesicht zu verleihen.[642] Ob Sendefolgen Sammelwerke darstellen, ist nach Ansicht vieler Autoren nicht pauschal zu beantworten, sondern muss im Einzelfall entschieden werden.[643]

Als weiterer von EPGs oder Navigatoren betroffener Schutzgegenstand kommen Datenbankrechte in Betracht, wenn die Informationen aus fremden elektronischen Programmübersichten (z.B. aus dem Internet) bezogen und in den eigenen Navigator oder EPG eingefügt werden. Der Schutz von Sendefolgen über das Datenbankrecht erscheint wesentlich sachgerechter und angemessener als der Schutz als Sammelwerk, da die Begründung eines Datenbank-Schutzrechts aufgrund europarechtlicher Vorgaben weniger eine schöpferische Leistung, als vielmehr (lediglich) Aufwand und Investition erfordert. Ob und inwieweit den Sendeunternehmen durch das Abspeichern der Programminformationen in Datenbanken entsprechende urheberrechtliche Schutzrechte entstehen, hängt allerdings vom Einzelfall ab, denn Datenbankrechte entstehen nur, wenn für die Beschaffung, die Überprüfung oder die Darstellung ihres Inhalts eine in

---

639 *Zimmer*, K&R 2008, 590.
640 *Zimmer*, K&R 2008, 590.
641 *Castendyk*, ZUM 2008, 916, 919.
642 *Loewenheim*, in: Schricker, UrhR, § 4, Rn. 14.
643 *Kuper*, IPTV, S. 265; *Castendyk*, ZUM 2008, 916, 919; *Loewenheim*, in Schricker, UrhR, § 4, Rn. 14.

qualitativer oder quantitativer Hinsicht wesentliche Investition erforderlich ist.[644]

Soweit urheberrechtlich geschützte Gegenstände vorliegen (nach hier vertretener Ansicht sind dies in der Regel die Texte, Bilder und Videos), greift der DSL-TV-Betreiber durch das Einbinden in den EPG in bestimmte Verwertungsrechte ein. Die Signale für den EPG können entweder direkt mit dem Signal für das Fernsehprogramm verteilt werden oder immer nur speziell auf Abruf an den Rezipienten übermittelt werden. Werden die Informationen innerhalb des Basisnavigators oder des EPG jeweils mit dem Sendesignal übermittelt, so wie dies beim klassischen Videotext der Fall ist, ist das Senderecht (§ 20 UrhG) einschlägig. In modernen Systemen wird die Übertragung der EPG-Daten innerhalb des Fernsehsignals durch die wiederholende Aussendung in einer Art Sendeschleife umgesetzt, damit die Daten permanent verfügbar sind.[645] Ein Vorteil dieser Übertragung ist, dass die EPG-Informationen optimal mit dem Fernsehsignal synchronisiert werden können.

Werden die Informationen dagegen nur auf Abruf zugänglich gemacht und somit immer erst auf Anforderung des einzelnen Users gesendet, liegt eine öffentliche Zugänglichmachung nach § 19a UrhG vor. In der Praxis werden die Informationen für EPGs häufig auf Websites bereit gestellt. Aus technischer Sicht hat diese Methode den Nachteil, dass es bei beliebten Abrufseiten zu Serverkapazitätsengpässen in Fällen hoher Abrufzahlen kommen kann. Dieses Problem besteht bei der Übermittlung im Fernsehstream-Multiplex nicht.

Kommt es des Weiteren zu Vervielfältigungen der Texte, Bilder und Videos, ist das Recht aus § 16 Abs. 1 UrhG betroffen.

II. Keine freie Nutzung gem. § 50 UrhG (Berichterstattung über Tagesereignisse)

Sofern Verwertungsrechte betroffen sind, ist im nächsten Schritt zu fragen, ob urheberrechtliche Schrankenregeln eingreifen, welche die Verwendung (ohne Lizenz) legitimieren. § 44a UrhG (vorübergehende Vervielfältigungshandlungen) hilft dem DSL-TV-Betreiber nicht weiter,

---

[644] EuGH, GRUR 2005, 244 – British Horseracing Board.

[645] *Jurran*, c't 9/2010, 170, 171.

denn im Rahmen des Angebots eines EPG erfolgen die Vervielfältigungshandlungen nicht nur vorübergehend, sondern dauerhaft. § 49 UrhG (Zeitungsartikel und Rundfunkkommentare) kann die Nutzung fremder Werke im Rahmen von EPGs ebenfalls nicht legitimieren, da EPGs keine Zeitungsartikel oder Rundfunkkommentare enthalten.

Die Verwendung fremder Texte, Bilder und Videos in einem EPG ist – entgegen dem OLG Köln[646] – auch nicht als „Berichterstattung über Tagesereignisse" nach § 50 UrhG lizenz- und vergütungsfrei erlaubt.[647] Nach § 50 UrhG ist zur Berichterstattung über Tagesereignisse die Vervielfältigung, Verbreitung und öffentliche Wiedergabe von Werken, die im Verlauf dieses Ereignisses wahrnehmbar werden, in einem durch den Zweck gebotenen Umfang zulässig. Damit § 50 UrhG einschlägig wäre, müssten die Informationen, die in einem EPG wiedergegeben werden, Tagesereignisse darstellen. Tagesereignisse sind tatsächliche aktuelle Begebenheiten, die für die Allgemeinheit von Interesse sind.[648] Es kann sich hierbei um tatsächliche Begebenheiten jeglicher Art handeln.[649] Selbst wenn man die künftig auszustrahlenden Sendungen als Tagesereignisse bezeichnen wollte,[650] wären die beschreibenden Texte, Bilder und Videos keine „Werke, die im Verlauf dieser Ereignisse wahrnehmbar werden". Die Verwendung fremden Text- und Bildmaterials innerhalb eines EPGs ist keine aktuelle Berichterstattung (Gegenwartsberichterstattung[651]). Zweck einer Darstellung der Sendefolge im EPG ist die übersichtliche Darstellung von Tages- und Wochenprogrammen als Erleichterung für den Konsum, nicht die Berichterstattung *über* die Sendungen oder die Sendefolge.

Eine erlaubnis- und vergütungsfreie Verwertung fremder Programminformationen in einem EPG ist ferner nicht „durch den Zweck geboten".[652] Die Vorschrift des § 50 UrhG wurde zum Schutz der Meinungs- und

646 OLG Köln, ZUM 2005, 233.

647 OLG Dresden, ZUM 2010, 362, 364 f.; LG Köln Urt. v. 23.12.2009, 28 O 479/08, Rn. 182; LG Leipzig, ZUM 2009, 980, 983.

648 BGH, ZUM-RD 2008, 337, 342; BGH, GRUR 2002, 1050, 1051.

649 *Kuper*, IPTV, S. 267.

650 OLG Köln, ZUM 2005, 233, 234.

651 BGH, GRUR 2008, 693.

652 OLG Dresden, ZUM 2010, 362, 364.

Pressefreiheit eingeführt. Sie soll eine anschauliche Berichterstattung in den Fällen ermöglichen, in denen es Journalisten nicht mehr möglich ist, rechtzeitig die erforderliche Zustimmung einzuholen. Ist es jedoch möglich und zumutbar, zuvor die Zustimmung des Rechteinhabers einzuholen, gibt es keine Notwendigkeit, sich über die Interessen der Berechtigten hinwegzusetzen.[653] Um die jeweiligen Programminformationen aktuell im EPG anzubieten, können ohne zeitlichen Druck die erforderlichen Rechte an den Inhalten eingeholt werden. Bei einem Vorlauf von mehreren Wochen und einer beständigen Routine bei der Bekanntgabe von Fernsehprogramminformationen gibt es somit keinen Anlass, die Verwendung lizenz- und vergütungsfrei zuzulassen.[654]

III. Einholung der Lizenz für die Programminformationen

Die Rundfunkveranstalter stellen ihre Informationen für EPGs unter anderem über das Internet zur Verfügung, beispielsweise in sog. Presselounges.[655] Diese Informationen umfassen zum einen die reinen Sendedaten, wie Programmablauf und Anfangszeiten, zum anderen auch Zusatzinformationen über die Darsteller, das Produktionsjahr, sowie Bilder und Inhaltsbeschreibungen. Während diese Daten für den Printbereich unentgeltlich zur Verfügung gestellt werden, wird bei einer Verwertung im Rahmen von EPGs der Abschluss eines Verwertungsvertrages verlangt, der mit einer Vergütung verbunden ist. Die VG Media wurde von mehreren privaten Rundfunkveranstaltern mit der Rechtewahrnehmung beauftragt. Sie bietet einen eigenen EPG-Tarif („für die Nutzung von Bild- und Wortmaterial zur Ankündigung und Bewerbung von Fernsehprogrammen in elektronischen Programmführern) an.[656] Sofern die EPGs von Herstellern der Set-Top-Boxen betrieben werden, wird ein höherer Tarif ver-

---

653 BGH, GRUR 2008, 693, 696.

654 So auch: LG Leipzig, Urt. v. 22.05.2009, K&R 2009, 663, 666; *Pleister/von Einem*, ZUM 2007, 904, 909; OLG Dresden, Urt. v. 15.12.2009, ZUM 2010, 362, 364; LG Köln, Urt. v. 23.12.2009, 28 O 479/08, Rn. 187.

655 OLG Dresden, ZUM 2010, 362.

656 Tarif „Elektronische Programmführer (EPG)“, abrufbar auf den Seiten der VG Media unter service & download, Tarife.

langt.[657] Eine tarifliche Sonderbehandlung erfahren außerdem „Internet-EPGs".[658]

Zu dieser Lizenzpraxis ergingen mehrere Urteile, die sich im Ergebnis widersprechen. Das OLG Dresden und das LG Leipzig entschieden, dass die VG Media die Verwertungsrechte in Bezug auf programmbegleitendes Material berechtigterweise wahrnehme.[659] Das LG Köln entschied das Gegenteil: Da die VG Media die Wahrnehmung dieser konkreten Rechte nicht ordnungsgemäß bei der Europäischen Kommission angemeldet habe, seien die Wahrnehmungsverträge zwischen den Sendeunternehmen und der VG Media bezüglich der Verwertungsrechte an Programminformationen unwirksam.[660] Die VG Media sei derzeit nicht berechtigt, für die Sendeunternehmen die Rechte auf öffentliche Zugänglichmachung wahrzunehmen, die bei der Einstellung von Programminformationen zum Abruf betroffen sind. Gegenstand der kartellrechtlichen Anmeldung der Tätigkeit der VG Media bei der Kommission sei nur das Recht der Kabelweitersendung (§ 20b UrhG) gewesen, jedoch keine weiteren Rechte. Dieses Urteil des LG Köln ist noch nicht rechtskräftig. Die VG Media hat bereits angekündigt, Berufung einzulegen. Das OLG Dresden hat eine Revision nicht zugelassen.

Alle drei Gerichte argumentierten mit der Struktur der VG Media und der ihr gewährten Freigabeentscheidung der Kommission. Nach der Fusionskontrollverordnung (FKVO) müssen Zusammenschlüsse auf ihre Vereinbarkeit mit dem Gemeinsamen Markt überprüft werden, Artikel 2 Abs. 1 FKVO. Durch die Fusionskontrolle soll verhindert werden, dass Umstrukturierungsprozesse bei den Unternehmen (Zusammenschlüsse etc.) eine dauerhafte Schädigung des Wettbewerbs verursachen.[661] Das LG Köln hebt hervor, dass es für diese Kontrolle wichtig sei, in welchem Geschäftsbereich und auf welchem konkreten Markt die Unternehmen tätig sind.[662] Da die Wahrnehmung der Rechte auf öffentliche Zugäng-

[657] Punkt I. 1. lit. b des aktuellen Tarifes.

[658] Punkt I. 2. des aktuellen Tarifes.

[659] OLG Dresden, ZUM 2010, 362, 363; in einem anderen Verfahren LG Leipzig, ZUM 2009, 980.

[660] LG Köln, Urt. v. 23.12.2009, 28 O 479/08, Rn. 134.

[661] LG Köln, Urt. v. 23.12.2009, 28 O 479/08, Rn. 139.

[662] LG Köln, Urt. v. 23.12.2009, 28 O 479/08, Rn. 139.

lichmachung (§ 19a UrhG) der Kommission nicht angezeigt worden sei, seien die Wahrnehmungsverträge bezüglich der öffentlichen Zugänglichmachung von Programminformationen gem. Art. 7 Abs. 1, 4 FKVO schwebend unwirksam.[663] Nach Ansicht des OLG Dresden und des LG Leipzig war die Einräumung der Rechte gem. §§ 16, 19a UrhG in Bezug auf die Programminformationen hingegen von Anfang wirksam. Die Anmeldung bei der Kommission habe sich nicht nur auf die Kabelweitersenderechte nach § 20b UrhG, sondern auf alle zum damaligen Zeitpunkt bekannten Rechte, also auch das Recht der Zugänglichmachung, bezogen.[664] Gegenstand des Verfahrens vor der Kommission sei allgemein die Wahrnehmung von Urheber- und Leistungsschutzrechten durch die VG Media gewesen.[665] Zwar wurde im Antrag zur Gründung der VG Media nur das Recht aus § 20b UrhG ausdrücklich genannt, durch die Verwendung des Wortes „insbesondere" werde jedoch deutlich, dass die Aufzählung nicht abschließend sei.[666]

Die Streitfrage hat für die DSL-TV-Betreiber eine geringere Bedeutung, als die umfangreich begründeten Urteile des LG Köln, des LG Leipzig und des OLG Dresden vermuten lassen. Wenn nämlich die Wahrnehmungsverträge bezüglich der Programminformationen tatsächlich schwebend unwirksam sein sollten, kann die VG Media durch eine Anmeldung bei der Kommission den Schwebezustand jederzeit beseitigen. Außerdem liegen die Rechte zur öffentlichen Zugänglichmachung von Programminformationen in diesem Fall – jedenfalls für einen Übergangszeitraum – bei den Sendeunternehmen. Darüber hinaus ist, je nach technischer Funktionsweise des EPG, möglicherweise gar nicht das Recht der öffentlichen Zugänglichmachung, sondern das Senderecht betroffen, das in den Entscheidungen nicht thematisiert wurde. Für den DSL-TV-Betreiber ist letztlich maßgeblich, dass die Nutzung der urheberrechtlich geschützten programmergänzenden Informationen wie Bilder oder Texte in jedem Fall nicht ohne Lizenz erlaubt sein kann. Dass die im Rahmen von EPGs verwendeten Beschreibungstexte und Bilder urheberrechtlich geschützt sind, haben beide Urteile bestätigt. Der DSL-TV-Betreiber sollte sich,

---

663 LG Köln, Urt. v. 23.12.2009, 28 O 479/08, Rn. 133.
664 OLG Dresden, ZUM 2010, 362, 364.
665 OLG Dresden, ZUM 2010, 362, 364.
666 OLG Dresden, ZUM 2010, 362, 364.

sofern er von Sendeunternehmen angebotene Texte, Bilder oder Videos verwenden will, an das jeweilige Sendeunternehmen wenden. Sofern das Sendeunternehmen dann an die VG Media verweist, hat der DSL-TV-Betreiber mit der Zahlung an die VG Media seine Schuldigkeit getan.

Die praktisch wichtigere Frage ist vielmehr, ob die bloßen Sendefolgen bereits Schutz genießen, so dass auch die „nackten" Programmdaten (Titel, Anfangszeit etc.) nur gegen eine Lizenz im EPG aufgeführt werden dürften. Wie oben dargestellt, ist diese Frage zu verneinen. Selbst wenn den Sendefolgen ein urheberrechtlicher Schutz als Sammelwerk zugemessen wird, dürfte dies für den DSL-TV-Betreiber zunächst keine unmittelbaren Folgen haben, denn er wird die Programmabfolgen wohl kaum manuell aus fremden Ressourcen für seinen EPG „abtippen", sondern – wenn überhaupt – die Programmlisten in seinem EPG mit einer elektronischen Quelle (wahrscheinlich im Internet) synchronisieren. In diesem Falle sind aber ohnehin Datenbankrechte die relevanten Schutzobjekte, und die Rechtsfragen richten sich nach dem urheberrechtlichen Schutzsystem für Datenbanken. Oben wurde bereits erläutert, dass im Einzelfall möglicherweise Datenbankrechte entstehen können, wenn die elektronische Zusammenstellung der Programminformationen einen wesentlichen Aufwand (Investitionen) erfordert.

Sofern Datenbankrechte an den Programmübersichten bestehen, könnte ein letztlich interessanter Aspekt ein möglicher kartellrechtlicher Anspruch gegen die Sendeunternehmen nach dem Vorbild der berühmten EuGH-Entscheidung „Magill"[667] sein. Der EuGH hatte in diesem Fall entschieden, dass die Weigerung einer öffentlich-rechtlichen Fernsehanstalt, Dritten Urheberrechtslizenzen an der wöchentlichen Programmaufstellung einzuräumen, wenn die Dritten hierauf für die Herstellung einer eigenen Programmzeitschrift angewiesen sind, eine missbräuchliche Ausnutzung einer marktbeherrschenden Stellung darstellen könne. Die DSL-TV-Betreiber könnten nun argumentieren, sie benötigten den Zugriff auf die Datenbanken der Sendeunternehmen, in denen die Programminformationen enthalten sind, um einen EPG anbieten zu können. Insbesondere können sie darauf verweisen, dass die Sendeunternehmen den Printmedien die Informationen kostenlos zur Verfügung stellen. Es geht hier, wohlgemerkt, nur um die Programminformationen, nicht um

---

[667] EuGH, ZUM 1996, 78 – Magill.

ergänzende Informationstexte oder Bilder. In der Praxis wird es für die DSL-TV-Betreiber aber regelmäßig nicht erforderlich sein, die Herausgabe der Programminformationen auf diese Weise zu erzwingen. Schließlich stehen die DSL-TV-Betreiber bezüglich der Weitersenderechte in einem Vertragsverhältnis mit den Sendeunternehmen bzw. der VG Media, und die Sendeunternehmen werden selbst ein Interesse daran haben, dass die DSL-TV-Betreiber gegenüber den Nutzern die Programmfolgen ankündigen können. In der Regel werden die Sendeunternehmen die Programminformationen im Multiplex-Signal mitliefern.

Frage 13: Was ist beim Angebot von Time-Shift und netzwerkbasierten Videorecordern zu beachten?

Antwort: Time-Shift-Dienste und netzwerkbasierte Videorecorder können, je nach technischer Ausgestaltung, die Rechte zur Vervielfältigung, zur Sendung und zur öffentlichen Zugänglichmachung berühren. Das BGH-Urteil zu Online-Videorecordern lenkt den Fokus auf das Senderecht. Der DSL-TV-Betreiber sollte explizite Erlaubnisse für den Betrieb der konkreten Dienste einholen.

I. Begrifflichkeiten: Time-Shift und Personal Videorecorder (PVR)

Durch Time-Shift-Dienste kann der Nutzer die Wiedergabe einer laufenden Sendung unterbrechen und sie im Hintergrund aufzeichnen lassen. Die Aufzeichnung kann entweder auf einem lokalen Speicherplatz auf der Set-Top-Box oder netzwerkbasiert (z.B. auf Servern des DSL-TV-Betreibers) stattfinden. Bei der netzwerkbasierten Aufzeichnung wird jedem Nutzer ein Platz auf einem Netzwerklaufwerk (Serverspeicherplatz des Anbieters) zugeteilt. In beiden Varianten kann der Nutzer dann seine Inhalte zu einer beliebigen Zeit abrufen.

Ein Personal Videorecorder (PVR) ist ein Dienst, mit dem der Nutzer – beispielsweise direkt aus dem EPG heraus – bestimmte Sendungen aufnehmen und später abrufen kann. Auch dieser Dienst kann in zwei Varianten angeboten werden: entweder mit stationärem Speicher, oder mit Serverspeicherplatz. In der ersten Variante befindet sich die Hardware zur Aufzeichnung direkt beim Nutzer. Der Nutzer nimmt – wie mit einem „altmodischen“ Videorecorder – eine Sendung direkt auf die Festplatte in seiner Set-Top-Box auf (oder theoretisch auf andere Trägermedien wie

DVDs). Rechtlich ist diese Variante unproblematisch, da die Aufzeichnung mit der eigenen Hardware als Privatkopie gem. § 53 Abs. 1 UrhG zulässig ist. Die Verwertungsrechte auf Seiten der Sendeunternehmen sind nicht verletzt. Die andere Variante des PVR ist netzwerkbasiert. Hier wird dem Nutzer wie beim netzwerkbasierten Time-Shift-Dienst ein bestimmter Speicherplatz auf Servern des Anbieters (z.B. des DSL-TV-Betreibers) zur Verfügung gestellt. Anschließend kann er nach Belieben seine aufgezeichneten Sendungen abrufen. Unterschied zu einem Video-On-Demand Angebot ist in beiden Varianten des PVR (stationär und netzwerkbasiert), dass der Nutzer die Speicherung veranlasst und nicht der Anbieter bestimmte Inhalte zum Download zur Verfügung stellt.

II. Rechtsfragen, unter Berücksichtung der BGH-Entscheidung zu Online-TV-Recordern

Sowohl beim netzwerkbasierten PVR, als auch beim netzwerkbasierten Time-Shift-Dienst stellen sich eine Reihe urheberrechtlicher Fragen, die an dieser Stelle nicht erschöpfend diskutiert, sondern nur angerissen werden können. Wenn der DSL-TV-Betreiber solche Dienste anbietet, greift er möglicherweise in mehrere bei den Sendeunternehmen liegende Rechte ein, vor allem das Vervielfältigungsrecht, das Recht auf öffentliche Zugänglichmachung und das Senderecht. Beim netzwerkbasierten PVR und beim netzwerkbasierten Time-Shift stellen die Anbieter dem Rezipienten Serverspeicherplatz zur Verfügung, auf dem beliebige Sendungen aufgenommen werden und dann vom Rezipienten zu Zeiten seiner Wahl abgerufen werden können.

In seinem wegweisenden Urteil vom 22.4.2009 zu Online-TV-Recordern hat der BGH sich mit der Frage beschäftigt, welche Verwertungsrechte beim Betrieb von Online-TV-Recordern einschlägig und ob sie verletzt sind.[668] Dabei hat er lediglich allgemeine Grundsätze für die Beurteilung aufgestellt, im Übrigen aber an die Vorinstanzen zurückverwiesen.

Nach dem BGH ist durch die Ablage der Sendungen auf einem Speicherplatz jedenfalls das Vervielfältigungsrecht aus § 16 UrhG betroffen.[669] Im Anschluss erörtert der BGH, ob diese Vervielfältigung als Privatkopie

[668] BGH, NJW 2009, 3511.
[669] BGH, NJW 2009, 3511, 3513.

gem. § 53 Abs. 1 UrhG erlaubt sein kann. Nach dieser Vorschrift ist die Vervielfältigung eines Werkes durch eine natürliche Person zum privaten Gebrauch unter bestimmten Voraussetzungen zulässig. Im Rahmen dieser Schranke ist – auch im Falle von netzwerkbasierten Videorecordern – von entscheidender Bedeutung, wer Hersteller der Vervielfältigung ist. Wäre nämlich der Anbieter als Hersteller der Vervielfältigung anzusehen, wäre die Anfertigung der Kopie für den Nutzer gemäß § 53 Abs. 1 S. 2 UrhG nur unentgeltlich zulässig. Für die Frage, wer Hersteller ist, kommt es nach dem BGH zunächst allein auf eine technische Betrachtung an.[670] Hersteller sei derjenige, der die körperliche Festlegung technisch bewerkstelligt.[671] Es sei nicht von Bedeutung, ob er sich dabei technischer Hilfsmittel bedient, selbst wenn diese von Dritten zur Verfügung gestellt werden.[672] Der BGH hat zur Feststellung dieser Details an die Vorinstanz zurückverwiesen. Man kann aus diesen Formulierungen schließen, dass der BGH den Kunden als Hersteller der Kopie betrachten würde, sofern der Betreiber des Videorecorders ihm lediglich die Hardware (entweder stationär oder netzwerkbasiert) zur Anfertigung der Kopie zur Verfügung stellt.

Bei den beim DSL-TV denkbaren Time-Shift-Diensten dürfte den Betreibern die Argumentation gelingen, dass der jeweilige User durch einen Befehl über die Fernbedienung die laufende Sendung aufnimmt, und der Betreiber nur die „technischen Hilfsmittel" (s. Formulierung BGH) zur Verfügung stellt, kurz: dass der Nutzer der Hersteller der Privatkopie ist. Die Aufzeichnung geschieht direkt auf Anweisung des Nutzers, unter Verwendung der vorhandenen Software und des Speicherplatzes, der ggf. online zur Verfügung gestellt wird. In Bezug auf netzwerkbasierte TV-Recorder ist die gleiche Argumentation möglich, allerdings etwas schwieriger. Dort wird nämlich die Vornahme der Speicherung durch einen Aufnahmebefehl im Vorhinein ausgelöst. Löst der jeweilige Rezipient damit einen völlig automatischen Ablauf aus, so dürfte er nach den BGH-Formulierungen selbst als Hersteller der Kopie anzusehen sein. Finden

[670] BGH, NJW 2009, 3511, 3513.

[671] BGH, NJW 2009, 3511, 3513.

[672] BGH, NJW 2009, 3511, 3513; der BGH verweist auf das Urteil des OLG München, GRUR-RR 2003, 365, zu öffentlich zugänglichen Kopierautomaten, in dem das OLG den Kunden, nicht den Automatenhersteller als Hersteller der Kopie betrachtet hat.

jedoch Zwischenschritte statt, bei denen der DSL-TV-Betreiber tätig wird, kann nicht mehr von einer Herstellung durch den Rezipienten gesprochen werden. Es kommt somit immer auf die technische Ausgestaltung des Dienstes an.

Weiterhin entschied der BGH, die Bereitstellung der Sendungen zum Abruf für die angemeldeten Nutzer des Online-TV-Recorders berühre nicht das Recht aus § 19a UrhG.[673] Es fehle an dem Merkmal der Öffentlichkeit der Zugänglichmachung, denn die Sendungen würden nicht für die Öffentlichkeit, sondern nur für „einzelne Kunden" zum Abruf bereit gehalten.[674] Wichtig ist in diesem Zusammenhang, dass dem BGH-Urteil ein Sachverhalt zugrunde lag, in dem der Anbieter des Online-TV-Recorders *jedem Kunden einen Speicherplatz bestimmter Größe zur Verfügung stellte, der nur diesem Kunden zugewiesen war.* Die Beurteilung des BGH ist für die DSL-TV-Betreiber erfreulich, denn die Verletzung von § 19a UrhG durch netzwerkbasierte Recorder oder Time-Shift-Dienste können sie folglich durch eine entsprechende technische Ausgestaltung ausschließen. Das anders lautende Urteil des OLG Köln[675] verliert insofern an Bedeutung.

Eine klare Tendenz gab der BGH auch bei der wichtigen Frage vor, ob die Zuleitung der Programmsignale auf die den einzelnen Kunden zugewiesenen Speicherplätze beim Recorderbetreiber das Senderecht aus § 20 UrhG verletzt.[676] Das LG Köln hatte in einem anderen Verfahren diese Frage bejaht.[677] Der vom Betreiber des Videorecorders ausgeführte Aufzeichnungsvorgang entspricht nach dem LG einer Kabelweitersendung i.S.v. § 20b UrhG, denn der Betreiber fange die Funksendungen (Erstsendungen) der Sendeunternehmen mittels eines Satellitenempfangsgerätes auf und leite dieses Signal unverändert und zeitgleich durch die bei ihm installierten, in Reihe geschalteten virtuellen Videorecorder hindurch.[678] Das OLG Köln als Berufungsinstanz legte sich nicht fest, ob § 20b UrhG

---

673 BGH, NJW 2009, 3511, 3514.

674 BGH, NJW 2009, 3511, 3514.

675 OLG Köln, ZUM 2006, 143, 144 = MMR 2006, 35 = GRUR-RR 2006, 5.

676 BGH, NJW 2009, 3511, 3514.

677 LG Köln, MMR 2006, 57, 57.

678 LG Köln, ZUM 2005, 574, 575.

tatsächlich einschlägig ist.[679] Der BGH folgte dem LG Köln jedenfalls insoweit, als dass er die Zuleitung zu den Speicherplätzen begrifflich als „Sendung“ einordnete.[680] Der BGH rechnet den Server-Speicherplatz, der für Nutzer reserviert ist, „dem Bereich des Kunden“ zu.[681] Auf diese Weise will er die Speicherung als „Sendung“ an die Kunden qualifizieren. Zur Erinnerung: Im streitgegenständlichen Fall stand jedem Nutzer ein individueller Serverspeicherplatz zur Verfügung. Einzig mit dem Merkmal der „Öffentlichkeit“ hadert der BGH und will es auf die jeweilige Ausgestaltung des Angebots ankommen lassen. Ob die Sendung an die Öffentlichkeit gerichtet ist, richte sich nicht nach technischen Kriterien, sondern nach einer wertenden Betrachtung.[682] Er verweist in diesem Punkt zurück an die Vorinstanz, stellt aber klar, dass die Zwischenspeicherung auf den Servern und die Möglichkeit des Abrufs zu beliebigen Zeiten nicht dagegen spreche, dass das Senderecht einschlägig sei.[683] Zwischen den Zeilen ist zu lesen, dass der BGH das Senderecht als betroffen bewertet wissen will. Den Andeutungen des BGH ist zu entnehmen, dass die Abspeicherung auf den Servern des Betreibers durchaus schon „öffentlich“ sein kann.

Für die DSL-TV-Betreiber wäre die Einschlägigkeit des Senderechts zunächst kein größeres Problem, da die Rechte der (Weiter)Sendung von den DSL-TV-Anbietern bereits im Zusammenhang mit der Verbreitung des Fernsehstreams eingeholt werden müssen. Die DSL-TV-Betreiber dürften also die für den Betrieb von netzwerkbasierten Videorecordern erforderlichen Senderechte besitzen. Dies ist dann nicht der Fall, wenn die Nutzungsrechtsverträge mit den Verwertungsgesellschaften bzw. mit den Sendeunternehmen die Senderechte entsprechend einschränken, beispielsweise die Aufzeichnung zum Zwecke der Bereitstellung zum Abruf ausdrücklich untersagen.

In der Praxis ist den DSL-TV-Betreibern zu raten, eine Verständigung mit den Sendeunternehmen über die Rechte zum Betrieb von netzwerkbasierten Time-Shift-Diensten oder Videorecordern zu suchen. Häufig wer-

---

679 OLG Köln, ZUM 2006, 143.
680 BGH, NJW 2009, 3511, 3515.
681 BGH, NJW 2009, 3511, 3515.
682 BGH, NJW 2009, 3511, 3515.
683 BGH, NJW 2009, 3511, 3515.

den sich entsprechende Klauseln in den Verträgen befinden. Da aufgrund der divergierenden Ansichten in Literatur und Rechtsprechung noch keine letzte Klarheit darüber besteht, welche Rechte bei solchen Diensten im Einzelnen betroffen sind bzw. ob diverse Schranken eingreifen, sollte sich der DSL-TV-Betreiber die „erforderlichen Rechte" einräumen lassen.

Ob die Beurteilungen des BGH in Bezug auf § 19a UrhG und § 20 UrhG dogmatisch zu begrüßen sind, soll an dieser Stelle nicht weiter erörtert werden. Nur so viel: Es ist bemerkenswert, dass für die Rechtmäßigkeit der Online-TV-Recorder, die den Konsum von Inhalten zu Zeiten und an Orten nach Wahl der Zuschauer ermöglichen, letztlich das Recht der zeitgleichen Werkübermittlung (Senderecht aus § 20 UrhG) ausschlaggebend sein soll, nicht aber das Recht zur öffentlichen Zugänglichmachung zum Abruf (§ 19a UrhG).

Frage 14: Welche zusätzlichen Rechtsfragen stellen sich beim Angebot eigener Inhalte als lineare Programme oder On-Demand? (Überblick)

Antwort: Für die Veranstaltung linearer Programme müssten die DSL-TV-Betreiber die Senderechte an Inhalten einkaufen. Sie würden als Rundfunkveranstalter in die höchste Stufe der Regulierungsskala aufrücken. Für On-Demand-Dienste benötigen sie die Rechte zur öffentlichen Zugänglichmachung. Diese Dienste unterfallen als Telemedien einer weniger strengen Regulierung.

Die heutigen DSL-TV-Anbieter Telekom und HanseNet beschränken sich derzeit noch darauf, fremde Programme weiterzuleiten. Einen Anfang beim Rechtekauf machte die Deutsche Telekom bereits 2006, als sie sich erstmals die Bundesligarechte für die Internetübertragung sicherte.[684] Diese Rechte hat sie bis heute. Für die Sendeunternehmen ist das Szenario, in dem die finanzstarken Netzbetreiber ihre mit dem Netzbetrieb erwirtschafteten Mittel in die Hand nehmen, um am Markt für Inhalte die traditionellen Sendeunternehmen auszustechen, eine unangenehme Vorstellung. Telekom, HanseNet und Co. könnten sich die Rechte an

[684] *Ory*, K&R 2006, 303.

Premiuminhalten wie Sportereignissen, beliebten Filmen oder Serien sichern und sukzessive eigene Angebote über ihre Infrastrukturen vertreiben. In einer ersten Stufe wird es Video On Demand (VoD) Angebote geben, weil sie technisch und regulatorisch wesentlich leichter aufzubauen sind als lineare Rundfunkprogramme. Diese Stufe haben die Telekom und HanseNet bereits erreicht: Sie locken mit einem umfangreichen VoD-Angebot, das über die leistungsstarken, auch für das DSL-TV verwendeten geschlossenen Netze (walled garden) bezogen werden kann. Die zweite Stufe würde im Aufbau eigener Rundfunksender, also linear übermittelter Programme bestehen. Diesen Schritt haben die Telekom und HanseNet noch nicht gemacht. Der Aufwand, der betrieben werden müsste, ist um ein Vielfaches größer als beim Aufbau eines On-Demand-Angebots. Es müssten wesentlich mehr Inhalte eingekauft oder produziert werden, um die Sendezeit auszufüllen, und es müsste eine echte Programmredaktion betrieben werden. Außerdem würde der DSL-TV-Betreiber in der Regulierungsskala vom Plattformbetreiber zum Rundfunkveranstalter aufrücken. Ein wahrscheinliches Szenario ist die wirtschaftliche Beteiligung der Netzbetreiber an Rundfunkveranstaltern.

I. Erwerb der Nutzungsrechte an Inhalten für die Sendung in linearen Programmen oder für On-Demand-Dienste

Um selbst Inhalte anzubieten, muss der DSL-TV-Anbieter je nach Art der Verbreitung bestimmte Nutzungsrechte von den Produktionsfirmen einholen, sofern er die Inhalte nicht selbst produziert. Wie in Frage 2 zu DSL-TV schon diskutiert, wird zur Veranstaltung linearer Programme das Senderecht aus § 20 UrhG benötigt. Will der DSL-TV-Betreiber also einen eigenen Rundfunksender betreiben, wird er die Senderechte an den gewünschten Inhalten von den Produktionsfirmen einkaufen. Daneben benötigt er die Vervielfältigungsrechte, um die Sendungen im Verlauf der technischen Aufbereitung und vor der Sendung zu speichern und ggf. zu kopieren.

Will der DSL-TV-Betreiber über sein geschlossenes DSL-Netz Inhalte zum Abruf (On-Demand) anbieten, benötigt er das Recht zur öffentlichen Zugänglichmachung an Inhalten (Filmen, Serien etc.), sowie das Recht zur Vervielfältigung für die Kopien im Vorfeld der Bereitstellung. Das Recht auf öffentliche Zugänglichmachung (§ 19a UrhG) ist das ausschließliche Recht, ein Werk im Internet oder über ein sonstiges Netzwerk einer unbestimmten Vielzahl von Personen zugänglich zu machen, und zwar von Orten und zu Zeiten nach Wahl des Nutzers. Diese Wahlmöglichkeiten des Nutzers kennzeichnen die interaktive Nutzung in Netzwerken und grenzen die öffentliche Zugänglichmachung von den anderen Formen der öffentlichen Wiedergabe, insb. dem Senderecht ab.[685] Die öffentliche Zugänglichmachung kann sowohl drahtgebunden wie auch drahtlos erfolgen. Es ist unerheblich, welche Übertragungstechnik verwendet wird. Das Recht der öffentlichen Zugänglichmachung ist – wie das Senderecht aus § 20 UrhG – als technologieneutral zu verstehen.[686] Das Angebot über ein geschlossenes DSL-Netz ist eine Zugänglichmachung im Sinne der Vorschrift. Ebenso wie § 20 UrhG ist § 19a UrhG nur einschlägig, wenn das Angebot an die Öffentlichkeit gerichtet ist. Für die öffentliche Zugänglichmachung ist unerheblich, ob die Inhalte durch Passwörter oder das Erfordernis einer Registrierung geschützt sind, solange diese Registrierung der Öffentlichkeit möglich ist. Die Zugänglichmachung für Kunden eines geschlossenen DSL-Netzes ist öffentlich, denn die Kunden stellen einen Personenkreis dar, der nicht durch weitere Eigenschaften als dem Netzanschluss miteinander verbunden ist.

Der DSL-TV-Betreiber muss beim Rechteerwerb sicherstellen, dass die IP-basierte Übertragung der einzukaufenden Inhalte nicht vertraglich ausgeschlossen ist. In einigen heute gebräuchlichen Vertragsentwürfen zur Einräumung von Rechten an Inhalten finden sich Klauseln, welche die „Internetübertragung“, „Übertragung über DSL“ oder die „Übertragung unter Verwendung des Internetprotokolls“ ausschließen. Selbstverständlich muss der DSL-TV-Betreiber auf die Streichung dieser Klauseln hinwirken.

Ferner könnte in den Verträgen vorgeschrieben sein, dass die Inhalte nur innerhalb von bestimmten Ländergrenzen gesendet oder zugänglich gemacht werden dürfen oder die Verwertung auf einen Sprachraum (beispielsweise Deutschland, Österreich und Schweiz) beschränkt sein muss. Beim Angebot von DSL-TV stellt die geografische Begrenzung kein größeres Problem dar, weil die Sendung bzw. Zugänglichmachung über geschlossene Netzwerke an eine bestimmte Kundengruppe erfolgt und mit bestimmten Anschlüssen und Hardwarevoraussetzungen verbunden ist. Schwieriger ist die geografische Begrenzung bei On-Demand-

[685] *Kleinke*, AfP 2008, 460, 463.
[686] *Dreier*, in Dreier/Schulze, UrhG, § 19a, Rn. 6.

Diensten im „offenen“ Internet zu gewährleisten (dazu unten Web-TV, Frage 8).

II. Leistungsschutzrechte der DSL-TV-Betreiber als Sendeunternehmen gem. § 87 UrhG

Veranstalter von Programmen haben urheberrechtlich eine wesentlich stärkere Position als Plattformbetreiber, welche die Programme lediglich weiterleiten. Wenn die DSL-TV-Anbieter eigene lineare Programme veranstalten, kommen ihnen selbst die Leistungsschutzrechte aus § 87 Abs. 1 UrhG zu. Sie haben in ihrer Position als Sendeunternehmen beispielsweise die ausschließlichen Rechte, ihre Programme weiterzusenden und öffentlich zugänglich zu machen und die Sendungen auf Bild- oder Tonträger aufzunehmen.

Durch das bloße Angebot von On-Demand-Diensten werden die DSL-TV-Betreiber hingegen nicht zu Sendeunternehmen gemäß § 87 UrhG. Die dort beschriebenen Rechte kommen nur Unternehmen zu, die eine Sendung im Sinne des § 20 UrhG durchführen. Bei On-Demand-Diensten ist dies gerade nicht der Fall.

III. Aufrücken auf der Regulierungsskala, Abgrenzung zwischen Rundfunk und Telemedien (§ 20 Abs. 2 RStV)

Möchte ein DSL-TV-Anbieter eigene lineare Programme verbreiten, ist er nicht lediglich Plattformanbieter. Wie oben (Frage 10) bereits dargestellt, ist die Verbreitung von Fernsehprogrammen über ein geschlossenes DSL-TV-Netz Rundfunk i.S.d. § 2 Abs. 1 RStV. Wenn der DSL-TV-Betreiber – anders als heute üblich – derjenige ist, der die Struktur des Rundfunkprogramms festlegt, die Abfolge plant, die Sendungen zusammenstellt und unter einer einheitlichen Bezeichnung dem Publikum anbietet,[687] dann ist er Veranstalter des Rundfunkprogramms und muss die volle Bandbreite der Anforderungen aus dem RStV beachten. Zuvorderst benötigt er eine Rundfunklizenz, § 20 Abs. 1 RStV. Ferner unterliegt er beispielsweise der medienrechtlichen Konzentrationskontrolle (§§ 25 ff. RStV), muss Sendezeit für Dritte einräumen (§§ 41, 42 RStV)

---

[687] BVerfGE 97, 298, 310; siehe auch *Vesting*, in: Beck’scher Kommentar zum Rundfunkrecht, § 1 RStV, Rn. 30 ff., § 2 RStV, Rn. 42 ff.

und die Vorschriften zu Finanzierung, Werbung und Sponsoring beachten (§§ 43-46a RStV).

Anbieter sollten sich bereits bei der Entwicklung ihres Dienstes überlegen, in welche rundfunkrechtliche Kategorie ihr Dienst fallen soll. Regulatorisch wäre es für den Anbieter immer von Vorteil, wenn sein Dienst auf einer unteren Stufe der Regulierungsskala stehen würde. Günstig wäre für den Anbieter, wenn sein Dienst lediglich als Telemediendienst gem. § 1 TMG, § 2 Abs. 1 Satz 3 RStV einzustufen wäre. Zum Anbieten von Telemedien wird keine Anmeldung oder Zulassung benötigt, § 54 Abs. 1 RStV, § 4 TMG. Bei Rundfunkangeboten muss hingegen das Zulassungsverfahren gemäß § 20 RStV durchgeführt werden.

Innerhalb von § 20 Abs. 2 RStV wird als Überbegriff für Telemedien, Rundfunk, sowie Telekommunikationsdienste der Begriff der „Informations- und Telekommunikationsdienste“ verwendet.[688] § 20 Abs. 2 RStV legt fest:

> „Wenn und soweit ein elektronischer Informations- und Kommunikationsdienst dem Rundfunk zuzuordnen ist, bedarf der Anbieter eines solchen Dienstes einer Zulassung.“

Auf den ersten Blick schließt man aus dem Wortlaut dieser Vorschrift, dass es so etwas wie eine Gleitzone zwischen Rundfunk und Telemedien gibt. Solche *nicht-linearen* Dienste, die dennoch eine hohe Meinungsbildungsrelevanz entfalten (wie umfangreiche On-Demand-Angebote), könnten in diesem Falle gem. § 20 Abs. 2 RStV schärfer reguliert werden. Wie bereits oben (Frage 10) erläutert, würde die Regulierung von On-Demand-Diensten als „Rundfunk“ über den Umweg in § 20 Abs. 2 RStV jedoch die beabsichtigte Angleichung an die europarechtlichen Vorgaben, die nunmehr klar zwischen linearen und nicht-linearen Diensten unterscheiden, wieder zunichtemachen. Außerdem ist § 20 Abs. 2 RStV sowohl in der aktuellen, als auch in früheren Fassungen ausweislich der Begründungen lediglich als Verfahrensvorschrift gedacht, nicht aber als Erweiterung der Rundfunkdefinition (s. Frage 10).[689] Auch

[688] *Hartstein/Ring/Kreile/Dörr/Stettner*, RStV, B 5, § 20, Rn. 14.

[689] Begr. zu § 19 RStV 1991, abgedr. in *Hartstein/Ring/Kreile/Dörr/Stettner*, RStV, B 5, § 20, S. 3; Begr. zum 9. RÄndStV, abgedr. in *Hartstein/Ring/Kreile/Dörr/Stettner*, RStV, B 5, § 20, S. 5.

im Rahmen von § 20 Abs. 2 RStV gilt die Rundfunkdefinition aus § 2 Abs. 1 RStV.[690] On-Demand-Dienste sind daher nach Einführung des strengen Linearitätskriteriums nicht der Rundfunkregulierung unterworfen. Dies hat zur Folge, dass ein Telemediendienst, auch wenn er inhaltlich weit in Richtung Rundfunk tendiert und eigentlich ein Massenkommunikationsmittel darstellt, das Einfluss auf die öffentliche Meinungsbildung hat, nach derzeitiger Regelungslage nicht der Rundfunkregulierung unterworfen werden kann.

Die Landesmedienanstalten teilen momentan diese Einschätzung. Sie haben bislang keinen Dienst, der nicht unter die Rundfunkdefinition nach § 2 Abs. 1 RStV fällt, als Rundfunk eingeordnet. Sie fassen § 20 Abs. 2 RStV als reine Verfahrensvorschrift auf. Wenn also der DSL-TV-Betreiber seine eigenen Inhalte zum Abruf zu beliebigen Zeiten anbietet, nicht aber als lineares Programm, benötigt er für diesen Dienst – unabhängig von dessen Inhalt – keine Zulassung.

Die Abgrenzung zwischen Rundfunk und Telemedien ist demnach prinzipiell leicht zu treffen, denn es kommt vor allem auf das Merkmal der Linearität an. Häufig wird sich der DSL-TV-Anbieter in Bezug auf einen geplanten Dienst angesichts der gravierenden Folgen dennoch Rechtssicherheit verschaffen wollen. Unter anderem müsste der Anbieter, würde sein Dienst als Rundfunk eingeschätzt, ein Ordnungswidrigkeitsverfahren gemäß § 49 Abs. 1 Nr. 12 RStV befürchten, sofern er den Dienst nicht ordnungsgemäß anmeldet.

IV. Rundfunkrechtliche Unbedenklichkeitsbescheinigung, § 20 Abs. 2 Satz 3 RStV

Um den Status seines Dienstes zu klären, kann der Anbieter bei der zuständigen Landesmedienanstalt einen Antrag auf Erteilung einer Unbedenklichkeitsbescheinigung stellen, § 20 Abs. 2 S. 3 RStV. Ein solcher Antrag ist bereits vor Beginn der Aufnahme des Dienstes möglich.[691] Das Verfahren zur Erteilung der Unbedenklichkeit wurde auf Wunsch der Anbieter eingeführt, um Rechtssicherheit in Bezug auf die rundfunkrechtliche Einschätzung zu erhalten. Die Ausstellung einer Unbedenklich-

---

690 So i.E. auch *Hartstein/Ring/Kreile/Dörr/Stettner*, RStV, B 5, § 20, Rn. 14.

691 *Bumke/Schulz*, in: Beck'scher Kommentar zum Rundfunkrecht, § 20, Rn. 98.

keitsbescheinigung verschafft dem Anbieter Klarheit über den Status seines Dienstes. Die Nachfrage nach den Bescheinigungen ist in der Praxis nach wie vor groß.

Zuständig für den Beurteilungsprozess ist die ZAK, welche die Unterlagen von der jeweils zuständigen Landesmedienanstalt erhält. Die Entscheidung, ob der Dienst als Rundfunk einzuordnen ist, wird von der ZAK als Organ der zuständigen Landesmedienanstalt gemäß § 36 Abs. 2 Nr. 8 RStV getroffen. Sie muss einvernehmlich getroffen werden.[692] Die Gründe, ob und warum der Dienst (nicht) als Rundfunk einzuordnen ist, werden dem Antragssteller mitgeteilt.

Die Rechtsnatur der Unbedenklichkeitsbescheinigung ist im RStV nicht ausdrücklich bestimmt. Die Landesmedienanstalten sind sich jedoch darüber einig, dass die Bescheinigung als Verwaltungsakt im Sinne der Verwaltungsverfahrensgesetze zu betrachten ist. Demnach sind bei jeglichen Folgeverfahren die Verwaltungsverfahrensgesetze einschlägig. Ändert die Landesmedienanstalt ihre Einschätzung über den Dienst, kann sie den Bescheid unter den Voraussetzungen der §§ 48, 49 VwVfG aufheben.

Stellt die Landesmedienanstalt fest, dass es sich beim geplanten Dienst um Rundfunk handelt, hat der Anbieter zwei Möglichkeiten: Er kann einen Zulassungsantrag nach § 20 Abs. 1 RStV als Rundfunkveranstalter stellen oder seinen Dienst innerhalb einer Frist von drei Monaten so abändern, dass dieser nicht mehr als Rundfunk anzusehen ist, § 20 Abs. 2 Satz 3 RStV.

V. Beteiligung der DSL-TV-Betreiber an Sendeunternehmen

Realistischer als das Szenario, in dem Netzbetreiber eigene Programme „von Null“ aufbauen, ist dasjenige, in dem sie sich wirtschaftlich an bestehenden Sendeunternehmen beteiligen. In diesem Fall würden die DSL-TV-Betreiber zwar selbst keine Rundfunklizenz benötigen, solange sie nicht selbst die letzte Entscheidungsmacht über die Programmstruktur besitzen. Zwei Aspekte sind bei der Beteiligung aber unmittelbar zu beachten.

---

692 *Hartstein/Ring/Kreile/Dörr/Stettner*, RStV, B 5, § 20, Rn. 14.

Zum einen werden Plattformbetreiber, an denen der Staat beteiligt ist, gem. § 20a Abs. 3 RStV in ihren Möglichkeiten zur Beteiligung an Rundfunkveranstaltern beschränkt.[693]

Zum anderen müssen die Plattformbetreiber im Falle der Beteiligung an Rundfunkveranstaltern die Vorschriften zur Meinungsvielfalt in §§ 25-34 RStV berücksichtigen. Wenn die Plattformbetreiber in größerem Umfang an Rundfunkunternehmen beteiligt sind, können sie von den in §§ 25-34 RStV beschriebenen Instrumenten zur Vielfaltsicherung und Verhinderung der Konzentration von Meinungsmacht betroffen sein. Wann den DSL-TV-Betreibern die Programme, an denen sie beteiligt sind, bei der Konzentrationskontrolle zugerechnet werden, ist in § 28 RStV detailliert beschrieben. Beispielsweise genügt zur Zurechnung bereits eine Beteiligung in Höhe von 25 %.

VI. Anforderungen an Video-On-Demand als Telemediendienste, Unklarheiten im neuen RStV

Wie vorangehend erläutert, benötigt der DSL-TV-Betreiber für das Angebot von eigenen (d.h. selbst produzierten oder eingekauften) Inhalten zum Abruf (On-Demand) keine Rundfunklizenz. Der Dienst wird stattdessen als Telemediendienst gem. § 1 Abs. 1 TMG eingestuft werden.

Die Einstufung als Mediendienst hat gegenüber der Einstufung als Rundfunk wesentliche regulatorische Vorteile. Für Telemedien gelten die weniger strengen Vorschriften aus dem TMG und die §§ 54-61 RStV, wobei letztere vor allem Telemedien mit journalistisch-redaktionell gestalteten Angeboten betreffen. Die Regelungen aus dem TMG und dem RStV gelten parallel, § 60 Abs. 1 RStV.

Innerhalb der Telemedien wird eine Abstufung vorgenommen: Die „einfachen" Telemedien werden von solchen mit „journalistisch-redaktionell gestalteten Inhalten" unterschieden, § 54 Abs. 2 RStV. Für letztere gelten einige strengere Regeln aus §§ 54-61 RStV, beispielsweise verschärfte Informationspflichten (§ 55 Abs. 2) und die Pflicht zur Gegendarstellung (§ 56)

---

[693] S. beispielsweise zur rundfunkrechtlichen Lizenzfähigkeit der Deutschen Telekom ausf. *Gersdorf*, AfP 2008, 259.

Gemäß § 54 Abs. 2 RStV sind journalistisch-redaktionell gestaltete Telemedien insbesondere solche, die vollständig oder teilweise Inhalte periodischer Druckerzeugnisse in Text oder Bild wiedergeben. Diese auf die Online-Presse gemünzte Voraussetzung ist bei Video-On-Demand-Diensten nicht erfüllt. Es können aber auch sonstige Telemedien, die nicht Druckerzeugnissen ähneln, journalistisch-redaktionell gestaltete Telemedien sein.[694] Wichtig ist hierfür die selbstständige, redaktionelle Gestaltung der Inhalte. Bei Video-On-Demand-Diensten könnte eine solche Gestaltung beispielsweise bei Magazinen, Nachrichtensendungen und Dokumentationen der Fall sein.

Die Informationspflichten von Telemedien-Anbietern gegenüber den Nutzern ergeben sich aus § 55 RStV und § 5 TMG. Die Anbieter müssen demnach eine Vielzahl von Informationen wie Name, Anschrift und Vertretungsberechtigten leicht erkennbar, unmittelbar erreichbar und ständig verfügbar halten. Dies kann beispielsweise mit Hilfe eines Infobuttons innerhalb der Benutzeroberfläche umgesetzt werden. Bezüglich Werbeeinblendungen innerhalb von Telemediendiensten gilt das Trennungsprinzip von Werbung und Programm gemäß § 58 Abs. 1 RStV.

Seit dem 1.4.2010, dem Tag des Inkrafttretens der 13. Fassung des RStV, findet sich in § 58 Abs. 3 Satz 1 RStV ein für Video-On-Demand-Anbieter wichtiger Verweis:

> „Für Telemedien mit Inhalten, die nach Form und Inhalt fernsehähnlich sind und die von einem Anbieter zum individuellen Abruf zu einem vom Nutzer gewählten Zeitpunkt und aus einem vom Anbieter festgelegten Inhaltekatalog bereitgestellt werden (audiovisuelle Mediendienste auf Abruf), gelten § 1 Abs. 3 [ausländische Veranstalter] sowie die §§ 7 und 8 [Werbung und Sponsoring] entsprechend."

Die Regulierung von On-Demand-Diensten wurde somit erheblich verschärft. Hierdurch wurden diverse Vorgaben aus der AVMD-Richtlinie umgesetzt, namentlich „die für alle audiovisuellen Mediendienste geltenden Bestimmungen der Artikel 3e, 3f und 3g der Richtlinie".[695] Als Beispiele für Mediendienste auf Abruf, die nach Form und Inhalt fernsehähnlich, d. h. mit herkömmlichem Fernsehen vergleichbar sind, werden in

---

694 *Hartstein/Ring/Kreile/Dörr/Stettner*, RStV, B 5, § 54, Rn. 3.
695 Begr. zum 13. RÄndStV, S. 19.

der Begründung Spielfilme, Sportberichte, Fernsehfilme und -spiele sowie Dokumentarfilme genannt.[696]

In § 53 Abs. 3 Satz 2 RStV findet sich scheinbar eine Verschärfung:

> „Für Angebote nach § 2 Abs. 3 Nummer 5 [Sendungen gegen Einzelentgelt] gelten zusätzlich die §§ 4 bis 6, 7a [Großereignisse, Kurzberichterstattung, europäische Produktionen, Werbung und Teleshopping,] und 45 [Dauer der Fernsehwerbung] entsprechend."

Bei § 2 Abs. 3 Nr. 5 RStV handelt es sich um eine der Vorschriften aus dem Ausnahmekatalog, der bestimmte Dienste, obwohl sie linear sind, aus dem Rundfunkbegriff herausnimmt. Sie lautet:

> „Kein Rundfunk sind Angebote, die [...] aus Sendungen bestehen, die jeweils gegen Einzelentgelt freigeschaltet werden."

Auf den ersten Blick könnten durch § 52 Abs. 3 Satz RStV also On-Demand-Dienste, die gegen Einzelentgelte freigeschaltet werden (wie bei On-Demand-Diensten häufig), besonders scharf reguliert worden sein; sie müssten sogar die Regelungen zu Maximal-Werbezeiten (§ 45 RStV) beachten. Beim zweiten Hinsehen offenbart sich aber, dass mit dieser haarsträubend missverständlichen Vorschrift nur *lineare* Angebote gemeint sein können, die aufgrund der Ausnahme in § 2 Abs. 3 Nr. 5 RStV nicht als Rundfunk reguliert werden. Die Begründung bestätigt dies:

> „ [Mit § 58 Abs. 3 Satz 2 RStV] wird der unterschiedlichen Systematisierung dieser Fallgruppe im deutschen und im europäischen Recht Rechnung getragen. Gemäß § 2 Abs. 3 Nr. 5 Rundfunkstaatsvertrag werden Angebote, deren Sendungen jeweils gegen Einzelentgelt freigeschaltet werden, aufgrund der Art der Rezeption als nichtlineares Angebot eingeordnet [...]. Um den Vorgaben der Richtlinie zu genügen, werden mit dem neuen Absatz 3 Satz 2 die nach der Richtlinie geltenden strengeren Regelungen für *Fernsehprogramme* auch auf Angebote aus Sendungen, die jeweils gegen Einzelentgelt freigeschaltet werden, erstreckt, selbst wenn diese nach dem Rundfunkstaatsvertrag als Telemedium klassifiziert sind."

---

[696] Begr. zum 13. RÄndStV, S. 19.

Diese Begründung ist wiederum missverständlich, denn § 2 Abs. 3 Nr. 5 RStV ordnet die Sendungen nicht als „nicht-lineares“ Angebot ein, sondern nimmt sie – obgleich sie linear sind – aus der Rundfunkregulierung aus. Dies bestätigt die Begründung (12. RÄndStV):

> „Nummer 5 erfasst Angebote, die nichtlinearen Angeboten aufgrund der Art der Rezeption vergleichbar sind.“[697]

Dennoch wird aus der Begründung zu § 53 Abs. 3 Satz 2 RStV der Hintergrund erkennbar: Da der deutsche RStV eine europarechtlich nicht vorgesehene Privilegierung von linearen Angeboten vorsieht, die gegen Einzelentgelte freigeschaltet werden, muss er, um der AVMD-Richtlinie zu genügen, einige Vorschriften für anwendbar erklären.

Es würde aber keinerlei Sinn ergeben, *On-Demand*-Dienste, die gegen Einzelentgelt freigeschaltet werden, schärfer zu regulieren als On-Demand-Dienste mit pauschaler Vergütung. Die Einzelvergütung ist das absolut vorherrschende Modell bei Video-On-Demand-Angeboten. Diese Dienste sind aber nicht regulierungsbedürftiger als solche VoD-Dienste mit anderem Kostenmodell, so dass eine diesbezügliche Abstufung keinen Sinn ergeben würde. Ferner korrespondieren die §§ 4, 5, 7a RStV mit Vorgaben aus der AVMD-RL, die nur für *Fernsehsendungen* gelten (Art. 3j, 3k, 18 AVMD-RL). Sie sind für VoD überdies unpassend; beispielsweise werden dort keine Großereignisse „übertragen“ (Überschrift von § 4 RStV), da kein Live-Streaming stattfindet (dann: Rundfunk), und man kann den VoD-Anbietern auch keine Lizenz entziehen (§ 4 Abs. 5 RStV), da sie gar kein Lizenz benötigen. Auch die Anwendung von § 7a RStV auf On-Demand-Dienste ergäbe keinen Sinn. Einzelne Werbespots sollen im Fernsehen die Ausnahme bleiben, da sie den Programmablauf stören und so den Zusammenhang der Sendungen unterbrechen. Einen solchen Zusammenhang gibt es zwischen einzeln abgerufenen Angeboten nicht.

Die DSL-TV-Anbieter müssen als Anbieter von Telemedien ferner zahlreiche datenschutzrechtliche Vorgaben beachten, §§ 11-15a TMG. Sie sind der Aufsicht der jeweils im Land zuständigen datenschutzrechtlichen Aufsichtsbehörde unterworfen, § 59 Abs. 1 RStV. Die allgemeine Auf-

---

[697] Begr. zum 12. RÄndStV, abgedr. in: *Hartstein/Ring/Kreile/Dörr/Stettner*, A 2.10, S. 4.

sicht, abgesehen von der datenschutzrechtlichen, bestimmt sich nach § 59 Abs. 2 RStV durch landesrechtliche Vorschriften. In den Landesgesetzen werden die jeweiligen Aufsichtsbehörden für die Aufsicht über die Telemedien benannt.

B. Web-TV – Weitersendung von Fernsehsignalen über das offene Internet

Frage 1: Was ist unter Web-TV zu verstehen?

Antwort: Unter Web-TV wird hier die simultane Weiterleitung von fremden Fernsehsignalen über das Medium Internet verstanden, also das Live-Streaming über das offene, nicht an eine bestimmte Übertragungstechnologie gebundene Netz.

Das bekannteste Beispiel für Web-TV in diesem Sinne ist der Internetdienst Zattoo. Teilweise wird der Begriff auch weiter verstanden, so dass er nicht nur die Weiterleitung von fremden Inhalten, sondern jede Darstellung von Fernsehinhalten in Form eines linearen Streams über das Internet erfassen soll. Als Web-TV würde dann beispielsweise auch das Streaming des eigenen Programms auf der Homepage eines Senders verstanden.[698] Jedenfalls soll in den nachfolgenden Abschnitten unter Web-TV nur das lineare Live-Streaming über das offene Internet verstanden werden; nicht gemeint sind die sogenannten Mediatheken (Video on Demand). Web-TV ist das in offenen Netzstrukturen stattfindende Äquivalent zum DSL-TV.

Das Web-TV-Angebot kann beispielsweise über den Internetbrowser über eine bestimmte Internetadresse (optional mit Passworteingabe etc.) oder über eine eigene Applikation, die ihrerseits Kontakt zum Internet herstellt, zugänglich gemacht werden. Beim bekannten Web-TV-Dienst Zattoo existieren beide Zugangsmöglichkeiten. Weiterer Unterschied zum DSL-TV ist, dass beim Web-TV keinerlei Hardware zum Empfang der Signale zur Verfügung gestellt wird. Um einen akzeptablen Empfang zu erzielen, kommt es somit immer auf den Anschluss des Empfängers und seine Hardwareausstattung an. Beim Web-TV wird folglich die „Quality of Service“ nicht vollumfänglich gewährleistet.

Web-TV kann von DSL-Netzbetreibern auch als Alternative zum DSL-TV über das geschlossene Netz angeboten werden, beispielsweise wenn es aus technischen Gründen nicht gelingt, ein stabiles TV-Signal über die

---

[698] *Kleinke*, AfP 2008, 460, 461; *Büchner*, CR 2007, 473, 476.

eigene, geschlossene Netzstruktur zu übermitteln. In diesem Fall würde von Anbieterseite ein Kombinationsprodukt aus einem schnellen DSL-Anschluss und dem Fernsehangebot offeriert werden, das sich (lediglich) bei der Übertragungsweise vom DSL-TV unterscheidet (dazu Frage 4 zu DSL-TV). Ebenso gut können jedoch auch Unternehmen, die über keine eigenen DSL-Netze oder andere Infrastrukturen verfügen, Web-TV als unabhängigen Dienst anbieten. Nach letzterem Prinzip funktioniert beispielsweise Zattoo. Als gleichwertiger Ersatz für DSL-TV und die drei klassischen Fernsehübertragungswege kann Web-TV nach dem derzeitigen Stand der Technik nicht betrachtet werden, da der Anbieter kein dauerhaftes, stabiles Signal gewährleisten kann. In der Regel wird er das Fernsehsignal stärker komprimieren, um die Datenmengen zu verringern, was eine deutliche Qualitätseinbuße zur Folge hat.

Auch beim Web-TV soll es, wie beim DSL-TV in den oberen Abschnitten, zunächst nicht um die Veranstaltung von eigenen, sondern um die Weiterleitung von fremden Programmen (wie beispielsweise die Vollprogramme von ARD, ZDF, RTL, ProSieben) gehen. Für die Veranstaltung eigener linearer Programme wird auf Frage 14 zu DSL-TV verwiesen, mit der Einschränkung, dass für Web-TV nach hier vertretener Ansicht nicht das Kabelweitersenderecht, sondern das Senderecht einschlägig ist, was beispielsweise zur Folge hat, dass die Rechte von den Sendeunternehmen, aber derzeit nicht von Verwertungsgesellschaften eingeholt werden sollten. Die Web-TV-spezifischen Probleme beim Angebot von Video-On-Demand werden unten in Frage 8 diskutiert.

Frage 2: Ist Web-TV eine Kabelweitersendung gem. § 20b UrhG?

Antwort: Die momentane Formulierung des § 20b UrhG bezieht sich auf das Kabel als physisches Medium, das Internet als solches ist aber ein logisches Netzwerk und gerade unabhängig von bestimmten physischen Medien. Dieses und weitere Argumente sprechen dagegen, Web-TV als Kabelweitersendung einzuordnen. Ob dies einen wünschenswerten Zustand darstellt, ist eine andere Frage.

I. De lege lata

Bei der Frage, ob Web-TV eine Kabelweitersendung gem. § 20b UrhG darstellt, ist zwischen den Fällen zu unterscheiden, in denen ein DSL-Netzbetreiber DSL-TV-Dienste über das offene Internet an seine Kunden (Anschlussinhaber) verbreitet (sog. Kombinationsmodell), und den Fällen, in denen das Web-TV unabhängig von jeglicher Netzinfrastruktur veranstaltet wird (wie beispielsweise Zattoo).

Beim Kombinationsmodell, bei dem zwar offene Netzstrukturen verwendet werden, allerdings eine Anbindung an die Netzanschlüsse besteht, spricht die Kopplung an das physische Medium Kabel für die Anwendung von § 20b UrhG (ausf. Frage 4 zu DSL-TV).

Ob „reine“ Web-TV-Dienste Kabelweitersendungen sind, bedarf einer genaueren Untersuchung. Diese Fragestellung wurde im Fall Zattoo erstmals virulent. Die GEMA teilte mit Schreiben vom 3.3.2008 mit, dass die Rechteinhaber der Münchener Gruppe der Meinung sind, bei Zattoo handele es sich um eine Kabelweitersendung i.S.v. § 20b UrhG.[699] Die Betreiber von Zattoo sind der gleichen Ansicht.[700]

Das LG Hamburg hat die Frage im seinem Urteil vom 8.4.2009 mit ausführlicher Begründung verneint.[701] Die zeitgleiche und unveränderte Weitersendung von Fernsehsendungen über das Internetprotokoll stelle keine Kabelweitersendung i.S.v. § 20b UrhG dar. Nach Ansicht des Landge-

---

699 LG Hamburg, ZUM 2009, 582, 584 – Weitersendung von Fernsehsendungen über das Internetprotokoll (Zattoo).

700 LG Hamburg, ZUM 2009, 582, 584 – Zattoo.

701 LG Hamburg, ZUM 2009, 582 –Zattoo.

richts ist § 20b UrhG gerade *nicht* technologieneutral auszulegen.[702] Um die Internetübertragung zu erfassen, müsse man die Vorschrift „dynamisch" auslegen.[703] Das Landgericht betont, der Gesetzgeber habe mit dem Begriff „Kabelsystem" primär die Übertragung über Koaxialkabel gemeint.[704] Das wichtigste Argument des LG Hamburg ist dasjenige, dass es „sich bei der Weitersendung von Fernsehprogrammen über das Internet um eine Nutzung handelt, die sich qualitativ von der herkömmlichen Kabelweitersendung über die proprietären Koaxialkabelnetze erheblich unterscheidet." Es werde „mit einer einzigen Nutzungshandlung ein potentieller Verbreitungsgrad geschaffen, der über den des bestehenden und räumlich klar definierten Koaxialkabelnetzes weit hinausgeht. Jeder nur denkbare Zugang zum Internet, sei es über Festnetztelefonie, Mobiltelefonie, Satellit oder Stromnetz, wäre aufgrund der Einspeisung in die Netzinfrastruktur des Internets von der Vorschrift erfasst."

Dem LG Hamburg ist für den Fall des Web-TV zu folgen. Anders als in dem Fall, in dem das TV-Angebot mit einem bestimmten Anschluss eines Netzbetreibers gekoppelt ist, sprechen beim „reinen" Web-TV tatsächlich gewichtige Gründe gegen eine Anwendung von § 20b UrhG. Zwar sollte §20b UrhG entgegen den Andeutungen des LG Hamburg nicht auf Koaxialkabelsysteme verengt werden (ausf. dazu Frage 3 zu DSL-TV). Die Fixierung auf Koaxialkabel hat sich weder im Gesetz, noch in den Gesetzesmaterialien niedergeschlagen und wäre auch unzweckmäßig. Maßgeblich muss vielmehr sein, ob die *Interessenlage* bei der Verbreitung über das Internet diejenige ist, die der Gesetzgeber beim Erlass von § 20b UrhG vor Augen hatte. Dies ist beim Web-TV im Ergebnis zu verneinen.

Die Anbieter von Zattoo erbringen keine *Kabel*weitersendung, denn sie haben auf die Technik der Übermittlung überhaupt keinen Einfluss. Der Anbieter von Zattoo stellt lediglich eine unkörperliche Dienstleistung zur Verfügung, während ein DSL-Netzbetreiber, der Fernsehsignale übermittelt, jedenfalls eine Anbindung an sein DSL-Netz, also an das Medium „Kabel" vorweisen kann. Verzichtete man aber auf das physische Medium „Kabel" als Tatbestandsvoraussetzung, würde man die vom europäischen und deutschen Gesetzgeber getroffene Differenzierung zwischen

[702] LG Hamburg, ZUM 2009, 582, 585.
[703] LG Hamburg, ZUM 2009, 582, 585.
[704] LG Hamburg, ZUM 2009, 582, 585.

Kabelweitersendung, Satellitensendung und anderweitigen Übertragungsarten ad absurdum führen. Beide Gesetzgeber haben mit guten Gründen Sondervorschriften für die unterschiedlichen Übertragungsarten geschaffen.

Gegen eine direkte Anwendung von § 20b UrhG auf die Internetverbreitung von Fernsehsignalen spricht vor allem, dass nach dem heutigen Stand der Technik und der Vielfalt der Übertragungsmethoden und Endgeräte der Internetzugang ohne eine Sendung über Kabel jeglicher Art, nur durch Funk oder Satellit möglich ist. Das Internet ist kein Kabelnetz, sondern ein logisches Netzwerk. Ähnlich wie die DVB-Standards dient das IP nur der Gewährleistung einer einheitlichen Übermittlungsmethode, die verschiedene physische Medien nutzen kann.[705] Beim Empfang der Internetsignale über mobile, kabellose Geräte wie dem iPhone der Firma Apple lässt sich beim besten Willen nicht mehr von einer Kabelweitersendung sprechen. Um den Gedanken noch weiter zu treiben, könnte man ein Szenario annehmen, in dem nicht nur der Abruf, sondern auch die Einspeisung der Streaming-Signale, sowie die Übermittlung der Signale zwischen den jeweiligen Access-Knotenpunkten ebenfalls vollständig kabellos erfolgen. Zwar verlaufen Internetübertragungen faktisch größtenteils über Kabel, jedoch ist die Kabelübertragung weder ein definitorisches Charakteristikum des Internet, noch eine notwendige Voraussetzung.

Darüber hinaus sind die Interessenlagen bei der Kabelweitersendung und beim Web-TV nur eingeschränkt vergleichbar. Zwar würde der primäre Zweck des § 20b UrhG, die Versorgung möglichst breiter Bevölkerungsmassen mit Rundfunkangeboten zu verbessern bzw. sicherzustellen (ausf. oben, Frage 3 zu DSL-TV), auch dadurch gefördert, wenn die Rechte für Web-TV verwertungsgesellschaftspflichtig wären bzw. von den Sendeunternehmen als Zwangslizenz verlangt werden könnten. Jedoch haben die „reinen" Web-TV-Anbieter kein vergleichbares Amortisationsinteresse wie die Kabelunternehmen, die eigene Infrastrukturen aufgebaut haben.[706] Die Verbreitung von Streams im Internet ist mit relativ geringem Aufwand möglich. Die Entscheidungsfreiheit der Rechteinhaber würde durch eine Zwangslizenz für Web-TV zu sehr beeinträchtigt

---

705 Vgl. *Flatau*, ZUM 2007, 1, 2.
706 Vgl. *Gounalakis*, ZUM 2009, 447, 452.

und das Senderecht in einer Weise entwertet, die vom Gesetzgeber ausdrücklich autorisiert werden müsste. Sowohl Verwertungsgesellschaftspflichten, als auch Zwangslizenzen sind Eingriffe in das Urheberrecht, dessen wesentlicher Inhalt das umfangreiche Ausschließlichkeits- und Verbotsrecht in Bezug auf alle geldwerten Nutzungen des Werkes ist. Die Bevormundung des Urhebers durch Kollektivverwertungspflichten und Zwangslizenzen bedarf sorgfältiger Abwägungen, die vom Gesetzgeber angestellt werden müssen. Die großzügige Auslegung von urheberrechtlichen Ausnahmevorschriften zulasten des Urhebers ist daher generell problematisch und im konkreten Fall des Web-TV aus den genannten Gründen unangebracht.

Und damit nicht genug: Da der Kontrahierungszwang aus § 87 Abs. 5 UrhG *zweiseitig* ist, wären alle Web-TV-Betreiber auf Anfrage verpflichtet, die Programme der Rundfunkveranstalter in ihre Angebote aufzunehmen. Es bestünde keine spezifische Bagatellgrenze für kleine Plattformen, die zur Ablehnung lediglich auf einen „sachlich gerechtfertigten Grund" verweisen könnten. Diese Ausnahmeregel greift aber, wie oben unter Frage 5 zu DSL-TV gezeigt, nur ein, wenn die Ablehnungsgründe nach objektiver Beurteilung derart bedeutend sind, dass sie einen Vertragsschluss schlechthin ausschließen und einer Verhandlungslösung nicht zugänglich sind.[707] Theoretisch könnten die großen Senderketten ProSiebenSat.1 und RTL jeden kleinen Web-TV-Dienst zur Weitersendung ihrer zahlreichen Programme zwingen. Solche Konstellationen wären aufgrund der nicht vergleichbaren Kräfteverhältnisse bedenklich.

Auch im Rundfunkrecht wird die Weitersendung von Rundfunkprogrammen in geschlossenen Netzen anders behandelt als die Weitersendung in offenen Netzen. Gemäß § 52 Abs. 1 Satz 2 Nr. 1 RStV sind Plattformen in offenen Netzen von der Plattformregulierung weitestgehend ausgenommen. Hier können und sollten Parallelen zwischen dem Rundfunkrecht und dem Urheberrecht gezogen werden: Die Weitersendung in geschlossenen Netzen fällt unter die eingriffsintensive rundfunkrechtliche Plattformregulierung in §§ 52 ff. RStV, und außerdem unter die eingriffsintensiven urheberrechtlichen Verwertungsvorschriften §§ 20b und 85 Abs. 5 UrhG. Die Weitersendung in offenen Netzen dagegen ist rund-

[707] *Weisser/Höppener*, ZUM 2003, 597, 604.

funkrechtlich und urheberrechtlich weniger stark reguliert und fällt nicht unter die genannten Vorschriften.

Gounalakis und *Weber* wollen dagegen die Internetübertragung grundsätzlich als Kabelweitersendung gem. § 20b UrhG einordnen.[708] *Weber* führt an, dass der Einsatz von Geolocation-Systemen zur territorialen Beschränkung der Übermittlungsreichweite führe, und dass die Verwertungsgesellschaften diese Art der Verbreitung in der Praxis als Kabelweitersendungen lizenzieren würden.[709] Zumindest das erste Argument vermag nicht zu überzeugen. Zwar ist zuzugeben, dass mittlerweile Geolocation-Systeme existieren, die von Laien kaum noch zu umgehen sind. So setzt beispielsweise Zattoo seit Kurzem ein System ein, das auch durch die Einwahl über Proxyserver nicht ohne weiteres getäuscht werden kann. Dennoch: Es ist nicht sichergestellt, dass die Web-TV-Betreiber als Lizenznehmer ein sicheres System einsetzen würden. Die potenzielle Verbreitung und damit die Dimension der Rechtenutzung ist bei der Interneteinspeisung deutlich größer, weil zunächst ein weltweiter Zugang ermöglicht wird, der anschließend durch technische Maßnahmen wie Geolocation oder Passwortabfragen wieder eingeschränkt werden kann. Bei der Einspeisung in ein proprietäres Kabelnetz ist dagegen der Verbreitungsbereich zunächst fest definiert und territorial beschränkt und kann nur durch weitere technische Maßnahmen erweitert werden.

In der Sachverständigenanhörung des Rechtsauschusses des Bundestages zum „Zweiten Korb" ist vorgeschlagen worden, in § 20b UrhG die Formulierung „durch Kabelsysteme oder Mikrowellensysteme" durch die Formulierung „durch kabelgebundene oder kabellose Systeme" zu ersetzen.[710] Man darf dem Gesetzgeber daher unterstellen, dass er ein Problembewusstsein für die unterschiedlichen Übertragungsarten entwickelt hat und dass der eindeutig auf Kabelübertragungen ausgerichtete Wortlaut von § 20b UrhG nicht ohne Grund beibehalten wurde.

In der aktuellen Diskussion zu einem „Dritten Korb" ist die mögliche Änderung von § 20b UrhG wieder präsent. So hat das Justizministerium in einem Rundschreiben („Prüfung weiteren gesetzgeberischen Hand-

[708] Vgl. *Gounalakis*, ZUM 2009, 447, 452; *Weber*, ZUM 2009, 460, 462.
[709] *Weber*, ZUM 2009, 460, 462.
[710] *Hillig*, ZUM 2009, 895, 896.

lungsbedarfs im Bereich des Urheberrechts“[711]) Verbände und andere Betroffene dazu aufgefordert, zu verschiedenen Fragen Stellung zu nehmen. Punkt IV ist mit dem Titel „Überprüfung der bestehenden Regelungen der Kabelweitersendung (§ 20b UrhG)“ versehen und lautet:

> „Der Deutsche Bundestag hat in seiner Entschließung die Bundesregierung aufgefordert, die bestehenden Regelungen der Kabelweitersendung (§ 20b UrhG) zu überprüfen. Es soll insbesondere der etwaige Änderungsbedarf im Hinblick auf die technologieneutrale Ausgestaltung der Regelung angesichts der fortschreitenden technischen Entwicklung (z.B. Internet-TV), den Anwendungsbereich der Kabelweitersendung und die Vergütung nach § 20b UrhG Abs. 2 UrhG geprüft werden.
>
> 1. Nach geltender Rechtslage liegt ein Fall der Kabelweitersendung (§ 20b UrhG) nur vor, wenn das Signal durch Kabelsysteme oder Mikrowellensysteme zeitgleich, unverändert und vollständig weiter übertragen wird. Reicht diese gesetzliche Regelung angesichts des technischen Fortschritts noch aus? Kann die Anpassung der Norm der Rechtsprechung vorbehalten bleiben? Wenn nein, wie wäre eine technologieneutrale Ausgestaltung der Kabelweitersendung zu formulieren? Bedarf insbesondere die Abgrenzung zwischen Sendung (§ 20 UrhG) und der öffentlichen Zugänglichmachung (§ 19a UrhG) einer gesetzlichen Klarstellung? Bedarf das Tatbestandsmerkmal „Kabelsysteme oder Mikrowellensysteme“ einer Anpassung an die technische Entwicklung? […]“

Diese Fragestellung nach einem möglichen Anpassungsbedarf unter ausdrücklichem Hinweis auf „Internet-TV“ deutet darauf hin, dass zumindest das Justizministerium noch immer davon ausgeht, dass nicht alle Phänomene des Fernsehens im Internet (wahrscheinlich sind die hier als Web-TV verstandenen Angebote gemeint) von § 20b UrhG in der jetzigen Formulierung erfasst sind.

Bleibt nur zu überlegen, ob § 20b UrhG auf Web-TV analog angewendet werden sollte. Dies würde dazu führen, dass die für Web-TV benötigten

---

[711] Abrufbar beispielsweise unter www.bibliotheksverband.de/fileadmin/user_upload/DBV/positionen/BMJ_Handlungsbedarf_Fragen.pdf.

Rechte verwertungsgesellschaftspflichtig wären (§ 20b Abs. 1 Satz 1 UrhG), mit Ausnahme der Rechte der Sendeunternehmen (§ 20b Abs. 1 Satz 2 UrhG), die allerdings dem Kontrahierungszwang aus § 87 Abs. 5 UrhG unterliegen würden. In der Praxis stellt sich also die Frage: Sollen Web-TV-Anbieter die Möglichkeit haben, die Senderechte von Verwertungsgesellschaften (§ 11 UrhWahrnG) oder von den Sendeunternehmen (§ 87 Abs. 5 UrhG) zu erlangen, oder sollen die Rechteinhaber die Entscheidungsfreiheit darüber haben, ob sie die Rechte einräumen oder nicht?

Einer analogen Anwendung stehen erhebliche Einwände gegenüber. Schon die Planwidrigkeit der Regelungslücke in § 20b UrhG in Bezug auf Web-TV kann nicht ohne weiteres unterstellt werden, da Web-TV schon bei Erlass des § 20b UrhG im Jahre 1998 technisch durchführbar und mit Blick auf wachsende Bandbreiten ein wahrscheinliches Szenario, wenn auch noch nicht weit verbreitet war. Anhand der Gesetzesmaterialien lässt sich nachweisen, dass der europäische und der deutsche Gesetzgeber bei Einführung der Verwertungsgesellschaftspflicht der Kabelweitersenderechte und des Kontrahierungszwanges der Sendeunternehmen geschlossene Netzstrukturen wie das Breitbandkabelnetz vor Augen hatten (dazu ausf. Frage 3 zu DSL-TV). Auch die Unterschiedlichkeit der Interessenlagen (geringeres Amortisationsinteresse etc.) verbietet eine analoge Anwendung.

De lege lata sprechen also zahlreiche Erwägungen dagegen, die Sondervorschriften zur Kabelweitersendung auf Web-TV anzuwenden. Nur bei einer sehr starken Betonung des ursprünglichen Zweckes dieser Vorschriften, die Rundfunkversorgung der Bevölkerung sicherzustellen bzw. zu verbessern, könnte man sich über die Gegenargumente hinwegsetzen.

II. De lege ferenda

Eine andere Frage ist, ob dieser Zustand de lege ferenda verändert werden sollte.[712] Aus medienpolitischer Sicht könnte eine Erweiterung der Regel in § 20b UrhG sinnvoll sein, damit Web-TV in Deutschland Fuß fassen kann. Den Befürchtungen der Rechteinhaber vor einer Entwertung und übermäßigen Ausnutzung ihrer Rechte ist entgegenzuhalten, dass

[712] Vgl. *Hillig*, ZUM 2009, 895, 896, Anm. zu OGH-Urteil.

auch geschlossene Netze nicht vor Einspeisung in das Internet schützen und bereits heute unzählige Inhalte per Stream im Internet verfügbar gemacht werden, die dort eigentlich gar nicht übertragen werden dürften. Beispielsweise ist es ohne vertiefte technische Kenntnisse möglich, auf einschlägigen Websites praktisch sämtliche Spitzenbegegnungen der nationalen und europäischen Fußballligen live zu verfolgen, mittlerweile in TV-Qualität. P2P-Streaming-Programme haben in diesen Schwarzsehermarkt eine neue Dynamik gebracht. Was damals die Schreckgespenster Kazaa und E-Mule für die Musikindustrie waren, können schon bald Sopcast und TVAnts für Pay-TV-Betreiber sein. Mit jedem durchschnittlichen PC kann heute ein Streaming-Server eingerichtet werden, der Bewegtbilder in alle Welt liefern kann. Ein einzelner „abtrünniger" PayTV-Empfänger kann auf diese Weise tausende Schwarzseher versorgen. Solchen Entwicklungen könnte eventuell durch eine konsequente, die technische Entwicklung berücksichtigende Erweiterung der Regeln zur Weitersendung von Rundfunksignalen im Urheberrechtsgesetz begegnet werden. Legalen Diensten wie Zattoo wäre es dann möglich, die Rechte für die Weitersendung im Internet von den Sendeunternehmen, besser noch von Verwertungsgesellschaften, einzuholen. So wäre dem Zweck, die kulturelle Versorgung zu verbessern,[713] gedient.

Es gibt allerdings auch gute Argumente *gegen* eine Erweiterung der Vorschriften zur Kabelweitersendung auf reine Web-TV-Dienste. Solche Dienste können mit einem viel geringeren Aufwand aufgebaut werden als Dienste, die eine bestimmte Kabelinfrastruktur nutzen (wie DSL-TV). Der Zweck der Versorgung der Bevölkerung mit Rundfunkangeboten erfordert es nicht zwingend, dass Web-TV-Anbieter einen *Anspruch* gegen die Sendeunternehmen auf Einräumung der Weitersenderechte über das offene Internet haben, denn im offenen Internet kann jedes Sendeunternehmen mit geringem Aufwand seine Inhalte selbst weitersenden. Dies wird zunehmend gängige Praxis. Somit hätte jeder Nutzer die Möglichkeit, die jeweiligen Programme via Internet zu empfangen und wäre auf diese Weise „versorgt". Die Versorgung erfordert es nicht, dass fremde Diensteanbieter die Programme ebenfalls – zusätzlich – in ihre Plattformen aufnehmen. Auch den öffentlich-rechtlichen Sendeunternehmen ist

[713] Erwägungsgrund 3 RL 93/83/EWG.

es erlaubt, ihre Programme live im Internet per Stream anzubieten (s. bereits oben).

Was würde also die Erweiterung der Vorschriften zur Kabelweitersendung auf reine Web-TV-Angebote bewirken? Die Sendeunternehmen müssten ihre Rechte zur Weitersendung via Web-TV nicht in Verwertungsgesellschaften einbringen, könnten dies aber freiwillig tun (insofern ergäbe sich daher noch keine große Auswirkung der Regelungen). Entscheidend ist aber, dass die Sendeunternehmen bei einer Erfassung des reinen Web-TV als Kabelweitersendung gemäß § 87 Abs. 5 UrhG gezwungen wären, den Anbietern zu angemessenen Bedingungen die Weitersendelizenz einzuräumen. Eine solche Bevormundung der Sendeunternehmen, die einen schwerwiegenden Eingriff in ihre Souveränität als Rechteinhaber darstellt, bedürfte guter Gründe. Wie bereits erläutert, können die Web-TV-Anbieter, anders als die Breitbandkabelnetz- und IPTV-Betreiber, nicht mit den erheblichen Investitionskosten für den Aufbau einer Netzinfrastruktur argumentieren. Auch können Sie nicht die Erschließung neuer Rezipientenkreise anführen, denn die potenziellen Rezipienten *haben* einen Internetanschluss und sind damit bereits mit anderen im Internet verfügbaren Inhalten versorgt, beispielsweise von den Sendeunternehmen selbst. Außerdem könnte der Lizenzierungszwang die Verwertungsstrategien der Sendeunternehmen erheblich stören, da die fremden gebündelten Angebote mit den Websites der Sendeunternehmen um die nach Live-Streams suchenden Nutzer konkurrieren werden.

Es ist schwer abzusehen, wie sich der Markt für das Livestreaming über das Internet entwickeln wird. Momentan spricht viel dafür, dass die Sendeunternehmen die Livestreams ihrer Programme entweder direkt auf ihren Seiten bereitstellen werden, oder aber selbst Plattformen entwickeln bzw. kaufen, auf denen sie ihre Programm-Streams bündeln. Ein mögliches Szenario wäre etwa, dass eine Sendergruppe wie ProSiebenSat.1 oder RTL eine Streaming-Plattform anbietet oder durch Mehrheitsbeteiligungen wirtschaftlich kontrolliert, auf der sie alle ihre Programme zum Stream bereit hält. Auf dieser Plattform könnte sie Werbeeinnahmen erzielen und kostenpflichtige Zusatzdienste wie Pay-TV und Video on Demand anbieten. Ein Beispiel für eine ähnliche – allerdings nur On-Demand-basierte – Plattform ist die erfolgreiche amerikanische Website „hulu“, auf der unter anderem die großen Sender NBC, Fox und ABC bemerkenswert große Repertoire ihrer Inhalte kostenlos und registrierungsfrei anbieten.[714] Es kursieren bereits Mutmaßungen über vergleichbare Kooperationsprojekte der deutschen Senderketten. Solche Verwertungsstrategien würden den Sendeunternehmen durch die Unterwerfung unter Zwangslizenzierungspflichten erschwert, da fremde Plattformen die gleichen Inhalte anbieten könnten. Es ist fragwürdig, ob ein solcher Eingriff in ein sich entwickelndes neues Marktsegment sinnvoll ist. Für das Internet dürfte, anders als seinerzeit für proprietäre Kabelnetzstrukturen, zunächst eher kein Steuerungsbedarf bestehen. Die potenziellen Web-TV-Anbieter können in freie Verhandlungen mit den Sendeunternehmen über die Weitersendung treten. Die Sendeunternehmen können die Lizenzierung ablehnen. Dies ist zum gegenwärtigen Zeitpunkt ein hinnehmbarer Zustand. Daher scheint eine baldige Erweiterung der Vorschriften zur Kabelweitersendung auf reine Web-TV-Dienste nicht unbedingt erforderlich zu sein. Die zukünftigen – insbesondere die internationalen – Entwicklungen im Bereich Web-TV werden sehr genau zu beobachten sein. Hulu, Zattoo und Co. werden in der Fernsehlandschaft der Zukunft vermutlich gewichtige Rollen spielen.

---

[714] www.hulu.com; vgl. dazu *Amlung/Fisch*, ZUM 2009, 442, 445 f.

Frage 3: Welche Rechte werden für Web-TV benötigt und wie können sie erlangt werden?

Antwort: Für das Anbieten von Web-TV in Form der Weiterleitung fremder Programme werden, wie für das DSL-TV, die Senderechte benötigt. Problematisch ist, dass die Produktionsfirmen die Verbreitung über das Internet in vielen Verträgen ausdrücklich ausschließen.

I. Für Web-TV benötigte Rechte

Für die Veranstaltung von Web-TV in Form der simultanen Weitersendung fremder Programme benötigt der Anbieter (DSL-Netzbetreiber oder Unternehmen ohne eigene Netzinfrastruktur) prinzipiell die gleichen Rechte wie beim DSL-TV. Das simultane Streaming von Fernsehprogrammen über das Medium Internet greift in das Senderecht an den übermittelten Inhalten ein (§ 20 UrhG),[715] sowie in das Leistungsschutzrecht der Sendeunternehmen (§ 87 Abs. 1 Nr. 1, 1. Var. UrhG).

II. Erlangung der für Web-TV benötigten Rechte; Beispiel Zattoo

1. Einzellizenzierung durch die Sendeunternehmen

Wenn – wie hier vertreten – die Veranstaltung von Web-TV nicht als Kabelweitersendung gem. § 20b UrhG eingestuft wird, müssen die Inhaber der Rechte an den Inhalten (Filmstudios etc.) das Senderecht in Bezug auf Web-TV nicht in Verwertungsgesellschaften einbringen (§ 20b Abs. 1 UrhG). Außerdem unterliegen die Sendeunternehmen nicht dem Kontrahierungszwang aus § 87 Abs. 5 UrhG, sondern können die Lizenzierung von Web-TV gänzlich verweigern. Der letztgenannte Aspekt ist für die Sendeunternehmen von großer Wichtigkeit. So zeigt der am 11.3.2010 angekündigte Austritt der RTL-Gruppe aus der VG Media, dass die Sendeunternehmen dazu übergehen, Einzelverhandlungen über die Nutzungsrechte zu führen.

---

[715] S. die Nachweise oben zu IPTV und § 20 UrhG: LG Köln, ZUM 2005, 574, 575; *Kuper*, IPTV, Hamburg 2009, S. 223, m.w.N.; *Poll*, ZUM 2007, 476, 480, m.w.N.; neuerdings auch *Ehrhardt*, in: Wandtke/Bullinger, UrhR, 3. Aufl. 2009, §§ 20-20b, Rn. 14; anders noch in der 2. Aufl. von 2006.

Die Unanwendbarkeit von § 20b und § 87 Abs. 5 UrhG hat erhebliche Auswirkungen auf die Rechtevergabe für Web-TV. Unstreitig ist derzeit nur, dass die VG Media das Kabelweitersenderecht i.S.v. § 20b UrhG der Sendeunternehmen wahrnimmt; die Wahrnehmung darüber hinaus gehender Rechte wird kontrovers diskutiert. Das LG Köln hat in seinem Urteil vom 23.12.2009 zu elektronischen Programmführern ausführlich dargelegt, warum seiner Meinung nach keine weiteren Rechte der Sendeunternehmen außer dem Kabelweitersenderecht von der VG Media wahrgenommen würden.[716] Anders urteilten, wie bereits oben in Frage 12 zu DSL-TV erläutert, das LG Leipzig und das OLG Dresden.[717] Ob die Rechte zur Weitersendung der Privatsender via Web-TV bei der VG Media liegen, ist also derzeit unklar. Diese Rechte sollten direkt von den Sendeunternehmen eingeholt werden. Gleiches gilt für die öffentlich-rechtlichen Sender: Die VFF nimmt von den Senderechten derzeit allem Anschein nach (s. Formulierungen in den Tarifen etc.) nur das Weitersenderecht gem. § 20b UrhG wahr, so dass eine Web-TV-Lizenzierung seitens der „Münchener Gruppe“ problematisch ist.

Geht man davon aus, dass die Wahrnehmungsbefugnisse der VG Media und der Münchener Gruppe streng auf § 20b UrhG beschränkt sind, dann sind die Verwertungsgesellschaften gem. § 11 Abs. 1 UrhWahrnG nicht verpflichtet, die für Web-TV erforderlichen Rechte einzuräumen. Sie können dies auch gar nicht, solange die Rechte ihnen nicht zur Wahrnehmung übertragen wurden.

Ein Beispiel für die Vertragskonstellationen und Probleme bei der Rechteeinräumung für Web-TV gibt der Fall Zattoo. Der Internetdienst Zattoo startete im September 2007 mit der Weitersendung von deutschen Fernsehsendern.[718] Mittlerweile operiert Zattoo in sieben europäischen Staaten und hat nach eigenen Angaben über fünf Millionen registrierte Nutzer.[719] Laut Zattoo gestalte sich die Lizenzierung in keinem anderen der betroffenen Staaten derart schwierig wie in Deutschland, da in den meisten Ländern die Internetübertragung als „Cable Transmission“ (Kabelweiter-

---

716 Akz. 28 O (Kart) 479/08, BeckRS 2010 00557.

717 OLG Dresden, ZUM 2010, 362, 363; in einem anderen Verfahren LG Leipzig, ZUM 2009, 980.

718 Pressemitteilung Zattoo, mittlerweile nicht mehr verfügbar.

719 Pressemitteilung Zattoo.

sendung) anerkannt sei.[720] Die Verwertungsgesellschaften der Münchener Gruppe hielten Web-TV für eine vergütungspflichtige Kabelweitersendung und fassten am 22.1.2008 den Beschluss, die Nutzung der Kabelweitersenderechte durch IPTV-Anbieter (gemeint war Zattoo, also Web-TV) zu dulden.[721] Nach der hier und vom LG Hamburg vertretenen Ansicht, nach der Web-TV keine Kabelweitersendung gem. § 20b UrhG darstellt, ging diese Duldung „ins Leere". Folgt man außerdem dem LG Köln (s.o.), waren die Verwertungsgesellschaften gar nicht mit den nötigen Rechten ausgestattet, um die Weiterleitung durch Zattoo zu genehmigen. Ihre Wahrnehmungsbefugnisse sind nach dem LG Köln auf die Kabelweitersendung begrenzt.

Die Verwertungsgesellschaft AGICOA widerrief später im Hinblick auf ihre Rechte die Duldung der Weitersendung durch Zattoo.[722] Im Verfahren vor dem LG Hamburg gab Zattoo an, die für die Kabelweitersendung erforderlichen Nutzungsrechte von den Verwertungsgesellschaften sowie von den öffentlich-rechtlichen Rundfunkanstalten erworben zu haben.[723] Die betreffenden Vereinbarungen erstreckten sich gerade auf die Internetverbreitung.[724] Beispielsweise hatte Zattoo am 28.2.2008 mit ARD, ZDF, DLR und ARTE einen „Vertrag zur Weitersendung öffentlich-rechtlicher digitaler Fernsehprogramme" abgeschlossen.[725] Dieser Weg der Rechteeinholung ist für Web-TV vorläufig der richtige: Die Sendeunternehmen selbst können das Recht zur Veranstaltung von Web-TV, das nach hier vertretener Ansicht unter das Senderecht aus § 20 UrhG fällt, einräumen.

Da die Sendeunternehmen die Rechte für Web-TV aufgrund der Nichtanwendbarkeit von § 87 Abs. 5 UrhG nicht einräumen müssen, stellt sich die Frage, ob sie überhaupt an einer Einräumung interessiert sind. Dies ist überaus zweifelhaft, wie der Rückzug von RTL aus der VG Media nahe-

---

720 Pressemitteilung Zattoo.
721 LG Hamburg, ZUM 2009, 582, 584 – Zattoo; ausgenommen waren die EBU-Sender.
722 LG Hamburg, ZUM 2009, 582, 584 – Zattoo.
723 LG Hamburg, ZUM 2009, 582, 584 – Zattoo.
724 LG Hamburg, ZUM 2009, 582, 584 – Zattoo.
725 LG Hamburg, ZUM 2009, 582, 583 – Zattoo; die die Rechteeinräumung betreffenden Bestimmungen sind im Urteil des LG auszugsweise abgedruckt.

legt. Zwar wären die Web-TV-Rechte nach hier vertretener Ansicht ohnehin nicht unter die derzeitigen Tarife der VG Media gefallen, jedoch zeigt der Austritt von RTL, wie wichtig den Sendeunternehmen die Nutzungsrechte für neue Rundfunkübertragungsarten geworden sind. RTL will und kann seine Inhalte über eigene offene Plattformen verwerten und bedarf hierbei keiner Hilfe von fremden Diensten wie joost, Zattoo und Co. Schon heute bieten die Privatsender in unregelmäßigen Abständen Livestreams zu größeren Show- oder Sport-Events im Internet an. Hierdurch lenken sie Besucher auf ihre Websites und vergrößern außerdem die Zuschauerreichweite ihrer Programme. Daneben hat die RTL-Gruppe mit „RTL NOW" (rtl-now.rtl.de) und „Vox NOW" (voxnow.de) zwei erfolgreiche On-Demand-Angebote aufgebaut. Die anderen Privatsender verfolgen ähnliche Konzepte.

Es steht also zu befürchten, dass die Privatsender die für Web-TV erforderlichen Senderechte nicht freiwillig an Unternehmen, mit denen sie wirtschaftlich nicht verbunden sind, einräumen werden. Sie können ihre Inhalte nämlich selbst gewinnbringend verwerten. Die Maxime „Content is King" hat im Zeitalter der kostengünstigen weltweiten Verbreitungsmethoden über das Internet einen noch größeren Stellenwert erhalten.

Kooperativer im Hinblick auf Web-TV sind bislang die öffentlich-rechtlichen Sendeanstalten. Bereits seit 2008 dulden sie die Verbreitung ihrer Programme via Zattoo. Der Grund für diese Kooperationsbereitschaft liegt sicherlich auch darin, dass die öffentlich-rechtlichen Sender selbst nur begrenzte Möglichkeiten haben, ihre Inhalte online zu verwerten. Im dualen Rundfunksystem Deutschlands unterliegen die durch die Rundfunkgebühr hoch subventionierten öffentlich-rechtlichen Sender einem Rechtfertigungszwang im Hinblick auf jegliche Aktivitäten, die über ihren Auftrag hinausgehen. Auftrag der öffentlich-rechtlichen Rundfunkanstalten ist es, die „demokratischen, sozialen und kulturellen Bedürfnisse der Gesellschaft zu erfüllen", § 11 Abs. 1 RStV. Ob zur Erfüllung dieses Auftrags auch umfangreiche Internetangebote erforderlich sind, die in Konkurrenz zu privaten Angeboten treten, wurde zu Recht bezweifelt. Für das Medium Internet gelten aufgrund der Möglichkeit, mit geringem Aufwand ein maximales Publikum zu erreichen, andere Vorzeichen als für die kostenintensive Veranstaltung von „herkömmlichem" Rundfunk. Folgerichtig wurden mit dem 12. RÄndStV in den §§ 11d, 11e, 11f RStV verbindliche Beschränkungen für das Angebot von Telemedien durch die öffentlich-rechtlichen Sendeanstalten geschaffen.

Allerdings handelt es sich bei Web-TV nicht um einen Telemediendienst, sondern um Rundfunk i.S.d. § 2 Abs. 1 RStV (s. dazu Frage 6). Die §§ 11d-11f RStV stehen einem zeitgleichen, linearen Streaming der Programme im Internet (z.B. auf den jeweiligen Senderhomepages) nicht entgegen. Im Gegenteil: § 11a Abs. 2 RStV erlaubt die Übertragung der öffentlich-rechtlichen Programme „über unterschiedliche Übertragungswege zeitgleich". Livestreams, beispielsweise zur Tagesschau oder zu Sportereignissen, sind auf den Websites der Öffentlich-Rechtlichen längst üblich geworden.

Dennoch ist es logisch und nachvollziehbar, dass gerade die öffentlich-rechtlichen Sender dem Dienst Zattoo die Weitersendung erlauben. Ihr primäres Ziel ist nämlich nicht die Gewinnerzielung, sondern die Versorgung der Bürger. Sie sind auf die Finanzierung durch Werbe- und sonstige Zusatzeinnahmen weniger angewiesen als die Privatsender, die jeden Euro aus der Online-Rechteverwertung gerne einstreichen. Es wäre tatsächlich eine fragwürdige Interpretation des Versorgungsauftrages, wenn die Öffentlich-Rechtlichen die einfache und effiziente Vergrößerung des Zuschauerkreises durch Zattoo blockieren würden.

Die richtige Lizenzierungsstrategie – sowohl im Hinblick auf die Privatsender als auch die Öffentlich-Rechtlichen – steht und fällt mit der Frage, ob man Web-TV als Kabelweitersendung i.S.v. § 20b UrhG einordnet. Sollten obergerichtliche Entscheidungen ergehen, die in diese Richtung zeigen, wäre den potenziellen Web-TV-Anbietern zu raten, sich zwecks Einräumung der Weitersenderechte an die VG Media und die Münchener Gruppe zu wenden.

2. Reichweite der Rechte der Sendeunternehmen in Bezug auf die Inhalte

Das zweite große urhebervertragsrechtliche Problem beim Web-TV neben der Reichweite der Rechte der Verwertungsgesellschaften ist momentan die Frage, ob die *Sendeunternehmen* (bzw. die Verwertungsgesellschaften) überhaupt die Rechte haben, die Weiterleitung über Web-TV zu erlauben, da sie ihrerseits die Rechte an den *Inhalten* von den jeweiligen Inhabern (Produktionsfirmen etc.) erworben haben und an entsprechende Vertragsbestimmungen (Lizenzbedingungen) gebunden sind. In den Verträgen der Produktionsfirmen mit den Sendeunternehmen finden sich teilweise Klauseln, die eine Übertragung via DSL und/oder IP ausdrücklich ausschließen. Dieser Umstand war Auslöser für den Rechtsstreit um den Dienst Zattoo vor dem LG Hamburg.[726] Die entsprechenden Abteilungen der Hollywood Studios Warner Bros. und Universal hatten gegen die Zattoo Europa AG am 16. Januar 2009 eine einstweilige Verfügung erwirkt, die Zattoo die Ausstrahlung von fünf Spielfilmen aus dem Rechterepertoire der Studios in Deutschland verbot.[727] Die Filmstudios bezweifelten, dass die Sendeunternehmen und Verwertungsgesellschaften von ihnen mit den erforderlichen Rechten ausgestattet wurden, um die Weitersendung via Zattoo zu erlauben.[728] Bei Zattoo handle es sich nicht um eine Kabelweitersendung.[729] Im Sommer 2009 hatte Zattoo bereits die Kooperationsverträge mit MTV, Viva und Comedy Central gekündigt, weil viele der Inhalte in diesen Programmen von den aufbegehrenden Filmstudios Warner Bros. und Universal stammten. Dabei machte Zattoo von einem Sonderkündigungsrecht Gebrauch, das gerade für den (vorhersehbaren) Fall von Streitigkeiten mit den Produktionsfirmen über die Reichweite des Kabelweitersendungs-Begriffs aufgenommen worden war.

Zattoo zog gegen die einstweilige Verfügung vor das LG Hamburg, das jedoch den Filmstudios Recht gab und die Verfügung bestätigte.[730] Bei Zattoo handle es sich um keine Kabelweitersendung, so dass die Absprachen zwischen Zattoo und den Sendeunternehmen (die sich ausdrücklich auf die Kabelweitersendung bezogen) ins Leere gingen.[731] Darüber hinaus könnten die Sendeunternehmen die Nutzung per Web-TV gar nicht lizenzieren, da sie von den Studios nicht die entsprechenden Rechte erhalten hätten, sondern die DSL- und IP-Übertragung ausdrücklich ausgeschlossen sei.[732] Zattoo hatte, wie bereits erwähnt, gegen dieses Urteil zunächst Berufung eingelegt, hat diese jedoch mittlerweile zurückgezogen. Somit wird sich das OLG Hamburg leider nicht mit dem Fall befassen dürfen.

726 LG Hamburg, ZUM 2009, 582 – Zattoo.
727 LG Hamburg, ZUM 2009, 582, 584 – Zattoo.
728 Pressemitteilung von Zattoo, mittlerweile nicht mehr verfügbar.
729 Pressemitteilung von Zattoo, mittlerweile nicht mehr verfügbar.
730 LG Hamburg, ZUM 2009, 582 – Zattoo.
731 LG Hamburg, ZUM 2009, 582, 586 – Zattoo.
732 LG Hamburg, ZUM 2009, 582, 586 – Zattoo.

Eigentlich müssten aufgrund der von den Rechtinhabern zum Ausschluss der DSL- und IP-Übertragung verwendeten Klauseln auch das DSL-TV (in geschlossenen Netzwerken) verboten sein. Im Falle der DSL-TV-Angebote sind aber keine Streitigkeiten zwischen den Produktionsfirmen und den DSL-TV-Betreibern über die Rechte an den Sendeinhalten öffentlich geworden (s. bereits Frage 2 zu DSL-TV).

Auch beim Web-TV kann die dauerhafte Lösung, wie beim DSL-TV, nur darin liegen, dass in Zukunft die Verträge zwischen Sendeunternehmen und Produktionsfirmen Web-TV-tauglich gemacht werden. Ohne die Möglichkeit der zentralen Rechteeinräumung über die Sendeunternehmen oder Verwertungsgesellschaften ist der Aufbau von Web-TV-Angeboten nicht effizient möglich.

III. Web-TV als eigenständige Nutzungsart gem. § 31 Abs. 1 UrhG

Auch beim Web-TV stellt sich die Frage, ob es sich dabei um eine eigenständige, dinglich abspaltbare Nutzungsart gem. § 31 UrhG handelt. Für DSL-TV wurde diese Frage oben (Frage 2) verneint, da die technische Konvergenz eine Unterscheidung der „Netze" und damit die Festlegung des Rechteumfangs zunehmend erschwert. Für die Beteiligten würden Unklarheiten über den Rechtszustand entstehen, wollte man DSL-TV als dingliches Nutzungsrecht betrachten.

Für Web-TV gelten andere Vorzeichen. Web-TV ist, anders als DSL-TV, nicht an das körperliche Medium Kabel gebunden, sondern lediglich an das unkörperliche Medium Internet, also an das „Netz der Netze", das durch die Verwendung bestimmter Protokolle definiert ist, nicht durch eine physische Infrastruktur. Ein Nutzungsrecht für Web-TV berechtigt dazu, einen unkörperlichen Dienst anzubieten, der überall auf der Welt (sofern nicht territorial begrenzt) und mit jeglichen Endgeräten abgerufen werden kann, beispielsweise mit Computern oder Handys. Durch die Weitersendung der Inhalte im Internet wird ein potenziell höherer Verbreitungsgrad geschaffen als durch die Weitersendung über proprietäre, territorial begrenzte Kabelnetze. Aus Nutzersicht unterscheidet sich Web-TV durch eine im Durchschnitt deutlich geringere Qualität vom DSL-TV. Für den Nutzer ist außerdem die Möglichkeit der freien Wahl der Endgeräte von Bedeutung.

Web-TV ist also von der kabelgebundenen Übertragung (über Breitbandkabel oder DSL) aus der Perspektive von Anbietern, Rechteinhabern und

Nutzern eigenständig und abgrenzbar. Sie ist wirtschaftlich und technisch eine selbstständige Nutzungsform und sollte daher als eigenständige, dinglich abspaltbare Nutzungsform i.S.v. § 31 Abs. 1 UrhG betrachtet werden.[733] Das Recht zur Weitersendung über das Internet kann folglich mit dinglicher Wirkung als absolutes Recht eingeräumt werden.

Frage 4: Wie hoch ist die angemessene Vergütung für die Web-TV-Rechte?

Antwort: Die wirtschaftlichen Interessenlagen beim Web-TV unterscheiden sich von denjenigen beim DSL-TV. Dennoch dürfte für Web-TV im Ergebnis der gleiche Tarif angemessen sein wie für DSL-TV und die digitale Kabelweitersendung.

Als angemessene DSL-TV-Tarife wurden oben ca. 1 % für die Privatsender und ca. 3 % für die öffentlich-rechtlichen Sender genannt (jeweils ermäßigt bei Nichterhebung von Einspeiseentgelten). Für Web-TV stellt sich die entscheidende Frage, ob die gleichen oder andere Tarife angemessen sind.

Die VG Media ist momentan der Ansicht, dass für die Weitersendung via Web-TV der gleiche Tarif entrichtet werden müsse wie für die Weitersendung via digitalem Breitbandkabel und DSL-TV. Damit meint die VG Media den Tarif „Hörfunk und Fernsehen – digital" i.H.v. 2,51 % bzw. 2,15 % bei Nichterhebung von Einspeisungsentgelten (jeweils ohne Verbandsnachlass).

Die Kriterien, nach denen eine angemessene Vergütung zu berechnen ist, wurden oben (Frage 7 zu DSL-TV) ausführlich beschrieben. Primär kommt es auf die Marktüblichkeit und eine Interessenabwägung an.

Als Präzedenzfall zur Bestimmung der marktüblichen Vergütung beim Web-TV könnte in Deutschland nur das Zattoo-Beispiel herangezogen werden. Nach eigenen Angaben hat Zattoo für die Weitersendung der Programme stets Entgelte entrichtet. Wie hoch diese Entgelte waren, wurde nicht offengelegt. Da die Verwertungsgesellschaften der Münche-

---

[733] So auch *Nordemann*, der allerdings nicht zwischen Web-TV und DSL-TV unterscheidet, in: Fromm/Nordemann, UrhR, 10. Aufl. 2008, § 31, Rn. 78.

ner Gruppe und die öffentlich-rechtlichen Sendeunternehmen davon ausgegangen sind, dass es sich bei Zattoo um eine Kabelweitersendung gem. § 20b UrhG handelt,[734] liegt der Schluss nahe, dass Zattoo die normalen Weitersendungstarife gezahlt hat.

Bei der Interessenabwägung zwischen den Sendeunternehmen, den Rechteinhabern an den Inhalten und den Web-TV-Anbietern bestehen zahlreiche Parallelen zu der Interessenabwägung im Falle des DSL-TV, jedoch auch einige wichtige Unterschiede.

Ebenso wie im Falle des DSL-TV führt die Nutzung des Senderechts zum Zwecke des Web-TV nicht zu einer umfangreicheren oder intensiveren Nutzung der Rechte als bei der herkömmlichen Kabelweitersendung über Breitbandkabel. Die Nutzer empfangen die gleichen Programme wie bei den anderen Fernsehempfangsmethoden (Kabel, Satellit etc.). Zwar bestehen im Internet durch die Rückkanalfähigkeit viele Möglichkeiten zu einer Interaktion mit dem Nutzer, jedoch würden mögliche Zusatzdienste nichts an der Weitersendung selbst ändern, die genauso abläuft wie beim herkömmlichen Kabelfernsehen.

Als Argument für höhere Vergütungssätze werden die Rechteinhaber und Sendeunternehmen anführen, dass die Einspeisung in das Internet generell einen höheren Verbreitungsgrad schafft als die Ausstrahlung über Satellit oder proprietäre Kabelnetze (seien es Koaxialkabel- oder DSL-Netze). Daran ist zwar richtig, dass das Internet aufgrund seiner dezentralen und technologieneutralen Struktur potenziell einen unbeschränkten weltweiten Zugang cröffnct, und zwar in allen Ländern der Welt und mit jeglichen Formen internetfähiger Endgeräte. Jedoch ist es ohne Weiteres möglich, den Kreis der Empfänger durch hardware- oder softwarebasierte Identifizierungsverfahren wie Passwortabfragen, Geolocation/Geotargeting oder den beim Digitalfernsehen gebräuchlichen Smartcards zu beschränken. Zwar ist zuzugeben, dass diese Systeme nicht den Zuverlässigkeitsgrad aufweisen können wie die physische Begrenzung des Empfängerkreises durch die Grenzen des proprietären Breitbandkabelnetzes oder durch den Ausstrahlungsbereich eines Satelliten. Dennoch sind auch im Internet effektive Beschränkungen möglich. Die Sicherstellung der Begrenzung des Empfängerkreises obläge freilich dem Web-TV-

[734] LG Hamburg, ZUM 2009, 582, 584 – Zattoo.

Anbieter; Unzulänglichkeiten könnten die Sendeunternehmen und die anderen Berechtigten mit Ansprüchen wegen Vertragsverletzung ahnden.

Ein Unterschied zum herkömmlichen Kabelfernsehen und zum DSL-TV liegt aber darin, dass Web-TV-Anbieter weitaus geringere Investitionen tätigen müssen, um ihr Angebot aufzubauen. Sie müssen kein Koaxialkabelnetz oder Hochgeschwindigkeits-DSL-Netz aufbauen bzw. anmieten, sondern lediglich leistungsfähige Server und entsprechende Einspeisungsvorrichtungen anschaffen, die in der Regel einen Bruchteil kosten werden. Der Aufbau eines weitersendefähigen Streams ist auf jedem besseren Computersystem möglich. Kostspielig ist allein die Anmietung eines störungssicheren Internetzugangs, der einen permanenten Upstream gewährleistet. Der Punkt der geringeren Investitionskosten (Amortisationsinteresse) spielt schon bei der (Nicht)Einordnung von Web-TV unter § 20b UrhG eine Rolle, dazu oben Frage 2.

Die Sendeunternehmen werden ferner anführen, dass sie die Weitersendung über das offene Internet problemlos und kostengünstig selbst durchführen können. Wie bereits erwähnt, verbreiten sowohl die öffentlichrechtlichen, als auch die Privatsender immer häufiger Livestreams ihrer Programme über das Internet. Die Streams sind von den Seiten der jeweiligen Sender abrufbar. Durch dieses Angebot steigern die Sender die Besucherzahlen auf ihren Websites und damit ihre Werbeeinnahmen für Onlinewerbung, sowie die Zuschauerzahlen ihrer Programme. Die Sender sind keineswegs darauf angewiesen, dass fremde Anbieter wie Zattoo ihre Programme zusätzlich verbreiten. Sie können dies ebenso gut selbst tun. Die wirtschaftliche Kalkulation der Sender besteht darin, ob sie durch die Verbreitung auch über fremde Plattformen (wie etwa Zattoo) den Zuschauerkreis erhöhen, oder lieber die Nutzer auf ihre eigene Website lenken wollen. Im letzteren Fall entgehen dem Sendeunternehmen außerdem die Lizenzeinnahmen vom fremden Plattformbetreiber. Wie bereits erläutert, spielen bei den Erwägungen der öffentlich-rechtlichen Sender außerdem rundfunkrechtliche Beschränkungen der Online-Aktivitäten (§§ 11d – 11f RStV) sowie der Auftrag zur Grundversorgung (§ 11 RStV) eine Rolle.

Die Sendeunternehmen können also mit Recht behaupten, dass sie nicht auf die Web-TV-Betreiber angewiesen sind, um ihre Programme zu verbreiten. Der einzige Vorteil der Aufnahme in ein Web-TV-Angebot mit vielen Kanälen (wie beispielsweise Zattoo) ist derjenige, dass solche

Angebote häufig große Nutzerzahlen haben werden, da für den Nutzer die Bündelung von vielen Programmen auf einer zentral steuerbaren Plattform attraktiv ist. Für den Nutzer ist es anstrengend, jeweils die Homepages der einzelnen Sender zu besuchen, um den jeweiligen Livestream anzuschauen. Ein „Zapping" ist so kaum möglich. Mit der Beliebtheit einer Plattform wird der Wunsch der Sendeunternehmen, darin vertreten zu sein, wachsen. Hier lohnt ein Blick auf die §§ 52b, 52c, 52d RStV, die von den Staatsvertrags-Parteien erkennbar in der Befürchtung erlassen wurden, die Plattformbetreiber als „Gatekeeper" könnten in ihrer starken Position bestimmten Programmen den Zugang versagen. Zwar gelten diese Vorschriften aufgrund von § 52 Abs. 1 Satz 2 Nr. 1 nicht für Web-TV (außer der Web-TV-Anbieter hat eine marktbeherrschende Stellung), jedoch zeugen sie vom grundsätzlichen Respekt vor der Macht der Plattformbetreiber.

Für die Aushandlung der Vergütungen für die Web-TV-Rechte wirkt sich ferner die Nichtqualifizierung als Kabelweitersendung gem. § 20b UrhG entscheidend aus. Nach der hier vertretenen Ansicht ist die Vergütungshöhe für die Rechteeinräumung für Web-TV – anders als für DSL-TV und die herkömmliche Kabelweitersendung – nicht gesetzlich bestimmt, da die Web-TV-Rechte weder unter § 87 Abs. 5 UrhG, noch unter § 20b UrhG fallen, die beide eine „angemessene Vergütung" vorschreiben. Die Einräumung der Senderechte für Web-TV unterliegt, sofern diese Rechte nicht freiwillig in eine Verwertungsgesellschaft eingebracht werden, gänzlich der Vertragsfreiheit der Beteiligten und kann – vorbehaltlich der Grenze der Sittenwidrigkeit gem. § 138 Abs. 1 BGB – frei ausgehandelt werden.

In der Praxis werden die Vergütungssätze für die Web-TV-Rechte daher den Gesetzen des Marktes folgen, sich also an Angebot und Nachfrage orientieren. Die Sendeunternehmen als Content-Keeper sind dabei in einer starken Verhandlungsposition. Die Beteiligten können sich nach Vertragsschluss – anders als bei den Verträgen über die Kabelweitersendung, z.B. DSL-TV – nicht darauf berufen, die Vergütung sei „nicht angemessen". Anders wäre dies wiederum, wenn die Rechte freiwillig einer Verwertungsgesellschaft übertragen würden, denn dann würde § 11 Abs. 1 UrhWahrnG greifen und eine Einräumung zu „angemessenen Bedingungen" vorschreiben. Zunächst wäre festzustellen, welche Verwertungsgesellschaften für die Wahrnehmung der Weitersenderechte über das Internet überhaupt zuständig sind. Die Tarife der VG Media und der „Münchener Gruppe" betreffen derzeit nur die Rechte der Kabelweitersendung, wozu das Recht zur Weitersendung über Web-TV nach hier vertretener Ansicht nicht zählt.

Es ist zu resümieren: Die Sendeunternehmen können mit den geringen Investitionskosten der Web-TV-Anbieter sowie mit der Tatsache argumentieren, dass sie für eine Verbreitung im Internet nicht auf fremde Plattformen angewiesen sind und bei einem Selbstangebot Nutzer auf ihre Websites locken können. Die Web-TV-Anbieter können dagegen argumentieren, sie würden die Reichweite und damit die Zuschauerzahlen der Sender erhöhen; dieses Argument ist umso stärker, je beliebter die Plattform ist. Andererseits werden beliebte Plattformen eher in der Lage sein, größere Vergütungssätze zu zahlen. Die Entscheidung, ob überhaupt Rechte für Web-TV eingeräumt werden, liegt aber gänzlich bei den Sendeunternehmen und den Rechteinhabern der Inhalte.

Im Ergebnis dürften sich die Web-TV-spezifischen Argumente bei der Vergütungsfrage nahezu neutralisieren, so dass ähnliche Vergütungssätze wie für die Nutzungsrechte für DSL-TV und für das herkömmliche Kabelfernsehen angemessen sind. Ein Web-TV-Anbieter sollte also in der Regel ähnliche Prozentsätze entrichten wie ein DSL-TV- oder Breitbandkabelnetzbetreiber – vorausgesetzt, die Sendeunternehmen erteilen überhaupt die Erlaubnis zur Weitersendung via Web-TV. Plattformen mit großen Nutzerzahlen sind in einer wesentlich besseren Verhandlungsposition. Sollten die Sendeunternehmen dazu übergehen, eigene Plattformen aufzubauen, beispielsweise in Gemeinschaftsprojekten mit anderen Sendeunternehmen, werden sie wahrscheinlich wenig Interesse daran haben, auch fremden Web-TV-Anbietern die Weitersendung zu erlauben, denn die Plattformen werden attraktiver, wenn sie exklusiv die Programme übertragen.

Frage 5: Sind Web-TV-Anbieter Sendeunternehmen i.S.v. § 87 UrhG?

Antwort: Sofern die Web-TV-Anbieter sich auf die Weiterleitung fremder Programme beschränken, sind sie ebenso wenig Sendeunternehmen wie die DSL-TV-Betreiber.

Sendeunternehmen gem. § 87 Abs. 1 UrhG ist nur, wer für die Ausstrahlung eines eigenen Programms organisatorisch und wirtschaftlich verantwortlich ist, wer also die Inhalte kontrolliert und verantwortet (s. ausf. oben Frage 9 zu DSL-TV). Ob die Anbieter von Web-TV diese Voraussetzungen erfüllen, entscheidet die zugrundeliegende Technik und die Funktionsweise des Dienstes. Anbieter, die eine Plattform für Web-TV betreiben, bekommen die Audio- und Videosignale von den Rundfunkveranstaltern zugespielt, bereiten sie für die Verbreitung im Internet auf und speisen sie in das Netz ein. Die Inhalte können dann mit Hilfe eines beliebigen Mediaplayers oder mit einer speziellen, vom Anbieter bereitgestellten Applikation empfangen werden. Die Anbieter von Web-TV leiten die Angebote der Rundfunkveranstalter ohne inhaltliche Umgestaltung weiter. Eine Bearbeitung der Signale muss von Seiten des Zugangsanbieters lediglich im Hinblick auf die Komprimierung und Digitalisierung, also aus technischen Gründen vorgenommen werden. Der gesamte technische und wirtschaftliche Aufwand ist um einiges geringer als beim DSL-TV. Für das Web-TV muss keine eigene Netzinfrastruktur aufgebaut werden, des Weiteren muss der Empfänger selbst für das Vorhandensein der Empfangshardware sorgen. Der Betrieb von Web-TV in Form der bloßen Weiterleitung fremder Programme begründet keine Leistungsschutzrechte aus § 87 UrhG.

Frage 6: Benötigen Web-TV-Anbieter eine Rundfunklizenz?

Antwort: Web-TV ist zwar Rundfunk i.S.v. §§ 2 Abs. 1, 20 Abs. 1 RStV, jedoch sind die Sendeunternehmen die Veranstalter, nicht der Web-TV-Betreiber. Er bedarf daher keiner Rundfunklizenz.

I. Web-TV als Rundfunk i.S.v. § 20 Abs. 1 RStV

Beim Web-TV handelt es sich, ebenso wie beim DSL-TV, um Rundfunk i.S.v. § 2 Abs. 1 und 20 Abs. 1 RStV. Zur Erinnerung: Unter Web-TV wird hier die Übermittlung der herkömmlichen, auch über Kabel, DVB-T und Satellit empfangbaren Rundfunkprogramme über das offene Internet verstanden (Bsp.: Zattoo). Web-TV ist damit ein „linearer Kommunikationsdienst", und die übermittelten Programme sind „entlang eines Sendeplans" ausgerichtet. Web-TV ist ferner für eine unbestimmte Vielzahl von Personen, also „für die Allgemeinheit", und außerdem „zum zeitgleichen Empfang" bestimmt. Oben (Frage 10 zu DSL-TV) wurde bereits ausführlich auf die Problematik eingegangen, ob auch nach dem neuen Rundfunkbegriff in § 2 Abs. 1 RStV weiterhin die besondere Meinungsbildungsrelevanz als Tatbestandsmerkmal geprüft werden muss. Sofern man dies bejaht, kommt man beim Web-TV zu dem Ergebnis, dass die Rundfunkprogramme bei der Übertragung über das offene Internet nichts an ihrer Meinungsbildungsrelevanz einbüßen.[735] Von einer großen Meinungsbildungsrelevanz von Web-TV geht auch der europäische Gesetzgeber aus, der in Erwägungsgrund 20 der Richtlinie 2007/65/EG (Änderungsrichtlinie zur Einführung der AVMD-RL) das Live-Streaming und das Webcasting ausdrücklich als Beispiele für „Fernsehprogramme" anführt. Auch in der deutschen Rechtspraxis dürften keine Zweifel mehr an der Qualifizierung von Web-TV als Rundfunk bestehen, nachdem im Zusammenhang mit der Rundfunkgebührenpflicht zahlreiche Oberverwaltungsgerichte und Verwaltungsgerichte das Streaming über das Internet ausdrücklich als Rundfunk eingeordnet haben.[736]

---

[735] Vgl. *Bumke/Schulz*, in: Beck'scher Kommentar zum Rundfunkrecht, 2. Aufl. 2008, § 20, Rn. 67.

[736] OVG NRW, Urt. v. 26.5.2009, 8 A 2690/08, Rn. 30, OVG NRW, Urt. v. 1.6.2009, 8 A 732/09, Ls. 1 und Rn. 30; Bay VGH, Urt. v. 19.5.2009, 7 B

II. Web-TV-Anbieter sind nicht Veranstalter

Jedoch sind die Web-TV-Betreiber bei der Weiterleitung der Rundfunkprogramme nicht Veranstalter des Rundfunks, sondern nur Übermittler. Veranstalter sind – wie beim DSL-TV – allein die Sendeunternehmen. Daher benötigen die Web-TV-Anbieter, solange sie sich auf die Weiterleitung fremder Programme beschränken, keine Rundfunklizenz.

Frage 7: Fällt Web-TV unter die Plattformregulierung gem. §§ 52 ff. RStV?

Antwort: Web-TV-Angebote sind privilegierte Plattformen, die nur die Mindestanforderungen aus den RStV-Vorschriften zur Plattformregulierung erfüllen müssen.

Anbieter einer Plattform ist nach § 2 Abs. 2 Nr. 12 RStV, wer auf digitalen Übertragungskapazitäten oder digitalen Datenströmen Rundfunk oder vergleichbare Telemedien auch von Dritten mit dem Ziel zusammenfasst, diese Angebote als Gesamtangebot zugänglich zu machen (s. bereits oben).

In der vorangehenden Frage wurde erläutert, dass Web-TV als Rundfunk i.S.v. § 2 Abs. 1 RStV einzuordnen ist. Die Web-TV-Betreiber sind ferner „Anbieter einer Plattform" nach § 2 Abs. 2 Nr. 12 RStV, da sie die fremden Rundfunkprogramme mit dem Ziel zusammenfassen, sie ihren Nutzern als Gesamtpakete zugänglich zu machen.

Daher sind grundsätzlich auch für Web-TV-Betreiber die Vorschriften zur Plattformregulierung aus § 52 ff. RStV zu beachten. Da beim Web-TV die Programme über das offene Internet, nicht über geschlossene Netzwerke versendet werden, handelt es sich bei Web-TV-Angeboten um privilegierte Plattformen nach § 52 Abs. 1 Satz 2 Nr. 1 RStV, sofern sie über keine marktbeherrschende Stellung verfügen. Der relevante Markt im Sinne dieser Vorschrift ist beim Web-TV der Markt für das Live-Streaming von Rundfunkprogrammen, auf dem kaum je ein Web-TV-Betreiber eine beherrschende Stellung erlangen dürfte.

08.2922, Rn. 24; implizit auch OVG Rheinland-Pfalz, Urt. v. 12.3.2009, 7 A 10959/08; VG Gießen, Urt. v. 18.1.2010, 9 K 305/09.GI, Rn 19.

Für Anbieter von Web-TV gelten somit gemäß § 52 Abs. 1 Satz 2 Nr. 1 nur die Regelungen aus § 52a und § 52f RStV. § 52a Abs. 1 RStV gibt, wie oben bereits dargestellt (Frage 11 zu DSL-TV), lediglich die selbstverständlichen Grundsätze wieder, dass die Plattformen die verfassungsmäßige Ordnung und die allgemeinen Gesetze einhalten müssen. Von größerer Bedeutung ist hingegen die Geltung der folgenden Absätze von § 52a RStV. Auch für die Web-TV-Betreiber gelten die Regeln zur Verantwortlichkeit für die weitergeleiteten Dienste (Abs. 2) und das Änderungs- und Entbündelungsverbot (Abs. 3). Nach § 52f RStV kann die zuständige Landesmedienanstalt bei einem Verstoß gegen die Regelungen aus dem RStV und dem JMStV die erforderlichen Maßnahmen gegen den Web-TV-Betreiber ergreifen.

Es verwundert, dass der bekannte Webdienst Zattoo derzeit nicht in der Liste der Plattformbetreiber (Stand 23.2.2010), die auf der Website der ALM erhältlich ist,[737] aufgeführt ist. Dieser Dienst erfüllt die Kriterien einer Plattform, und wäre aufgrund der Verbreitung im offenen Internet nach § 52 Abs. 1 Satz 2 Nr. 1 RStV als privilegierte Plattform einzustufen. Es ist zu erwarten, dass die ALM sich demnächst mit diesem Fall befassen wird.

---

[737] www.alm.de/plattformanzeige.

Frage 8: Was ist beim Angebot von Video-On-Demand über das offene Internet zu beachten? (Überblick)

Antwort: Zum Angebot von Video On Demand über das Internet wird das Recht der öffentlichen Zugänglichmachung benötigt. Sofern in den Verträgen geografische Begrenzungsklauseln enthalten sind, müssen vom Web-TV-Anbieter Geolocating-Systeme oder vergleichbare Lösungen eingesetzt werden.

Will ein Netzbetreiber oder ein Anbieter, der über keine eigene Netzinfrastruktur verfügt, Video-On-Demand-Dienste im offenen Internet anbieten, so benötigt er das Recht der öffentlichen Zugänglichmachung (§ 19a UrhG) an bestimmten Inhalten (vgl. DSL-TV, Frage 12).

Der wesentliche urhebervertragsrechtliche Unterschied Unterschied zwischen dem Video-On-Demand in geschlossenen Netzwerken und dem offenen Internet ist die Schwierigkeit, geografische Begrenzungsklauseln einzuhalten, die sich in den Verträgen für den Rechteerwerb befinden können. Wenn ein Anbieter ein On-Demand-Angebot über das offene Internet verbreiten will, muss er das Angebot so einschränken, dass nur bestimmte Gruppen Zugang haben. Dies kann er einerseits dadurch gewährleisten, dass er den Abruf der Inhalte von einer Anmeldung (Identifizierung durch Zugangsdaten) abhängig macht. Eine solche Anmeldeprozedur hat jedoch auch Nachteile. Zunächst einmal stellt die Anmeldung vor der Nutzung für den Kunden ein unliebsames Prozedere dar. Des Weiteren kann der Nutzer den Dienst mit seiner Zugangskennung theoretisch auch im Ausland nutzen, sofern keine anderen Kontrollmechanismen existieren. Eine bessere Methode zur Einschränkung des geografischen Zielbereichs des Abrufdienstes ist das sogenannte Geotargeting (Geolocation), bei dem der Zugriff auf Inhalte anhand der IP-Adressen beschränkt wird, indem die geographischen Standorte der verwendeten IP-Adressen identifiziert werden. Die Geotargeting-Systeme müssen so ausgestaltet sein, dass sie nicht durch eine Verwendung von Proxy-Servern einfach umgangen werden können. Nach heutigem Stand der Entwicklung gibt es bereits solche effektiven, für Laien nicht überwindbaren Geotargeting-Systeme.

Video-On-Demand-Dienste unterliegen als Telemediendienste der Regulierung nach dem TMG, sowie den §§ 54-61 RStV. Insofern wird auf die Ausführungen unter Frage 14 zu DSL-TV verwiesen.

Literaturverzeichnis

Abraham/Dolzer, Bonner Kommentar zum Grundgesetz, Bd. 2, Heidelberg, Stand: Juli 2006.

Amlung/Fisch, Digitale Rundfunkangebote im Netz – Bewegtbilder in der digitalen Welt, ZUM 2009, 442.

Blaue, Meinungsrelevanz und Mediennutzung, ZUM 2005, 30.

Büchner, Wie kommt der Ball ins Netz? Fußball im IPTV und Mobile-TV, CR 2007, 473.

Castendyk, Programminformationen der Fernsehsender im EPG – auch ein Beitrag zur Auslegung von § 50 UrhG, ZUM 2008, 916.

Castendyk/Böttcher, Ein neuer Rundfunkbegriff für Deutschland?, MMR 2008, 13.

Christmann, Rechtliche Rahmenbedingungen für Plattformbetreiber – Regulatorische Aspekte beim Plattformbetrieb, ZUM 2009, 7.

Donle, Die Bedeutung des § 31 Abs. 5 UrhG für das Urhebervertragsrecht, München 1993.

Dreier, Kommentar zum Grundgesetz, Bd. 1, 2. Aufl., Tübingen 2004.

Dreier/Schulze, Urheberrechtsgesetz, 3. Aufl., München 2008.

Dreyer/Kotthoff/Meckel, Urheberrecht, Urheberrechtswahrnehmungsgesetz, Kunsturhebergesetz, 2. Aufl., Heidelberg 2008.

Epping/Hillgruber, Beck'scher Online Kommentar zum GG, München, Stand: 1.2.2010.

Ernst, Kopierschutz nach neuem UrhG. Bedeutung und Tragweite des Verbots von Umgehungsmaßnahmen und Hacking-Werkzeugen für die Praxis, CR 2004, 39.

Fezer, Markenrecht, 4. Aufl., München 2009.

Fischer, Tagungsbericht: Der Begriff des Sendens aus urheberrechtlicher und aus rundfunkrechtlicher Sicht, ZUM 2009, 465.

Flatau, Neue Verbreitungsformen für Fernsehen und ihre rechtliche Einordnung: IPTV aus technischer Sicht, ZUM 2007, 1.

Frevert, Regelungen des neuen TKG zur Rundfunkübertragung, MMR 2005, 23.

Fromm/Nordemann, Urheberrecht, Kommentar zum Urheberrechtsgesetz, Urheberrechtswahrnehmungsgesetz, Verlagsgesetz, 9. Aufl., Stuttgart 2008.

Fuhr/Rudolf/Wasserburg, Recht der neuen Medien, Heidelberg 1989.

Geppert et alii, Beck'scher TKG-Kommentar, 3. Aufl., München 2006.

Gersdorf, Der Rundfunkbegriff, München 2007.

Gersdorf, Zur rundfunkrechtlichen Lizenzfähigkeit der Deutschen Telekom AG, AfP 2008, 259.

Goulanakis, Das Vierte Gesetz zur Änderung des Urheberrechtsgesetzes: Kritische Bemerkungen zur Hypertrophie des Urheberschutzes, NJW 1999, 545.

Gounalakis, Der Begriff des Sendens aus urheberrechtlicher Sicht, ZUM 2009, 447.

Gounalakis/Mand, Kabelweiterleitung und urheberrechtliche Vergütung, München 2003.

Grewenig, Rechtliche Rahmenbedingungen für Plattformanbieter – Perspektiven des privaten Rundfunks, ZUM 2009, 15.

Hahn/Vesting, Beck'scher Kommentar zum Rundfunkrecht, 2. Aufl., München 2008.

Harte, Introduction to IPTV billing, event recording, usage rating, content license fees and advertising, Fuquay Varina 2006.

Hartstein/Ring/Kreile/Dörr/Stettner, Kommentar zum Rundfunkstaatsvertrag, München, Stand: August 2009.

Herrmann/Lausen, Rundfunkrecht, 2. Aufl., München 2004.

Hillig, Urheberrechtliche Fragen des Netzzugangs in der Kabelkommunikation, MMR Beilage 2001, Heft 2, 38.

Hillig, Zur Frage der Zulässigkeit der zeitgleichen Übertragung des Rundfunksignals via UMTS-Mobilfunknetz in Österreich, ZUM 2009, 895.

Hoeren, Genießt die Sendefolge urheberrechtlichen Schutz? Zugleich Erwiderung auf Pleister/von Einem, ZUM 2008, 271.

Hoeren/Sieber, Handbuch Multimediarecht, München, Stand: Dezember 2009, München.

Holznagel/Stenner, Rundfunkrecht, 2. Aufl., Oldenburg 2004.

Honsel, Entfesselt fernsehen, Technology Review Nr. 9/06, 64.

Hötte, Anmerkung zu BGH, U. v. 06.05.2009 – KZR 39/06 – (Zulässigkeit des kartellrechtlichen Zwangslizenzeinwands; Orange-Book-Standard), MMR 2009, 686.

Ingerl/Rohnke, Markengesetz, 2. Aufl., München 2003.

Jarass/Pieroth, Kommentar zum Grundgesetz, 10. Aufl., München 2009.

Klaes, Verfassungsrechtlicher Rundfunkbegriff und Internet, ZUM 2009, 135.

Kleinke, Zu Auswirkungen des Internet-Fernsehens auf das Urheberrecht, AfP 2008, 460.

Klumpp/Kubicek/Roßnagel/Schulz, Informationelles Vertrauen für die Informationsgesellschaft, Berlin 2008.

Krause, Der Schutz der Fernsehsendung und ihres Titels, GRUR 1959, 346.

Kruczek, Die Bewertung der Kabelweitersenderechte der Sendeunternehmen in Deutschland und den USA, Frankfurt a.M. 2005.

Kuper, Internet Protocol Television – IPTV – Rechtlicher Rahmen und Besonderheiten im Rundfunk- und Medienrecht, Telekommunikationsrecht, Urheberrecht und im Wettbewerbs- und Kartellrecht, Hamburg 2009.

Loewenheim, Handbuch des Urheberrechts, 2. Aufl., München 2010.

Merkel/Roßnagel/Scheuer/Schweda, Sicherung der Interoperabilität als Ziel der Regulierung der Rundfunkübertragung, Studie, Mai 2009, abrufbar auf der Seite des BMWI, www.bmwi.de.

Michel, Senden als konstitutiver Bestandteil des Rundfunkrechts?, ZUM 2009, 453.

Möhring/Nicolini, Urheberrechtsgesetz, 2. Aufl., Berlin 2000.

Nordemann/Fromm, Urheberrecht, Kommentar zum Urheberrechtsgesetz, zum Verlagsgesetz und zum Urheberrechtswahrnehmungsgesetzes, 10. Aufl., Stuttgart 2008.

Ory, Sind Broadcast-TV und IP-TV unterschiedliche Nutzungsarten?, K&R 2006, 303.

Pfennig, Reformbedarf beim Kabelweitersenderecht?, ZUM 2008, 363.

Pleister/v. Einem, Zur urheberrechtlichen Schutzfähigkeit der Sendefolge, ZUM 2007, 904.

Poll, Neue internetbasierte Nutzungsformen. Das Recht der Zugänglichmachung auf Abruf und seine Abgrenzung zum Senderecht, GRUR 2007, 476.

Potthast, Medienrechtliche Einordnung neuer Angebote über neue Übertragungswege, ZUM 2007, 443.

Reber, Die Beteiligung von Urhebern und ausübenden Künstlern an der Verwertung von Filmwerken in Deutschland und den USA, München 1998.

Reinbothe, Die EG-Richtlinie zum Urheberrecht in der Informationsgesellschaft, GRUR Int. 2001, 733.

Ricke, Neue Dienstekategorien im Zuge der Konvergenz der Medien, Arbeitsbericht Nr. 40 des kompetenzzentrums Internetökonomie und Hybridität, Münster 2006, abrufbar unter: http://www.wi.uni-muenster.de/aw/download/hybride-systems/Hybrid%2040.pdf .

Roßnagel, Neuordnung des Medienrechts, 1. Aufl., Baden-Baden 2005.

Roßnagel, Gedanken zu den Medien und ihrer Ordnung, Festschrift für Dr. Victor Henle, Baden-Baden, 2007.

Säcker, Berliner Kommentar zum Telekommunikationsgesetz, 2. Aufl., Frankfurt a.M. 2009.

Säcker/Rixecker, Münchener Kommentar zum Bürgerlichen Gesetzbuch: BGB, Bd. 1/Teilband 1: Allgemeiner Teil §§ 1-240, 5. Aufl., München 2006.

Säcker/Rixecker, Münchener Kommentar zum Bürgerlichen Gesetzbuch: BGB, Bd. 2: Schuldrecht Allgemeiner Teil §§ 241-432, 5. Aufl., München 2006.

Scheurle/Mayen, Telekommunikationsgesetz, 2. Aufl., München 2008.

Schiller, Allgemeine Geschäftsbedingungen im Urhebervertragsrecht für freie Mitarbeiter in der Film- und Fernsehproduktion, Potsdam 1999.

Schricker, Urheberrecht, 3. Aufl., München 2006.

Schricker, Zum Begriff der angemessenen Vergütung im Urheberrecht - 10% vom Umsatz als Maßstab?, GRUR 2002, 737.

Schwartmann, IT- und Internetrecht, Heidelberg 2009.

Schütz, Rundfunkbegriff: Neutralität der Inhalte oder der Übertragung, MMR 2009, 229.

Spindler, Die Einspeisung von Rundfunkprogrammen in Kabelnetze. Rechtsfragen der urheberrechtlichen Vergütung und vertragsrechtlichen Gestaltung MMR Beil. 2003, Heft 2, S. 1.

Spindler, Europäisches Urheberrecht in der Informationsgesellschaft, GRUR 2002, 105.

Spindler/Schuster, Recht der elektronischen Medien, München 2008.

Staudinger, Kommentar zum Bürgerlichen Gesetzbuch mit Einführungsgesetz und Nebengesetzen, Einl. zu §§ 241 ff., Berlin, Stand 2009.

Stender-Vorwachs/Theißen, Die Revision der Fernsehrichtlinie. Ist die Revision eine Reform?, ZUM 2006, 362.

Stender-Vorwachs/Thießen, Die Richtlinie für audiovisuelle Mediendienste, ZUM 2007, 613.

Ströbele/Hacker/Kirschneck, Markengesetz, 9. Aufl., Köln 2009.

Wandtke/Bullinger, Praxiskommentar zum Urheberrecht, 3. Aufl., München 2009.

Weber, Die Reichweite des urheberrechtlichen Sendebegriffs aus Sicht der Europäischen Rundfunkunion EBU, ZUM 2009, 460.

Weberling, Zwischen Presserecht und Rundfunkrecht, AfP 2008, 445.

Weisser/Glas, Die medienrechtliche Regulierung von Plattformen, ZUM 2009, 914.

Weisser/Höppener, Kabelweitersendung und urheberrechtlicher Kontrahierungszwang, ZUM 2003, 597.

Wissmann, Telekommunikationsrecht, 2. Aufl., Frankfurt a.M. 2006.

Zimmer, Lizenzpflicht für EPG-Daten, K&R 2008, 590.

Arbeitsberichte zum Informations-, Telekommunikations- und Medienrecht

hrsg. von Thomas Hoeren und Bernd Holznagel (Universität Münster)

Thomas Hoeren unter Mitwirkung von Jan Köcher
Urheberrecht und Verbraucherschutz
Überlegungen zum Gesetz über Urheberrecht in der Informationsgesellschaft
Bd. 10, 2003, 64 S., 9,90 €, br., ISBN 3-8258-6714-5

Bernd Holznagel; Daniel Krone; Christiane Jungfleisch (Hg.)
Von den Landesmedienanstalten zur Ländermedienanstalt
Schlussfolgerungen aus einem internationalen Vergleich der Medienaufsicht
Bd. 12, 2004, 176 S., 14,90 €, br., ISBN 3-8258-7831-7

Julia Bröcher; Marie-Louise Hoffmann; Tatjana Sabel
Dogmatische Grundlagen des Markenrechts
Interdisziplinäre Untersuchung der Funktionenlehre und des gesetzlichen Schutzbereichs
Bd. 13, 2005, 80 S., 21,90 €, br., ISBN 3-8258-8866-5

Thomas Hoeren; Lena Meyer
Verbotene Filme
Bd. 14, 2006, 440 S., 59,90 €, br.,
ISBN 978-3-8258-0143-4

Bernd Holznagel
Rechtliche Möglichkeiten und Grenzen einer Frequenzoptimierung im UKW-Spektrum
Gutachterliche Stellungnahme im Auftrag des Deutschlandradios
Bd. 15, 2007, 120 S., 19,90 €, br.,
ISBN 978-3-8258-0455-8

Bernd Holznagel; Junqi Xu; Thomas Hart (Eds.)
EU-China Information Society Project. Regulation Telecommunications in the EU and China: What lessons to be Learned?
A Joint Report by: Institute for Information, Telecommunication and Media Law, University of Münster, Germany (led by Prof. Dr. Bernd Holznagel, LL.M.), China Academy of Telecommunications Research, in MII, Beijing, China (led by Dr. Junqi Xu. The report was conducted for the EU-China Information Society Project (supervised by Dr. Thomas Hart)
Bd. 16, 2009, 304 S., 29,90 €, br.,
ISBN 978-3-643-10277-5

LIT Verlag Berlin – Münster – Wien – Zürich – London
Auslieferung Deutschland / Österreich / Schweiz: siehe Impressumsseite